山西省高校人文社科重点研究基地项目（201801028）和
山西省软科学研究项目（2018042019-1）资助成果

科技创新综合水平动态变化研究

以山西为例

彭佑元◎著

RESEARCH ON THE DYNAMIC CHANGES OF THE COMPREHENSIVE LEVEL OF TECHNOLOGICAL INNOVATION

TAKE SHANXI AS AN EXAMPLE

经济管理出版社
ECONOMY & MANAGEMENT PUBLISHING HOUSE

图书在版编目（CIP）数据

科技创新综合水平动态变化研究：以山西为例/彭佑元著．—北京：经济管理出版社，2021.3

ISBN 978－7－5096－7806－0

Ⅰ.①科…　Ⅱ.①彭…　Ⅲ.①技术革新—研究—山西　Ⅳ.①F124.3

中国版本图书馆 CIP 数据核字(2021)第 040855 号

组稿编辑：梁植睿
责任编辑：梁植睿
责任印制：黄章平
责任校对：王淑卿

出版发行：经济管理出版社
（北京市海淀区北蜂窝 8 号中雅大厦 A 座 11 层　100038）
网　　址：www.E－mp.com.cn
电　　话：(010) 51915602
印　　刷：唐山玺诚印务有限公司
经　　销：新华书店
开　　本：720mm×1000mm/16
印　　张：13.75
字　　数：247 千字
版　　次：2021 年 3 月第 1 版　　2021 年 3 月第 1 次印刷
书　　号：ISBN 978－7－5096－7806－0
定　　价：68.00 元

前　言

21 世纪以来，面对新一轮科技革命和产业变革的步伐不断加快，以及我国经济高质量长效发展的迫切需求，科技创新已经成为经济发展与社会进步的重要驱动力，更是一个地区、一个国家乃至一个民族解放生产力、不断发展的基础保障和决定性因素。科技创新水平作为一个国家或地区科技创新环境、科技活动投入、科技活动产出、高新技术产业化、科技促进经济社会发展等能力的综合体现，是各地区之间综合经济竞争力的核心要素，发挥好各地区在创新发展中的积极性和主动性，对形成国家科技创新合力十分重要。山西省作为“国之脊梁”，在服务国家战略、加快高质量转型发展步伐过程中，要率先蹚出一条新路来。山西省要加快建成创新型省份，就必须在全面厘清自身科技创新发展水平及存在问题的基础上寻找解决路径，这样才能持续正向地促进山西这个老工业基地和能源基地的科技创新和经济发展。

本书的研究内容主要包括以下几个方面：

（1）对国内外科技创新环境、科技活动投入、科技活动产出、高新技术产业化、科技促进经济社会发展五个方面的相关文献进行评述，探寻这五个方面在国内外的发展现状和方向，并确定本书的研究方向和实证研究方法，形成本书的总体研究思路。

（2）全面系统厘清了《中国区域创新能力评价报告》和《中国区域科技创新评价报告》这两类报告的发展沿革，并沿用报告中的指标数据，融定性分析、定量分析、数理统计分析和横向加纵向的对比分析为一体，结合中部六省和上海市的科技创新动态发展水平，重点突出论述山西省科技创新动态发展水平情况。

（3）在全面、科学评价山西省科技创新动态发展水平的基础上，寻找山西省科技创新发展过程中的问题所在：①科研物资难以保障，科技意识较为薄弱；②人才投入总量偏低，资金投入体系单一；③科技产出增幅较小，技术市场发展迟缓；④高新产业效益较差，劳动生产效率不高；⑤科技创新引领力弱，环境经济升级缓慢。

（4）针对山西省科技创新发展过程中存在的问题，本书提出整合山西省科技创新资源的办法和提升山西省科技创新水平的政策建议：①加强科技创新环境政策上的顶层设计，包括完善科技创新基础设施建设和营造科技创新文化氛围；②多元化地建立科技创新投入机制，包括优化科研人才投入机制和统筹科技创新资金投入体系；③创新科技产出成果收储转化模式，包括设立奖励基金、完善科技产出成果转化机制和鼓励高校的科技产出；④健全高新技术企业人力资本管理体系，包括创建有利于高新技术产业发展的政策环境和加强企业科研绩效管理；⑤建设适应环境经济发展趋势的科技创新体系，包括建立科技促进经济发展的动力机制和建立绿色科技创新机制。

本书能够为山西省政府制定科技政策提供理论依据，同时为今后客观评价区域科技创新动态变化水平以及提出提升区域科技创新的综合水平对策建议，提供可供参考和借鉴的经验。

目　录

第 1 章　绪论 …… 1

1.1　概述 …… 1
1.2　研究目的与意义 …… 3
1.3　国内外研究现状 …… 5
1.4　研究思路与方法 …… 14
1.5　技术路线和创新之处 …… 16
1.6　本章小结 …… 17

第 2 章　中国区域综合科技创新水平评价体系 …… 19

2.1　两种评价体系的比较 …… 19
2.2　《中国区域科技创新评价报告》历史沿革 …… 21
2.3　评价指标的演变 …… 22
2.4　评价模型 …… 29
2.5　评价标准的变化 …… 31
2.6　本章小结 …… 33

第 3 章　山西省综合科技创新水平排位现状及其变化研究 …… 34

3.1　山西省科技创新一级指标评价 …… 34
3.2　山西省综合科技创新水平变化趋势 …… 35
3.3　山西省综合科技创新水平排名比较分析 …… 36
3.4　本章小结 …… 37

第4章　山西省科技创新环境动态变化指标研究 …… 38

4.1　科技创新环境指标内涵及动态变化 …… 38
4.2　科技创新环境一级指标和二级指标研究 …… 42
4.3　科技创新环境三级指标研究 …… 50
4.4　科技创新环境需要重点关注的指标 …… 74
4.5　本章小结 …… 75

第5章　山西省科技活动投入动态变化指标研究 …… 76

5.1　科技活动投入指标内涵及动态变化 …… 76
5.2　科技活动投入一级指标研究 …… 81
5.3　科技活动投入二级指标研究 …… 83
5.4　科技活动投入三级指标研究 …… 88
5.5　需要重点关注的指标 …… 103
5.6　本章小结 …… 104

第6章　山西省科技活动产出动态变化指标研究 …… 106

6.1　科技活动产出指标内涵及动态变化 …… 106
6.2　科技活动产出一级指标研究 …… 108
6.3　科技活动产出二级指标研究 …… 110
6.4　科技活动产出三级指标研究 …… 115
6.5　需要重点关注的指标 …… 126
6.6　本章小结 …… 127

第7章　山西省高新技术产业化动态变化指标研究 …… 129

7.1　高新技术产业化的发展介绍 …… 129
7.2　高新技术产业化指标内涵及动态变化 …… 130
7.3　高新技术产业化一级指标和二级指标研究 …… 136
7.4　高新技术产业化三级指标研究 …… 142
7.5　需要重点关注的指标 …… 156
7.6　本章小结 …… 158

第 8 章 山西省科技促进经济社会发展动态变化指标研究 …… 159

8.1 科技促进经济发展动态变化指标内涵 …… 160
8.2 科技促进经济发展指标动态变化 …… 163
8.3 科技促进经济发展二级指标研究 …… 165
8.4 科技促进经济发展三级指标研究 …… 171
8.5 需要重点关注的指标 …… 188
8.6 本章小结 …… 190

第 9 章 山西省综合科技创新水平下降趋势的原因分析 …… 191

9.1 科研物资难以保障，科技意识较为薄弱 …… 191
9.2 人才投入总量偏低，资金投入体系单一 …… 192
9.3 科技产出增幅较小，技术市场发展迟缓 …… 193
9.4 高新产业效益较差，劳动生产效率不高 …… 193
9.5 科技创新引领力弱，环境经济升级缓慢 …… 194

第 10 章 山西省综合科技创新水平排位提升的政策建议 …… 195

10.1 加强科技创新环境政策上的顶层设计 …… 195
10.2 多元化地建立科技创新投入机制 …… 197
10.3 创新科技产出成果收储转化模式 …… 199
10.4 健全高新技术企业人力资本管理体系 …… 201
10.5 建设适应环境经济发展趋势的科技创新体系 …… 202

参考文献 …… 204

第1章　绪论

1.1　概述

科技创新对人类社会的进步有着巨大的推动力，从某种意义上说，科技创新的水平决定着世界力量格局的变化，也深刻影响着各个国家的发展前景。一个国家的发展壮大不仅取决于经济实力、人口规模等，更取决于它的科技创新能力，科技创新对社会和经济的发展有着强大的支撑力，各国、各地区综合实力的竞争已经表现为科技的竞争。在不同历史时期有不同国家都抓住了科技革命的重大机遇，实现了迅速崛起，改写了当时的经济版图和世界格局：英国在第一次科技革命后，依靠完整的科技体系和持续创新能力，成为世界上第一个工业国家。德国在第二次科技革命后，以内燃机和电气化技术为代表，崛起成为欧洲工业强国。美国在第三次科技革命后，抓住以电子信息等为代表的机遇成为世界头号强国。日本在第三次科技革命后，依靠科技创新实现赶超，成为发达经济体。

1949年10月，在中华人民共和国成立之时，国内仅有30多个专门研究机构，科学技术人员不超过5万人。科技力量的薄弱，无法满足中华人民共和国建设工业体系的迫切需求。为了解决这一主要矛盾，我国把“建立科学技术体系”作为主要任务，建立了诸多科学院、研究机构等科研场所，并且制定了《1956—1967年科学技术发展远景规划纲要（草案）》（“12年科技规划”），积极部署重大科技任务，并形成了“以任务带学科”为主要特征的科技发展模式。1978年，我国开始实行改革开放，这一时期科技与经济严重脱节，科技创新不能提供有效供给来推动国民经济增长，甚至无法支撑大规模引进技术的消化吸收，这一问题成为科技发展的主要矛盾。为此，1985 年中共中央发布《关于科学技术体制改革的决定》，全面启动了科技体制改革，引导科技工作面向经济建设主战场，之后 1995 年全国科学技术大会、1999 年全国技术创新大会、2006 年全国科学技术大会以及 2012 年全国科技创新大会都强调加强科技与经济的结合。

进入新时代，我国科技发展主要矛盾转化为“现代化经济体系建设的迫切需求和科技有效供给不足之间的矛盾”。为解决这一矛盾，2015 年 12 月，习近平总书记在中央经济工作会议上，提出实体经济领域供给侧结构性改革“三去一降一补”基本框架，该框架在新经济时代对科技创新供给侧结构性改革具有非常重要的现实意义，在这一框架之上，解决这一矛盾的核心就是要做好顶层设计，进行统筹安排，需要建立一个良好的、具有效率的科技供给体系，也需要提高创新主体的活力和供给能力，同时还需要营造有利的创新环境，并加快推进高新技术产业化，用科技促进经济社会高质量发展。2016 年，中共中央、国务院印发了《国家创新驱动发展战略纲要》，提出到 2020 年进入创新型国家行列，基本建成中国特色国家创新体系，有力支撑全面建成小康社会目标的实现。同时，2017 年 10 月，党的十九大召开，习近平总书记指出要加快建设创新型国家，并为下一步目标指明了方向，同时提出到 2035 年基本实现社会主义现代化，经济实力和科技实力将会大幅跃升。2019 年 1 月，科技部印发了《创新驱动乡村振兴发展专项规划（2018—2022 年）》的通知，强调以科技创新为核心的全面创新是推动我国经济社会发展的强大动力，没有农业农村经济的现代化，就没有整个国家现代化。

随着科技和经济结合日趋紧密，市场经济体制逐步完善，科技已经成为经济发展的内生因素，我国的科技体制改革取得了重要进展和显著成效，科技创新的实力和科技成果转化能力都得到不断增强，“大众创新、万众创业”的热情普遍高涨。但是，面对新一轮科技革命和产业变革步伐的不断加快，我国经济高质量发展对科技创新的需求变得越来越迫切。习近平总书记指出，发挥各地区在创新发展中的积极性和主动性，对形成国家科技创新合力十分重要。同时，创新型国家的建设离不开创新型省份的支撑，建设成为创新型省份是时代赋予我们党和政府的历史使命。因此，需要科学地、全面地评价各区域科技创新的发展水平，揭示其内在的发展规律，解决区域科技创新发展过程中的主要问题，以进一步增强区域科技创新能力、释放区域科技创新活力、挖掘区域科技创新潜力。

古人云，山西乃形胜之地，中国之脊梁。2020 年 5 月 11 ~ 12 日，习近平总书记再次亲临山西视察，强调“路子对了，就要坚持走下去，久久为功，不要反复、不要折腾。希望山西在转型发展上率先蹚出一条新路来”，并对山西转型发展、实施创新驱动、打造创新生态，提出“在新基建、新技术、新材料、新装备、新产品、新业态上不断取得突破”的“六新”要求。

自“十三五”规划实施以来，山西省科技创新水平在改革和发展中不断提高，科技创新取得了较大成绩，创新能力得到了持续提升，但与发达国家、先进省份相比，与创新实际需求相比，自主创新能力还存在一定差距，深层次矛盾和问题亟待解决。“十四五”时期，山西省正处于一个新旧动能转化的十字路口，以创新驱动产业转型升级、培育新的经济增长点极为紧迫，因此山西省必须跟上全国步伐，围绕加快建成创新型省份这一目标，全面提升科技创新能力，为开启全面建设社会主义现代化新征程奠定基础。

1.2 研究目的与意义

1.2.1 研究目的

2007年，国务院发出了《关于进一步加强淘汰落后产能工作的通知》，从此，节能减排成为山西省经济工作的重要任务。2010年12月，国务院批准山西省为“国家资源型经济转型综合配套改革试验区”，这为山西省深入推进节能减排和生态环境保护，大力加强区域创新体系建设，有效破解影响山西省全面协调可持续发展的深层次矛盾和问题，实现山西省这个老工业基地和能源基地的全面创新、全面转型和又好又快发展提供了一个契机。因此，自2010年以来，山西省围绕转型升级，在全国各地建设了一批新型企业和高新技术企业，使全省的高新技术产业综合实力显著提高。截止到2019年底，全省高新技术企业达到了318家。

面对这样的机遇，山西省全面坚持发展科技创新，积累创新资源，打造创新环境，加快建设以产学研相结合的技术创新体系，积极推动科技创新重大举措的落实，为山西省经济社会又好又快发展提供了强大的技术保障。根据《中国区域科技创新能力评价报告2019》，山西省人均生产总值4.21万元，相比上年增加了35%，翻了近一番；知识密集型服务业增加值为2387.81亿元；高新技术企业数增加到了1112家；R&D经费内部支出148.23亿元，比上年增长了11%；山西省综合科技创新水平指数与上年相比提高 1.09%，增幅排在全国第 12 位。这些数据有力地说明了山西省在科技创新方面的巨大变化和可喜成就。

然而，总量数据并不能反映山西省科技创新的具体情况，而且我们也应该清醒地认识到，山西省的经济虽然有了较快的增长，但其增长模式还是“高投入、高耗能”的粗放型增长，要实现经济转型跨越发展，科技创新是关键，而山西省科技创新发展水平如何？科技资源的大量投入是否得到了期望的产出绩效？山西省的科技创新是否促进了经济社会的发展？……这些问题的解决，关乎山西省的可持续发展、转型跨越和竞争力的提升。因此，对山西省科技创新的发展水平进行科学评价具有一定的必要性。

1.2.2 研究意义

本书以山西省科技创新水平为研究对象，以《全国科技进步统计监测报告》（2010 ~ 2014 年）、《中国区域科技进步评价报告》（2015 年）和《中国区域科技创新评价报告》（2016 ~ 2019 年）为数据基础，通过对山西省科技创新的环境动态、投入动态、产出动态、高新技术产业化动态、经济社会发展动态这五个方面进行分析，得出山西省科技创新水平和排位动态变化的特点和影响因素，并提出提升路径。希望通过本书能够对山西省科技创新水平及排位的提升，提供科学的、全面的参考依据和行动指南。

（1）有利于促进国家创新制度的建立和完善。本书编制的依据是科技部和中国科学技术发展战略研究所编纂的《全国科技进步统计监测报告》（2010 ~ 2014 年）、《中国区域科技进步评价报告》（2015 年）和《中国区域科技创新评价报告》（2016 ~ 2019 年），编制这些报告是《国家创新调查制度实施办法》确定的一项重要任务。依据报告内容来评价山西省科技创新动态变化水平，不仅提高了报告的利用率，而且有利于加大政府部门对科技创新的统计评价工作的积极性，支持科技创新调查制度形成正确的决策导向和工作导向。

（2）有利于全面、客观地了解山西省科技创新的现状及变化，为山西省科技创新的高质量发展提供依据。通过分析山西省科技创新水平的动态变化，可以全面、系统、客观地了解山西省科技创新的发展变化。因此，本书通过参考评价报告历年的统计数据，全面评估山西省科技创新变化的差异，进而为山西省科技创新下一步的发展方向，提供现实依据。

（3）有利于构建科学的创新机制，有效地提升山西省科技创新水平。区域科技创新是区域经济迅速发展的有效支撑，是区域经济增长和竞争的决定性因素。区域科技创新水平的高低是衡量一个区域科技创新实力的重要尺度。一个区域通过提升科技创新水平，参与区域竞争，创造竞争优势，就有可能在某些方面超越其他区域，并以此为突破点带动区域经济的发展，使相对落后的区域经济赶超先进区域经济成为可能。目前，区域经济发展的直接目标是提升区域经济竞争力，而区域经济竞争力的关键在于区域科技创新，通过全面、多层次深入分析山西省科技创新水平动态变化，探寻山西省在创新环境、创新投入、创新产出、高新技术产业化、经济社会发展这五个方面存在的问题，了解山西省的科技创新的运行状况，对于明确山西省发展优势、制定科学有效的科技创新政策、促进山西省科技创新能力的提升等都有着重要的现实意义。

（4）有利于推动建设山西省科技创新体系，促进山西省的转型跨越发展。资源型经济转型是山西的难题，习近平总书记先后三次赴山西视察，关注的焦点始终集中在“资源型地区经济转型发展”这一重大课题上。实现资源型地区经济转型发展，关键靠创新，实施创新战略，以创新驱动发展是山西省资源型经济转型的重要战略举措。“六新”代表着先进生产力变革趋势，代表着新兴产业、未来产业发展方向，既是山西率先蹚出转型新路的方向目标，也是路径要求和任务举措，习近平总书记的“六新”为山西省继续实施创新驱动发展指明了方向。

展望“十四五”时期乃至更长的发展时期，“六新”将是经济转型、动能转换的主攻重点，也是彻底解决山西“两个过度依赖”问题，使其从资源型经济中转出来、实现全方位转型的根本支撑。山西省经济要实现新跨越、新崛起，就要大力加强科技创新，在新基建、新技术、新材料、新装备、新产品、新业态上不断取得突破，同时依靠科技进步来加速经济发展，推动经济发展从量的扩张到质的转变。因此，探究山西省的科技创新发展水平，找到提升山西省科技创新水平的对策，对推进山西的经济社会协调发展和能源基地全面转型有着重大作用。

1.3 国内外研究现状

随着国际市场竞争的日益激烈，科技创新已成为各个国家和地区建立竞争优势、增强综合实力以及提升区域地位的有效途径和手段，我国也将创新驱动提升到了国家战略的高度，在党的十九大报告中提出了“提高自主创新能力，加快建设创新型国家”的决策。区域科技创新是提升区域创新能力、推动区域经济可持续增长的有效工具，是建设创新型国家的基础和落脚点。国内外学者在区域科技创新水平研究方面已经开展了大量的工作，并取得了丰硕的研究成果。

通过对国内外相关研究文献进行梳理，本书将学者们对区域科技创新水平的研究分为两类：一类是对科技创新环境、投入、产出、高新技术产业化、科技促进经济社会发展这五个方面进行单方面研究或者多方面研究；另一类是对科技创新水平进行的评价研究。

1.3.1 区域科技创新综合评价水平研究综述

关于科技创新环境、科技创新投入、科技创新产出、高新技术产业化、科技促进经济社会发展，国内外学者在这五个方面的单方面或者多方面均有一定的研究。

1.3.1.1 对于科技创新环境方面的研究

1985 年成立的欧洲创新研究小组率先提出了区域创新环境的概念，将创新环境定义为：在有限的区域内，主要的行为主体通过相互之间的协同作用和集体协作学习的过程，而建立非正式的复杂社会关系[①]。国外学者方面，Avdalot 和 Keeble（2002）认为，区域创新环境是一个地区区域创新能力提高的重要前提，作为创新的“温床”或孵化器，对于创新的产生具有决定性作用[②]；Collins 和 Pontikakis（2006）通过分析欧洲企业技术创新的现状，发现政策环境对企业技术创新具有正向作用[③]。

国内学者方面，党文娟等（2008）根据我国区域经济发展的不平衡性，分析了区域创新环境对区域创新能力的影响，得出区域创新环境对区域创新能力具有非常重要的影响[④]；胡园园和顾新（2014）从区域科技创新环境的角度，研究我国东中西部专利权质押区域分布的差异，得出东中西部地区各个区域科技创新环境影响因素对专利权质押数量分布的影响程度不同[⑤]；陈金德等（2014）认为科

① Asheim B T, Isaksen A. High Technology Industry and Innovative Environments: The European Experience [M]. New York: Routledge, 1988.

② Aydalot P, Keeble D. Regional Innovation Systems: The Integration of Local Sticky and Global "Ubiquitous" Knowledge [J]. The Journal of Technology Transfer, 2002, 27 (1): 77-86.

③ Collins P, Pontikakis D. Innovation Systems in the European Periphery: The Policy Approaches of Ireland and Greece [J]. Science and Public Policy, 2006, 33 (10): 757-769.

④ 党文娟，张宗益，康继军. 创新环境对促进我国区域创新能力的影响 [J]. 中国软科学，2008 (3): 52-57.

⑤ 胡园园，顾新. 区域科技创新环境下专利权质押分布差异研究 [J]. 科技进步与对策，2014，31 (17): 27-31.

技创新环境是科技创新赖以生存发展的物理空间和社会空间，它影响和制约着科技创新活动的质量，提出加强创新服务平台的硬环境建设等优化创新环境的建议[①]；张莉（2015）指出了我国创新环境存在着科技管理体制与市场经济不相容、科技创新主体错位、教育体制和文化传统抑制创新、知识和技术协同创新不够等问题，提出了优化创新环境，必须深化科技管理体制改革、强化企业科技创新主体地位、不断深化教育体制改革、促进知识和技术协同创新、加强知识产权保护力度、采取优惠财税政策激励创新[②]；隗金成和房广顺（2016）指出，科技创新环境包括外环境和内环境，其具体内涵随着对科技创新主体界定方式的变化而变化，而且，科技创新环境的所有要素都不是孤立的存在，而是在开放系统中彼此关联交织，不同层级和同一层级的各要素可以跨领域、跨层级地相互影响，而这种或直接、或间接的相互影响最终共同作用于人们的科技创新活动，决定着科技创新产出[③]；李沃源和乌兰（2019）从系统构成要素视角构建了西部地区科技创新系统环境评价指标体系，对西部地区各省、市、自治区科技创新系统环境进行实证研究，得出西部地区科技创新系统环境存在较大差异的结论，提出优化科技创新系统环境的对策建议，如不断完善科技创新的政策法规，加强科技创新基础设施建设，主动引进省外优秀成果[④]；等等。

从国内外学者的研究中可以看出，两者对于区域科技创新环境的内涵解析不同，国外学者较为强调社会化文化环境在区域科技创新中的作用，而我国学者在科技创新环境界定过程中主要从静态和动态两个角度来研究，包括文化、制度、教育、基础设施等，而且对科技创新环境的研究主要集中在通过分析创新环境的构成要素，来探究区域科技创新环境对科技创新活动的影响。

1.3.1.2　科技创新投入和产出方面的研究

对于科技创新投入或者产出，较多的是对区域科技创新投入与产出之间关系的影响研究，而且资源基础理论认为，组织内独特的、不可流动的且难以复制的有形和无形资源能够转化成独特的能力，是获取持久竞争优势的源泉。因此，国内外学者大部分是将科技创新投入与产出结合起来进行分析研究。

国外学者方面，由 Romer（1990）提出并发展的内生增长理论认为，企业研

---

① 陈金德，伍晓玲，韦文求，林雄，王振翔．基于熵权法的广东农业专业镇科技创新环境综合评价研究［J］．广东农业科学，2014，41（13）：209－213.

② 张莉．我国创新环境存在问题及对策建议［J］．人民论坛，2015（29）：165－167.

③ 隗金成，房广顺．民族复兴视域下科技创新环境培育与优化［J］．人民论坛，2016（17）：8－11.

④ 李沃源，乌兰．基于系统构成要素的西部地区科技创新系统环境组合评价研究［J］．科学管理研究，2019，37（1）：59－62.

发与投入的增长，促进了产品创新和知识存量的增加，从而促进经济的长期增长[①]；Wang 和 Huang（2007）的研究表明，OECD 成员国只有不到一半的国家，科技创新投入活动是有效的，超过 2/3 的国家处于规模报酬递增阶段[②]；Kogan 等（2017）利用美国多年的经济发展数据分析得出科技创新投入能力对经济发展有着很重要的作用[③]。

国内学者方面，张洁音和潘晓霞（2014）从企业和政府两大创新资源投入主体考察区域科技投入对创新产出的影响，发现企业资金投入对技术创新产出的影响主要集中在技术知识的应用和产业化阶段，而政府的资金投入对区域技术创新产出的影响则主要集中在技术知识的生产阶段[④]；王丹等（2017）指出科技创新投入是促进科技创新产出的作用路径，无论是直接效应还是间接效应，都是动态的变化过程，均需要一定的时间来逐步显现其作用[⑤]；郭淑芬和张俊（2018）深入分析了科技创新资源投入的冗余情况，表示我国整体科技劳动冗余比例高于资本冗余比例，指出当前阶段国家仍需进一步改革科技管理政策，引导区域科技资源优化配置[⑥]；李永周和袁波（2018）通过对区域科技创新投入产出效率的分析，发现人力资本开发水平的提升有助于科技投入效率的提高，科技人力资源、科研经费比重、技术吸收投入、创新产品开发投入对创新驱动效率具有显著正向影响[⑦]；刘汉初等（2018）立足投入产出视角，构建科技创新效率综合测度指标体系，评估中国 30 个省域单元的科技创新有效的累计投入规模，得出中国科技创新投入规模呈现出“沿海—内陆”的极大差距，区域间科技创新投入差距已经大于经济发展水平的差距[⑧]；王庆金等（2018）指出科技创新投入是我国技术

① Romer P. Endogenous Technological Change［J］. Journal of Political Economy，1990（98）：71－102.

② Wang E C，Huang W. Relative Efficiency of R&D Activities：A Cross－country Study Accounting for Environmental Factors in the DEA Approach［J］. Research Policy，2007，36（2）：260－273.

③ Kogan L，Papanikolaou D and Seru A. Technological Innovation，Resource Allocation，and Growth［J］. The Quarterly Journal of Economics，2017，132（2）：665－712.

④ 张洁音，潘晓霞. 科技创新资源投入对区域创新产出影响研究——以浙江省 11 地市 2003—2012 年面板数据为例［J］. 华东经济管理，2014，28（9）：29－32.

⑤ 王丹，赵新力，张振山. 考虑科技创新投入产出时滞影响的国家创新能力非线性测评［J］. 科技管理研究，2017，37（9）：59－68.

⑥ 郭淑芬，张俊. 中国 31 个省市科技创新效率及投入冗余比较［J］. 科研管理，2018，39（4）：55－63.

⑦ 李永周，袁波. 基于投入产出分析的区域创新驱动效率测度［J］. 统计与决策，2018，34（8）：95－99.

⑧ 刘汉初，樊杰，周侃. 中国科技创新发展格局与类型划分——基于投入规模和创新效率的分析［J］. 地理研究，2018，37（5）：910－924.

创新能力的重要动力来源，科技创新产出是实现“政产学研金服用”相结合的科技创新体系发展的重要保障①；张海军和岳华（2019）指出科技创新投入转化为经济增长动力的效果与金融发展水平密切相关，应该增强科技创新的投入，才能显著地促进经济增长②。

总结已有文献可以发现，国内外的学者普遍认同科技创新投入对产出有着显著影响，科技创新投入的有效性不仅可以影响科技创新成果产出的水平，更与经济增长有着密切的相关性。

1.3.1.3 高新技术产业化方面的研究

国外学者方面，迈克尔·波特提出的集群理论认为，产业在地理上的集聚，能够对高新技术产业的竞争优势产生广泛而积极的影响。马歇尔（1920）认为产业空间集聚具有促进专业化投入和服务发展的作用，而且对专业化公司从空间集聚溢出中的获益水平有着较大影响。有学者在分析产业联系的演化中指出当生产体系在区域群集时，主要的高新技术产业竞争优势（技能、R&D、灵活性、技术创新扩散）能在区域水平上共溢。德国研究小组 Jungmit - tag、Blind、Grupp 根据生产函数模型，研究得出公共标准对高新技术产业经济增长具有强大的促进作用。③

国内学者方面，柴盈（2011）对深圳改革开放后经济增长方式及转变历程进行研究分析，认为深圳依靠发展自主创新为主的高新技术产业促进了深圳由粗放式经济增长模式转变为集约型经济增长模式④；孙丽文和马乐（2011）指出高新技术产业化系统是一个复杂系统，由资金、技术、人力资源与环境子系统构成，提升区域高新技术产业化水平，不仅需要各子系统自身得到有效发展，更需要子系统之间的相互协调性发展⑤；黎春燕等（2012）经分析认为高新技术产业在产业结构调整和经济发展方式转变中的带动作用日益凸显，我国欠发达地区由于科技基础薄弱、资金匮乏、高新技术产业起步晚而造成高新技术产业扶持政策建设

① 王庆金，王强，李姗姗．高校科技创新投入产出效率评价研究——基于“政产学研金服用”视角［J］．管理现代化，2018，38（5）：50 - 52.

② 张海军，岳华．科技创新投入、金融发展与经济增长——基于门槛模型的实证分析［J］．贵州社会科学，2019（3）：133 - 139.

③ 龙晓柏，陈保林．中国高新技术产业化提升的理论与实践［J］．江西社会科学，2013，33（2）：40 - 43.

④ 柴盈．自主创新型高新技术产业与深圳经济增长方式转变的主导性因素研究［J］．华东经济管理，2011，25（7）：50 - 53.

⑤ 孙丽文，马乐．区域高新技术产业化系统协调性分析——以河北省为例［J］．科技进步与对策，2011，28（12）：39 - 43.

难度大①；高天辉等（2012）指出高新技术产业的发展水平已成为决定一国国力和发展前景的关键因素，并对国内多个开发区的高新技术管理部门以及相关企业人员进行问卷调查，构建了政府对高新技术产业化资助项目的绩效评价指标体系②；李金保和冷俊峰（2012）指出高新技术产业化是形成高新技术产业的重要途径，具有显著的外部经济特征，且高新技术产业化的特征决定其仅仅依靠市场机制的调节还不够，必须通过政府的介入才能够弥补市场调节的不足③；龙晓柏和陈保林（2013）阐述了国内外高新技术产业化发展的主要研究视角与理论机制，分析中国高新技术产业化水平的主要特征，指出中国高新技术产业化在制度创新、产业集成能力、产业科技原创机制、应用中间环节、产业化转化效果、产业链配套等诸多方面与发达工业国还有很大的差距④；郭子涵和任净（2017）分析了我国高新技术产业开发区发展存在的主要问题为产业特色不明显、自主创新能力不足和缺乏行业主导力量，并提出推进供给侧改革、优化产业链结构，保护知识产权、提升创新能力，利用国有资本、推动高新区发展的建议⑤；杨博旭等（2020）指出高新技术产业是以技术密集、知识密集和资本密集为主要特征的，并对我国高新技术产业创新要素集聚水平进行测度分析，明确了我国高新技术产业创新要素集聚的基本情况是集聚规模显著提升、增速明显以及省份之间集聚水平存在明显差异等⑥。

从研究成果看，国内外学者对高新技术产业化的特征、发展现状、影响因素等都进行了详细的研究，为本书进一步探究高新技术产业化的发展奠定了理论基础。

1.3.1.4　*科技创新促进经济社会发展方面的研究*

国外学者方面，Fagerberg（1987）指出，创新是造成不同国家经济发展差异

---

① 黎春燕，李伟铭，刘骋．后发地区高新技术产业扶持政策建设研究——以海南省投融资、财税、人才和产学研政策为例［J］．科技进步与对策，2012，29（15）：108－113.

② 高天辉，宋砚秋，张萌，戴大双．我国政府对高新技术产业化项目财政科技投入绩效评价——基于 Borda 法［J］．技术经济，2012，31（7）：28－33.

③ 李金保，冷俊峰．高新技术产业化市场失灵的博弈分析［J］．求索，2012（10）：239－240，236.

④ 龙晓柏，陈保林．中国高新技术产业化提升的理论与实践［J］．江西社会科学，2013，33（2）：40－43.

⑤ 郭子涵，任净．我国高新技术产业开发区发展研究［J］．合作经济与科技，2017（4）：16－17.

⑥ 杨博旭，王玉荣，李兴光，周罗．从分散到协同：高新技术产业创新要素集聚发展路径［J］．科技管理研究，2020，40（12）：142－149.

的主要原因[①]；Sener 和 Saridogan（2011）研究了以科技创新为驱动的国际经济发展，发现采取科技创新型战略的国家在国际竞争中更强[②]；Salvatore（2014）基于联合国教科文组织的经验数据验证科技创新对经济可持续发展的贡献作用[③]；Mehmet（2015）通过分析土耳其区域资本与技术的作用关系，测算出技术进步和创新对土耳其经济的影响[④]。

国内学者方面，肖田野等（2017）基于广东省面板数据，发现广东省区域科技创新与经济之间存在着相互影响关系，各区域科技创新和经济发展两者之间的交互作用和相互带动作用较强[⑤]；万竹馨（2018）以重庆市为例，构建了区域创新能力和经济发展水平的耦合协调模型，得出两者具有明显的关联性，而且经济发展水平对区域创新能力影响更大的结论[⑥]；杨恺钧和闵崇智（2019）以粤港澳大湾区为例，实证分析发现技术创新对粤港澳大湾区经济增长质量的驱动作用明显[⑦]；余帮正（2019）认为，创新活动在经济发展快的地区表现活跃，而经济发展是科技创新的表现结果，两者存在耦合协调关系[⑧]；黄庆华等（2020）经实证分析得出产业集聚能够促进经济发展质量的提升，而技术进步是主要途径[⑨]；谢泗薪和胡伟（2020）设计了五个发展指标衡量科技创新与经济发展质量之间的关系，得出区域科技创新影响经济发展质量方面，由强到弱依次为科技成果产出、转化、财力、人力投入，而在区域经济发展质量影响科技创新方面，由强到弱依

---

① Fagerberg J. Technology, Growth and Competitiveness Selected Essays [A] // Technology, Growth, and Competitiveness: Freeman C. Technology Policy and Economic Performance: Lessons from Japan [C]. London: Pinter, 1987.

② Sener S, Saridogan E. The Effects of Science – Technology – Innovation on Competitiveness and Economic Growth [J]. Procedia – Social and Behavioral Sciences, 2011 (24): 815 – 828.

③ Salvatore S. The Contribution of the Sciences, Technology and Innovation to Sustainable Development: The Application of Sustainability Science from the Perspective of UNESCO's Experience [J]. Sustainability Science, 2014, 9 (4): 453 – 462.

④ Mehmet A. Technological Progress, Innovation and Economic Growth: The Case of Turkey [J]. Procedia – Social and Behavioral Sciences, 2015 (6): 776 – 782.

⑤ 肖田野，罗广宁，陈丹华．区域科技创新与经济发展耦合协调度研究——以广东为例［J］．科技管理研究，2017（15）：21 – 28.

⑥ 万竹馨．重庆市区域创新能力与经济发展水平的耦合评价研究［D］．重庆：西南大学硕士学位论文，2018.

⑦ 杨恺钧，闵崇智．技术创新对经济增长质量的驱动作用研究——以粤港澳大湾区为例［J］．当代经济管理，2019（12）：29 – 37.

⑧ 余帮正．技术创新、金融集聚与区域经济发展的研究［D］．上海：上海师范大学硕士学位论文，2019.

⑨ 黄庆华，时培豪，胡江峰．产业集聚与经济高质量发展：长江经济带107个地级市例证［J］．改革，2020（1）：88 – 99.

次为经济发展的协调、共享、绿色、创新、稳健①；肖仁桥等（2020）在分析中国经济高质量发展内涵的基础上，构建中国经济高质量发展水平评价指标体系，分析了新时代下我国经济高质量发展水平，实证发现科技创新过程中科技研发与成果转化两阶段对经济高质量发展均具有显著关系②；李佳雯和郭彬（2020）对高校科技创新与区域经济发展耦合协调度进行空间关联分析，得出高校科技创新与区域经济发展耦合协调度存在显著的空间自相关③。

由上述文献分析可知，关于科技创新与经济社会发展之间关系的研究成果很多，而且，可以发现科技创新对经济社会发展的促进作用是毋庸置疑的，科技创新是经济社会高质量发展的动力，为经济社会高质量发展提供了有力支撑。

1.3.2 区域科技创新水平的评价研究

区域科技创新是区域经济和科技发展的重要基础，区域科技创新水平是区域科技投入产出的转化率，其内涵是指在一定的科技创新环境和创新资源配置条件下，单位科技创新投入获得的科技创新产出，或者单位科技创新产出消耗的科技创新投入。对于科技创新水平的评价研究，学者们从不同角度，利用不同的方法进行了测度，由于各地区的资源禀赋和生成条件差异而导致的区域创新水平的差异，受到学术界和政府机构的广泛关注。

通过梳理国外文献可知，区域科技创新理论起源于 Freeman（1987）的技术创新理论和国家创新理论④；Todtling（1992）认为区域内创新主体的科技创新能力及创新主体间的互动关系等，都会对区域科技创新水平产生影响⑤；接着 Cooke 等（1997）提出科技创新水平主要是研究区域创新要素分类、区域创新的结构、区域创新的建设模式、区域创新的建设政策、区域创新水平评价等方

---

① 谢泗薪，胡伟．区域科技创新水平与经济发展质量协调性评价研究——基于京津冀经济圈科技及经济发展质量数据的实证分析［J/OL］．价格理论与实践：1－4［2020－07－13］．https：//doi.org/10.19851/j.cnki.CN11－1010/F.2020.04.100.

② 肖仁桥，沈路，钱丽．新时代科技创新对中国经济高质量发展的影响［J］．科技进步与对策，2020（4）：1－10.

③ 李佳雯，郭彬．高校科技创新与区域经济发展耦合协调及时空分异研究［J］．技术经济，2020，39（4）：112－119.

④ Freeman C. Technology Policy and Economic Performance：Lessons from Japan［M］．London：Pinter，1987.

⑤ Todtling F. Technological Change at the Regional Level［J］．Environment & Planning A：Economy and Space，1992，24（11）：1565－1584.

面[①]；Schwerrk（2012）把区域创新能力定义为区域内不断地产生与相关联的创新的潜力[②]。

国内学者方面，樊华和周德群（2012）运用DEA的VRS模型测度中国省域科技创新效率水平，结果表明，中国科技创新水平具有周期性波动演化特点，东部地区科技创新水平高于中西部地区，西部地区科技创新水平提高快，赶上并超过了中部地区[③]；朱辉（2015）通过对GPCA模型的运用和基于Moran's Ⅰ统计量的空间自相关的分析方法，对我国31个省域科技创新水平的空间分布进行了综合评价，结果表明全国科技创新综合水平存在明显的空间梯度分布特点，且在空间分布上科技投入存在明显空间自相关现象和集聚效应[④]；田逸飘等（2018）利用改进熵值法对30个省份的区域科技创新水平进行了测度，结果显示：观测期内各省份的科技创新水平均有显著的提高，但东部地区的科技创新水平要明显地高于其他地区[⑤]；陈江涛等（2018）利用熵值法，评价广东省科技创新水平，得出了广东省的科技开发能力和科技成果转化能力不断增强，科技支撑能力略有上升但波动起伏较大[⑥]；苏日古嘎和马占新（2018）利用DEA模型，评价了"一带一路"重点18个省区企业科技创新水平，发现："一带一路"倡议正式实施后，重点省区平均企业科技创新水平有明显提升，相比于"一带"沿线省区，"一路"沿线省区平均企业科技创新水平较高[⑦]；王江和刘莎莎（2019）采用基于地理邻近和经济距离两种空间权重矩阵的空间杜宾模型对西北五省区的科技创新水平的影响因素进行了实证检验，研究发现，经济发展、政府科技投入以及人力资本对区域科技创新水平的影响显著为正，对外开放度对区域科技创新水平则

① Cooke P, Uranga M G and Etxebarria G. Regional Innovation Systems: Institutional and Organizational Dimensions [J]. Research Policy, 1997, 26 (4/5): 475 – 491.

② Schwerrk R. Regional Innovative Capacity with Endogenous Employment: Empirical Evidence from the U. S. [J]. Review of Regional Studies, 2012, 33 (1): 73 – 84.

③ 樊华，周德群. 中国省域科技创新效率演化及其影响因素研究［J］. 科研管理，2012，33（1）：10 – 18，26.

④ 朱辉. 我国省域科技创新水平的空间分布评价［J］. 东南大学学报（哲学社会科学版），2015，17（S2）：63 – 64，80.

⑤ 田逸飘，刘明月，张卫国. 城镇化进程对区域科技创新水平的影响［J］. 城市问题，2018（4）：4 – 11.

⑥ 陈江涛，吕建秋，田兴国，孙雄松. 基于熵值法的广东省科技创新评价研究［J］. 科技管理研究，2018，38（12）：119 – 126.

⑦ 苏日古嘎，马占新. "一带一路"重点省区企业科技创新效率评价——基于广义DEA模型的实证分析［J］. 科学管理研究，2018，36（6）：90 – 93.

有负向抑制作用①；贾春光等（2020）运用全局熵权法、改进的灰色 TOPSIS 法和空间自相关分析等，对山东省各地市的科技创新水平进行动态评价和可视化分析，得出了山东省科技创新水平呈现增长态势，但整体上梯度差异显著，呈现较为明显的金字塔式分层现象的结论②。

综上所述，学术界在科技创新水平的评价方面，已经做了大量的探索，而且大部分研究是利用单一或者组合评价方法，如熵值法、数据包络分析法等，对科技创新水平进行定量化的测量。但由于科技创新水平是一个动态的变化过程，因而对科技创新水平进行有效评价，对科技创新体系的完善具有重要意义。

1.4 研究思路与方法

1.4.1 研究思路

梳理国内外对区域科技创新水平的研究，可以发现，研究的热点聚焦于对区域科技创新投入、成果的产出或者对科技创新效率的影响因素的测度等，但是，针对某一区域科技创新水平的动态变化进行系统分析的评价研究几乎没有。此外，对区域科技创新水平的动态研究，需要考虑到科技创新环境、资源投入、成果的产出等，才能对区域科技创新水平进行较为深入的研究，从而反映出区域科技创新活动的真实水平。

本书根据《中国区域科技创新评价报告》，从科技创新环境、科技创新投入、科技创新产出、高新技术产业化、科技促进经济社会发展这五个方面，深入地研究了山西省历年科技创新水平的动态变化水平和排位变动情况，除此之外，通过对比中部六省和上海市的科技创新水平，探索山西省科技创新发展的建设思路和发展模式，具体如下：

第 1 章，绪论。该章首先阐述了研究的背景，对科技创新的发展及影响人类经济社会的发展做了系统的介绍，接着指出了对山西省科技创新水平研究的目的

① 王江，刘莎莎．基于 SDM 模型的金融集聚对区域科技创新水平的影响研究［J］．科技管理研究，2019，39（10）：66－73.

② 贾春光，程钧谟，谭晓宇．山东省区域科技创新能力动态评价及空间差异分析［J］．科技管理研究，2020，40（2）：106－114.

与意义，同时，在对国内外区域科技创新水平的研究现状进行分析的基础上厘清研究的思路，并阐述了本书的主要研究内容、研究方法等。

第2章，中国区域综合科技创新水平评价体系。本书依据的科技创新水平评价指标体系是科学技术部发布的《中国区域科技创新评价报告》中的指标体系，此指标体系经过了多年的演变和改进，故本章详细介绍了该体系的变化过程。

第3章，山西省综合科技创新水平排位现状及其变化研究。该章从全局角度，全面地分析山西省综合科技创新水平的现状和变化趋势，并对山西省综合科技创新水平排名进行比较分析，为之后的章节奠定基础。

从第4章到第8章，分别从科技创新环境、科技创新投入、科技创新产出、高新技术产业化、科技促进经济社会发展这五个方面，从一级、二级和三级指标层面，对山西省的科技创新水平的变动进行详细的定量分析，寻找山西省科技创新水平变化的原因和促进山西省科技创新水平排位提升的路径。

第9章，山西省综合科技创新水平下降趋势的原因分析。该章归纳了定量分析的结果，总结了山西省综合科技创新水平下降的原因。

第10章，山西省综合科技创新水平排位提升的政策建议。该章在分析山西省综合科技创新水平下降原因的基础上，有针对性地提出科技创新政策建议，最后，对未来的研究方向进行了展望。

1.4.2 研究方法

1.4.2.1 文献研究法

文献资料查阅法是本书最基本也是使用最多的研究方法，将贯穿整个研究过程。一方面将通过对相关文献资料的收集、整理和分析，对山西省科技创新环境、科技创新投入和产出、高新技术产业化、科技促进经济社会发展等方面进行梳理，为本书后面的部分奠定理论基础；另一方面将通过文献查阅，研究了解国内外在本领域的研究现状和发展动态，借鉴区域科技创新水平的评价成果，然后对区域科技创新水平的动态变化等进行深入分析。本书采用文献法对国内外相关研究进行梳理，同时对相关理论展开探索，并依据相关文献对本书的相关概念进行界定。

1.4.2.2 定性与定量分析法

质与量是辩证的统一关系，一定的质表现为一定的量，一定的量又反映一定的质，因此最可靠的是把定性分析与定量分析结合起来，防止认识事物的片面性。故本书首先对山西省科技创新水平的发展现状和依据的评价报告的历史演变进行定性分析，在此基础上收集相关数据，用数学语言进行描述，来探究山西省科技创新水平的动态变化情况。

1.4.2.3 比较分析法

比较分析法是较为常用的一种方法，本书对比分析中部六省和上海市的科技创新发展水平，进而发现山西省与中部其他省份、上海市的科技创新水平的差距，从而探寻山西省科技创新水平和排位提升的路径。

1.4.2.4 统计分析法

统计分析法指通过对研究对象的规模、范围等数量关系进行分析研究，以便于认识和揭示事物间的相互关系、变化规律和发展趋势的一种研究方法。本书利用统计分析法，收集了中部六省和上海市的科技创新的相关数据，利用数理统计和分析，做成便于直观理解的图表形式，从而得出定量的结论。

1.5 技术路线和创新之处

1.5.1 技术路线

本书研究的技术路线如图 1－1 所示。

1.5.2 创新之处

从研究对象来看，目前对科技创新水平的研究主要分为两类：一类是研究对象，主要集中于对国家整体、单独某个省或市、企业等的研究，而本书在对山西省的科技创新水平进行研究的同时，对比分析中部六省和经济发达的上海市的科技创新水平，更加全面、形象、系统地找寻山西省科技创新水平发展的差距；另一类是研究角度，不同于大部分的研究（从单一视角研究科技创新投入、产出、对经济的影响或者科技创新能力等），本书从科技创新环境、投入、产出、高新技术产业化、科技促进经济社会发展这五个维度，全面分析山西省科技创新水平的动态变化过程，全方位地探寻促进山西省科技创新水平提升的路径。

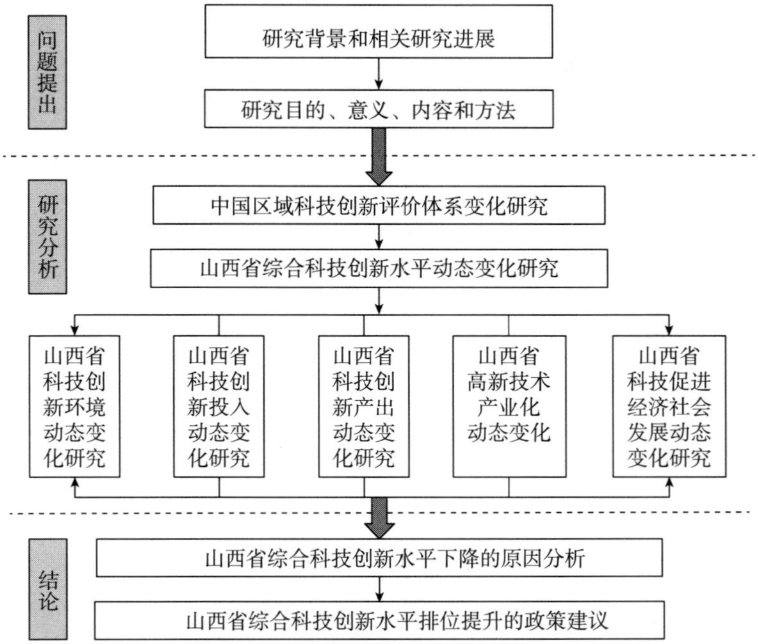

图 1－1　本书研究的技术路线

1.6　本章小结

改革开放以来，山西省经历了高速的经济增长，但由于其粗放型的增长方式，承受了高污染、高耗能的代价。随着资源能源的枯竭，环境的日益恶化，扭转经济颓势、依靠科技创新转变经济发展模式来提高经济效益已经迫在眉睫。随着“科技创新是提升区域核心竞争力和促进区域经济发展的主要动力”的实践经验越来越深入人心，山西省近些年加大了对科技创新的投入力度，科研机构增多，科技创新型企业的发展也有了可观的数量，同时各地政府也出台了一系列鼓励科技创新和吸引人才的政策，科技创新的水平在近些年是如何变化的，科技创新的水平在全国排在怎样的位置，这些问题成为本书重点关注和要解决的问题。

本章首先对科技创新的发展动态进行了梳理，接着阐述了山西省科技创新动态水平变化研究的背景和意义，然后对国内外关于科技创新的文献进行了归类，从科技创新环境、科技创新投入和产出、高新技术产业化、科技促进经济社会发展等方面进行了归纳整理，为后面章节对这五方面的定性和定量化的分类研究奠定基础。

第 2 章　中国区域综合科技创新水平评价体系

自 20 世纪 90 年代以来，区域创新体系逐渐受到学者的关注。在丰富创新理论体系的同时，它自身还有着重要的意义。首先，区域创新体系的研究将创新的变量延伸到空间的纬度，使创新体系有了地理的内涵，丰富了国家创新体系的研究内容；其次，区域创新体系使创新资源配置中的区域极化与均衡成为一个重要的研究命题；最后，区域创新体系的研究为各级政府出台相关创新政策提供了理论支持。

2.1　两种评价体系的比较

《中国区域创新能力评价报告》和《中国区域科技创新评价报告》作为国家创新调查制度系列报告的重要组成部分，系统地发布反映全国各地方创新活动的客观数据和评价结果，有效地支撑和服务国家及地方科技创新管理与决策，受到了全社会的广泛关注。

《中国区域创新能力评价报告》是以中国区域创新体系建设为主题的综合性、连续性的年度研究报告。该报告坚持以区域创新体系理论为指导，运用中国科技发展战略研究小组多年形成的评价方法，利用大量的研究统计数据，权威性、综合性、动态地对各省（自治区、直辖市）的创新能力进行分析比较，为地方政府了解本地区的创新能力提供了一个很好的平台。《中国区域科技创新评价报告》聚焦于“科技创新”，“创新是多方面的，包括理论创新、体制创新、制度创新、人才创新等，但科技创新地位的作用十分显要”。该报告着眼于“区域”，是瞄准区域创新发展的特点，为区域创新政策制定、创新工作的开展和创新能力评价等提供有力的支撑。

《中国区域创新能力评价报告》所提出的区域创新能力指标体系，囊括5个一级指标、20个二级指标、40个三级指标和137个四级指标。一级指标分别为知识创造、知识获取、企业创新、创新环境和创新绩效。其中，知识创造是衡量区域创造新知识的能力的重要指标；知识获取用以衡量区域利用全球一切可用知识的能力；企业创新用以衡量区域内企业应用新知识，推出新产品或新工艺的能力；创新环境用以衡量区域为知识的产生、流动和应用提供相应环境的能力；创新绩效用以衡量区域创新的产出能力。而《中国区域科技创新评价报告》所建立的区域科技创新评价指标体系是由科技创新环境、科技活动投入、科技活动产出、高新技术产业化和科技促进经济社会发展5个一级指标（要素指数）、12个二级指标和39个三级指标组成（见表2－1）。

表2－1　两种评价体系一级指标的对比

	《中国区域创新能力评价报告》	《中国区域科技创新评价报告》
一级指标	知识创造	科技创新环境
	知识获取	科技活动投入
	企业创新	科技活动产出
	创新环境	高新技术产业化
	创新绩效	科技促进经济社会

将两套科技创新评价体系进行对比，不难发现，《中国区域创新能力评价报告》侧重于区域创新能力的评价，该报告通过把指标体系分为实力、效率和潜力三层，来观测总体和单个地区的变化速度与幅度。《中国区域科技创新评价报告》从科技创新的外部环境、投入、产出、转化以及最终目标五个层面入手，深入研究区域科技创新水平。本书的研究对象是山西省的科技创新综合水平，其中科技创新指的是全社会研发活动的发展及由此对经济社会发展促进作用的提升。这是由“科学技术是第一生产力”的性质所决定的，因此对区域科技创新进行评价需要与经济社会的大系统相关联。前者以后者为基础、为支撑，后者以前者为动力、为要素。

第一，科技创新离不开良好的外部环境和必要的物质技术条件，它包括：①有可能、有条件从事研发的人力资源；②科研物质条件，包括科研仪器设备的规模和水平及与科学研究或技术服务活动物质装备有关的建设与更新；③科技意识，即政府、企业和社会公众对科技创新与创新活动的积极性、认可和支持。

第二，科技创新的原动力是科技活动投入，它包括：①全社会特别是工业企业科技活动人力投入水平；②全社会、工业企业、地方政府对科技活动财力支持的力度。

第三，科技创新水平最直接的体现之一为科技活动产出，它包括：①科技活动产出水平，即论文、课题研究和实用技术的产出水平；②技术成果的市场化程度，即技术成果在国内和国家间的流动状况。

第四，科技创新通过科技成果的转化而形成生产力，最为突出的表现即为高新技术产业化，它包括：①高技术产业和新产品的产出水平；②高新技术产业的劳动效率、附加价值水平及对经济规模和增长的贡献。

第五，科技创新的最终目标是促进经济社会发展，它包括：①促进经济发展方式转变的能力；②促进环境改善的力度；③促进社会生活信息化水平提高的作用。

由此看来，《中国区域科技创新评价报告》紧扣科技管理工作，与区域科技管理、科技规划制定、科技发展目标密切联系。该评价指标体系基本囊括了各地区科技规划和发展目标的主要指标，这些指标的趋势和走向可以敏感地反映出各地区在科技创新的主要方面的水平和进步、不足和退步。特别是在和排序相邻地区的比较中，能够具体明确指出与其提升或落后关联的因果联系。而且该报告经过多年专业经验积累，在区域可比性上下了很大功夫。评价指标体系、评价方法和评价标准的运用十分适合我国地域辽阔、人口众多、区域发展存在明显差异的特点。因此，本书采用《中国区域科技创新评价报告》中的评价指标体系作为研究基础。

2.2 《中国区域科技创新评价报告》历史沿革

回顾 20 世纪 90 年代初，为促进地区科技创新环境的改善，切实增加科技投入，努力扩大科技产出，加快高新技术产业化建设，重视科技促进经济发展方式的转变，原国家科委启动了“全国科技进步统计监测和综合评价”项目，从 1993 年开始的前期研究到 1997 年正式对外发布《全国科技进步统计监测报告》（以下简称《监测报告》），20 多年来，该报告以其公开性、规范性、可核查、可比较的特点逐渐确立起在众多监测和评价报告中的权威地位；以其科学规范、稳定持续、简明易读的特色而日益成为各级政府、社会各界，特别是地方科技管理部门的重点关注对象（见表2-2）。

表2-2　《监测报告》更名历程

年份	名称
2010~2014	《全国科技进步统计监测报告》
2015	《中国区域科技进步评价报告》
2016~2019	《中国区域科技创新评价报告》

其在发展过程中经历了两次更名，随着2014年全国创新调查的实施，《监测报告》被纳入国家创新调查制度体系，为了与其他国家创新调查制度系列报告保持一致，该报告从2015年起，正式纳入国家创新调查系列报告中，并更名为《中国区域科技进步评价报告》。创新是多方面的，包括理论创新、体制创新、制度创新、人才创新等，但科技创新地位和作用十分显要。发挥科技创新在全面创新中的引领作用，加快形成以创新为主要引领和支撑的经济体系和发展模式，对于实现“两个一百年”奋斗目标，实现中华民族伟大复兴的中国梦，具有十分重要的指导意义。因此，2016年又将《中国区域科技进步评价报告》更名为《中国区域科技创新评价报告》，沿用至今。

变化的是标题，不变的是功能。该报告核心任务仍是基于政府统计数据，对各地区综合科技进步水平进行展示：一是全国及各地区的科技进步环境、科技活动投入、科技活动产出、高新技术产业化和科技促进经济社会发展等各方面的表现；二是全国及各地区科技进步的变动特征和发展态势；三是全国及各地区综合科技进步水平的均衡性和最终影响因素；四是各地区科技规划指标制定的科学性和实现程度。此外，还对不同模块中具有相关性的指标加以重新组合，从不同角度展示了科技活动内部结构和各因素之间的因果联系。

2.3　评价指标的演变

《中国区域科技创新评价报告》通过构建以科技创新环境、科技活动投入、科技活动产出、高新技术产业化和科技促进经济社会发展五个指标为一级指标，及其下设的12个二级指标、39个三级指标构成的指标体系，向我们展示了全国及各地区的综合科技进步水平。评价体系中评价指标的确定遵从以下原则：

（1）公开性。均为政府统计部门公开发布的统计指标，便于社会各界进行核查和索引。

（2）标准化。均为以国家标准和部门标准计算的统计指标，不采用地方统计标准计算的统计指标，以保证指标路径的一致性。

（3）简洁化。使用规范的指标名称和规范的合成方法，不采用修匀方法平滑，以真实反映指标值的变化和波动。

（4）全面性。在每年度的评价中最大限度地吸收政府统计指标体系改革增设的与科技创新有关的新指标，并删除一些较为陈旧的，已不能很好地反映现实状况的指标。

为适应经济社会发展以及科技进步，响应国家政策号召，指标体系在不断地进行完善。通过对比近十年《中国区域科技创新评价报告》的指标体系，发现除一级指标“科技进步环境”更名为“科技创新环境”外，其余一级、二级指标稳定不变，而三级指标不断地在完善。按其刊名的更替将其指标演变整理为三个阶段，具体变化如表2－3、表2－4和表2－5所示。

表2－3　第一阶段评价指标的演变

指标	2010～2011年	2012年	2013～2014年
科技进步环境	—	新增指标“万人R&D活动人员数” 新增指标“有创新活动的企业占比”	①“万人R&D活动人员数”更名为“万人研究与发展（R&D）人员数” ②“每名R&D活动人员新增仪器设备费”更名为“每名R&D人员仪器和设备支出” ③“科学研究技术服务业新增固定资产占全社会比重”更名为“科学研究和技术服务业新增固定资产占比” ④“万名就业人员专利申请量”更名为“万名就业人员专利申请数” ⑤“科研与综合技术服务业平均工资与全社会平均工资比例系数”更名为“科学研究和技术服务业平均工资比较系数” ⑥“科研与综合技术服务业平均工资与全社会平均工资比例系数”更名为“科学研究和技术服务业平均工资比较系数” ⑦“万人吸纳技术成果金额”更名为“万人吸纳技术成交额” ⑧“有创新活动的企业占比”更名为“有R&D活动的企业占比”

续表

指标	2010～2011 年	2012 年	2013～2014 年
科技活动投入	①“万人 R&D 科学家和工程师数”更名为“万人 R&D 研究人员数” ②“企业 R&D 科学家和工程师占全社会 R&D 科学家和工程师比重”更名为“R&D 研究人员占全社会 R&D 研究人员比重” ③“地方财政科技拨款占地方财政支出”更名为“地方财政科技支出占地方财政支出比重” ④“企业 R&D 经费支出占产品销售收入比重”更名为“企业 R&D 经费支出占主营业务收入比重” ⑤“企业技术引进和消化吸收经费支出占产品销售收入比重”更名为“企业技术引进和消化吸收经费支出占主营业务收入比重”	“企业技术引进和消化吸收经费支出占主营业务收入比重”更名为“企业技术获取和技术改造经费支出占企业主营业务收入比重”	①“企业 R&D 研究人员占全社会 R&D 研究人员比重”更名为“企业 R&D 研究人员占比重” ②“R&D 经费支出与 GDP 比例”更名为“R&D 经费支出与 GDP 比值”
科技活动产出	—	①“万名 R&D 活动人员科技论文数”更名为“万人科技论文数” ②“万名就业人员发明专利拥有量”更名为“万人发明专利拥有量” ③删除指标“万名 R&D 活动人员向国外转让专利使用费和特许费” ④增加指标“万元生产总值技术国际收入”	“万人技术成果成交额”更名为“万人输出技术成交额”

续表

指标	2010～2011 年	2012 年	2013～2014 年
高新技术产业化	“新产品销售收入占产品销售收入比重”更名为“新产品销售收入占主营业务收入比重”	—	—
科技促进经济社会发展	—	①删除指标“百人固定电话和移动电话用户数” ②新增指标“信息传输、计算机服务和软件业增加值占生产总值比重”	①删除指标“百户居民计算机拥有量” ②“万人国际互联网用户数”更名为“万人国际互联网上网人数”

表 2－4　第二阶段评价指标的演变

指标	2015 年
科技进步环境	①新增指标“万人高等教育学校平均在校学生数” ②新增指标“十万人创新中介从业人员数” ③新增指标“十万人累计孵化企业数”
科技促进经济社会发展	①新增指标“装备制造业区位熵” ②“信息传输、计算机服务和软件业增加值占生产总值比重”更名为“信息传输、软件和信息技术服务业增加值占生产总值比重” ③新增指标“电子商务消费占居民消费支出比重”

表 2－5　第三阶段评价指标的演变

指标	2016～2017 年	2018 年	2019 年
科技创新环境	①“万人高等教育学校平均在校学生数”更名为“万人高等学校在校学生数” ②“每名 R&D 人员仪器和设备支出”更名为“每名 R&D 人员研发仪器和设备支出”	新增指标“十万人博士毕业生数”	—

续表

指标	2016~2017 年	2018 年	2019 年
高新技术产业化	—	“高技术产业增加值率”更名为“高技术产业利润率”	“高技术产业增加值占工业增加值比重”更名为“高技术产业主营业务收入占工业主营业务收入比重”
科技促进经济社会发展	“电子商务消费占居民消费支出比重”更名为“电子商务消费占最终消费支出比重”	—	“万人国际互联网上网人数”更名为“万人移动互联网用户数”

2010 年对于改革开放中的中国而言是极为不平凡的一年。全球金融危机余波未平，欧洲主权债务危机随之显现。面对国际风云变幻，全国各族人民在党中央、国务院的领导下，团结进取，坚定信念，经济和社会又走过了快速而平稳发展的一年。进入 21 世纪，特别是“十一五”时期以来，党中央多次提出通过科技进步和自主创新实践科学发展观的战略思想。胡锦涛同志指出：“当今世界，科学技术已成为经济社会发展的决定性力量，而自主创新能力又是国家竞争力的核心。加快科技进步，关键在于自主创新。提高自主创新能力，是保持经济长期平衡较快发展的重要支撑，是调整经济结构，转变经济增长方式的重要支撑，也是提高我国国际竞争力和抗风险能力的重要支撑。”随着我国“十一五”规划的完美收官，“十二五”规划的稳步推进，增加科技投入，重视科技产出，发挥科技进步和创新对经济社会发展的支持引领作用，促进经济发展方式转变已成为各级政府和社会公众的共识。特别是《国民经济和社会发展第十二个五年规划纲要》和《国家“十二五”科学和技术发展规划》的颁布，为我们描绘出以科学发展为主题，以加快转变经济发展方式为主线，以提高自主创新为核心，以全面建设小康社会为目标的蓝图。在社会各界总结“十一五”、展望“十二五”的时刻，2011 年的《监测报告》将指标进行完善，用“万人 R&D 研究人员数”替换“万人 R&D 科学家和工程师数”。用“R&D 研究人员占全社会 R&D 研究人员比重”替换“企业 R&D 科学家和工程师占全社会 R&D 科学家 R&D 工程师比重”。自第二次全国 R&D 资源清查后已不再使用“R&D 科学家工程师数”这一指标。

用“主营业务收入”代替“产品销售收入”，表述更为全面，用“地方财政科技支出”代替“地方财政科技拨款”，指标内涵均无变动，但指标名称更为具体及有代表性。

2012年是《监测报告》按循例对监测体系进行修订，以新的面貌展示“十二五”时期全国和各地区科技进步良好发展态势的第一年。在经济社会各个领域实现“十二五”良好开局之时，2012年的《监测报告》在认真学习上述规划以及充分论证和听取建议的基础上，结合规划目标和近期统计制度的改变，对原有的指标做了与规划目标相一致的调整：用“万人R&D活动人员数”替换“万人专业技术人员数”。“万人专业技术人员数”是反映科技人力资源的重要指标，但自2007年起，国家统计局劳动工资统计中已不再统计这一指标。在2009年度和2010年度的《监测报告》中，为了保持指标体系的稳定性，专业技术人员数为推算数。新增指标“有创新活动的企业占比”。将指标“企业技术引进和消化吸收经费支出占主营业务收入比重”调整为指标“企业技术获取和技术改造经费支出占企业主营业务收入比重”，前后差距较大，后者更能够反映企业对科技创新投入的重视度。将“万名R&D人员科技论文数”与“万名就业人员发明专利拥有量”修订为以“万人”来计量。将“万人向国外转让的专利使用费和特许费”替换为“万人技术国际收入”。新增指标“信息传输、计算机服务和软件业增加值占生产总值比重”。

在2013~2014年，大多数指标内涵未发生变化，但其指标名称被进一步完善，例如：将“比例”改为“比值”，将“万人技术成果成交额”改为“万人输出技术成交额”，“申请量”改为“申请数”，“万人国际互联网用户数”改为“万人国际互联网上网人数”；等等。其中个别指标名称更加简洁，比如“科研与综合技术服务业平均工资与全社会平均工资比例系数”改为“科学研究和技术服务业平均工资比较系数”。个别指标内涵也会随着指标名称的变动而发生变化，将有“创新活动和企业占比”改为“有R&D活动的企业占比”，因为创新活动有R&D和非R&D情况下两种创新活动，而R&D活动是指在科学技术领域，为增加知识总量，以及运用这些知识去创造新的应用，所进行的系统的创造性的活动，所以名称更改之后数据会发生变化，但改好的指标能够更好地反映企业的科技意识强弱。

在《中国区域科技进步评价报告2015》中，针对当年“大众创业、万众创新”的格局，考虑到“双创”的人力资源和物质条件，增设指标“万人高等学校平均在校学生数”“十万人创新中介从业人员数”“十万人累计孵化企业数”。

考虑到先进制造业发展对中国未来产业结构优化和经济发展质量优化的重要意义，增设指标“装备制造业区位熵”。考虑到互联网对消费领域的重要影响，增设指标“电子商务消费占居民消费支出比重”。这些评价指标的引入，必然会增加区域评价结果的说服力、加大客观性。除此之外，将指标“信息传输、计算机服务和软件业增加值占生产总值比重”调整为“信息传输、软件和信息技术服务业增加值占生产总值比重”，使其内涵更具全面性。

《中国区域科技创新评价报告 2016—2017》将指标“电子商务消费占居民消费支出比重”更名为“电子商务消费占最终消费支出比重”。最终消费包括但不仅限于居民消费支出，因此在后续的指标分析中需要注意数据的变化。此外，将两个指标名称进行完善，“万人高等教育学校平均在校学生数”改为“万人高等学校在校学生数”，“每名 R&D 人员仪器和设备支出”改为“每名 R&D 人员研发仪器和设备支出”，数据内涵前后未发生变化，显而易见的是名称变得更为具体。

《中国区域科技创新评价报告 2018》在遵循评价结果动态可比的原则下，也如历年报告一样对评价指标进行了完善。针对当年“大众创业、万众创新”格局，考虑到“双创”中人力资源质量的重要性，参照《欧洲创新记分牌 2017》，增加了指标“十万人博士毕业生数”。根据政府统计机构数据发布的变化，将“高技术产业增加值率”变更为“高技术产业利润率”。此外，有关环境改善的若干指标，也依据“十三五”规划中设置的规划指标及规划标准做出相应改变。

《中国区域科技创新评价报告 2019》在遵循评价结果动态可比的原则下，也如历年报告一样对评价指标进行了调整。一是根据政府统计制度的变化，将“高技术产业增加值占工业增加值比重”更名为“高技术产业主营业务收入占工业主营业务收入比重”；二是将“万人国际互联网上网人数”更名为“万人移动互联网用户数”。人数和户数的量化单位不同，后续数据的分析中同样也需多加注意。

综上所述，指标体系的变化大体可以分为以下三类：

（1）删去不具有实际意义和代表性的指标。

（2）新增符合当前经济发展和时政背景的指标。

（3）将指标的名称完善得更加具体，更具代表性。

除此之外，在三级指标中不乏十年中稳定不变的指标（见表 2 -6）：

表 2-6　未发生变化的指标

一级指标	三级指标
科技创新环境	万人大专以上学历人数
科技活动产出	获国家级科技成果奖系数
高新技术产业化	知识密集型服务业增加值占生产总值比重
	高技术产品出口额占商品出口额比重
	高技术产业劳动生产率
	知识密集型服务业劳动生产率
科技促进经济社会发展	劳动生产率
	资本生产率
	综合能耗产出率
	环境质量指数
	环境污染治理指数

其中，近十年未发生变化的指标大多为一级指标“高新技术产业化”和“科技促进经济社会发展”中下设的三级指标，而这两项一级指标受政策以及经济发展影响较小，因此表现相对稳定。

科技创新评价指标体系不是一成不变的，每年都会根据党和国家工作重心的变化，以及相应的科技管理重心的变化对评价指标进行一定的修改和完善。其中应当注意的是“十二五”和“十三五”规划初期，指标的变化尤为具有代表性。2010～2015 年，经济处于快速发展阶段，指标体系变化比较多，而近年来，随着国家创新调查制度的实施和完善，指标体系相对稳定。持续稳定和系统创新的完美结合是研究项目生命力之所在。通过指标的不断完善，科技创新评价体系愈加具有权威性和说服力。

2.4　评价模型

该评价报告统一使用指标的评价值进行分析。其采用指数法对各级指标进行综合。各级评价值均可称为“指数”，综合方法如下：

（1）将各三级指标除以相应的评价标准，得到三级指标的评价值，即为三级指标相应的指数，计算方法为：

$$d_{ijk} = \frac{x_{ijk}}{x_k} \tag{2.1}$$

其中，x_{ijk}为第 i 个一级指标下、第 j 个二级指标下的第 k 个三级指标；x_k为第 k 个三级指标相应的标准值；当 $x_{ijk} \geqslant 100$ 时，取 100 为其上限值。

（2）二级指标评价值（二级指数）由三级指标评价值加权综合而成，即

$$d_{ij} = \sum_{k=1}^{n_j} w_{ijk} d_{ijk} \tag{2.2}$$

其中，w_{ijk}为第 k 个三级指标评价值相应的权数；n_j 为第 j 个二级指标下设的三级指标的个数。

（3）一级指标评价值（一级指数）由二级指标评价值加权综合而成，即

$$d_i = \sum_{j=1}^{n_j} w_{ij} d_{ij} \tag{2.3}$$

其中，w_{ij}为各二级指标评价值相应的权数；n_j 为第 j 个一级指标下设的二级指标的个数。

（4）总评价值（总指数）由一级指标加权综合而成，即

$$d = \sum_{i=1}^{n} w_i d_i \tag{2.4}$$

其中，w_i为一级指标评价值相应的权数；n 为一级指标个数。

在各级指标评价中，如果多个地区评价值均为 100%，应视为并列第一位。

在区域综合科技创新水平分析中，与本地区综合科技创新水平指数相联系，通过一、二、三级指标与上年评价值和位次的比较，可以观察到综合科技创新水平指数的变化与相关的各级指标变化之间的因果联系，以及在科技创新环境、科技活动投入、科技活动产出、高新技术产业化和科技促进经济社会发展等方面的变动特征和态势，具体如下：

（1）当评价值和相应的位次均比上年有所提高时，说明本地区与位次相邻地区比较有了明显的进步。

（2）当评价值较上年有所提高，但相应的位次不变（或下降）时，说明本地区虽然比上年有所进步，但却跟不上位次相邻地区的步伐。

（3）当评价值较上年有所下降，但相应的位次不变（或提高）时，说明本地区虽然比上年有所退步，但位次相邻地区退步更快。

（4）当评价值和相应的位次均比上年有所下降时，说明本地区与位次相邻地区比有了较明显的退步。

在评价时需要将科技指标的表现与经济指标、社会指标相结合进行考察。不

能片面关注各级指标位次的高低，还需要全面关注科技投入和科技产出是否能够跟上当前经济社会迅速发展的步伐。不能片面强调科技对经济社会发展的促进作用，还需要注意经济迅速增长条件下科技进步环境是否能够得到切实的改善，科技投入是否能够得到有力的支撑，科技产出水平和市场化水平是否能够得到有效的提高，高新技术产业和知识密集型服务业是否能够得到重点扶持和发展，社会各界是否对资源节约型、环境友好型社会建设给予足够的重视并通过努力产生良好的效果。此外，需要注意的是，2017 年评价报告的本年数据与 2018 年评价报告的上年数据相矛盾，因此在后续分析时，对于 2017 年的数据均采用最新数据，以保证数据的统一性与可靠性。

2.5　评价标准的变化

评价标准与全面建成小康社会的目标相联系，根据国内科技创新的总体水平和先进地区的发展水平，参照发达国家人均国内生产总值达到 3000 ~ 4000 美元（1980 年美元价格）时科技与经济社会协调发展的状况，经测算最终确定了一套较为系统的“科技创新评价标准”。通过全国及区域科技创新水平与“评价标准”的比较，直观反映出全国和各地区达到标准的程度。而随着经济的发展，不同时期同一指标的评价标准值也在不断地发生变化。其变化可以分为三类：第一类是新增指标，由此设置相应的评价值；第二类是指标名称更替，对应标准值发生变化；第三类是指标名称未发生变化，但是随着经济的发展，其评价标准值随之提升。这三类评价标准值的详细变化可参考表 2 – 7、表 2 – 8 和表 2 – 9。

表 2 – 7　第一类指标评价值的变化

指标	2015 年	2018 年
科技创新环境	①新增指标“万人高等学校在校学生数”，标准值为 1000 人/万人； ②新增指标“十万人创新中介从业人员数”，标准值为 10 人/十万人； ③新增指标“十万人累计孵化企业数”，标准值为 10 个/十万人	新增指标“十万人博士毕业生数”，标准值为 5 人

续表

指标	2015 年	2018 年
科技促进经济社会发展	①新增指标“装备制造业区位熵”，标准值为 200%； ②新增指标电子商务消费占居民消费支出比重，标准值为 20%	—

表 2-8　第二类指标评价值的变化

指标	2014 年	2016～2017 年	2018 年	2019 年
科技活动投入	“企业 R&D 研究人员占全社会 R&D 研究人员比重”更名为“企业 R&D 研究人员占比”，其评价值由 60% 更改为 70%	—	—	—
高新技术产业化	—	—	“高技术产业增加值率”更名为“高技术产业利润率”，标准值由 50% 更改为 15%	—
科技促进经济社会发展	“万人国际互联网络用户数”更名为“万人国际互联网上网人数”，评价标准值由 2500 户/万人更改为 5000 人/万人	“电子商务消费占居民消费支出比重”更名为“电子商务消费占最终消费支出比重”，其评价标准值由 20% 更改为 70%	—	“万人国际互联网上网人数”更名为“万人移动互联网用户数”，标准值由 5000 人更改为 10000 户

表 2-9　第三类指标评价值的变化

指标	2014 年	2018 年	2019 年
科技创新环境	—	①“高等学校在校学生数”标准值由 1000 人更改为 350 人； ②“十万人创新中介从业人员数”标准值由 10 人更改为 3 人	—

续表

指标	2014 年	2018 年	2019 年
科技活动投入	①“企业 R&D 经费支出占主营业务收入比重”标准由 6%更改为 2.5%；②“企业技术获取和技术改造经费支出占企业主营业务收入比重”由 10%更改为 2.5%	—	—
高新技术产业化	“高技术企业劳动生产率”由 15 万元/人更改为 30 万元/人	—	高技术产业劳动生产率由 30 万元/人更改为 120 万元/人
科技促进经济社会发展	—	“信息传输、软件和信息技术服务业增加值占生产总值比重”由 4%更改为 3.5%	—

通过数据不难发现，三类评价标准值变化均未涉及科技活动产出，我国科技产出水平近十年整体未发生翻天覆地的变化，因此标准值相对较为稳定，而其他一级指标下设指标均发生变化。

2.6　本章小结

科技创新评价体系的建立，有助于科学地分析区域综合科技创新水平。本章第一部分介绍了国家创新调查制度系列报告中使用较多的两种评价体系，通过对比其主要研究内容以及指标体系，最终采用《中国区域科技创新评价报告》中的评价体系作为评价和研究的基础；第二部分结合时政背景探索了指标体系的历史沿革；第三部分按照其刊物名称分为三个阶段，总结了评价指标的演变及其原因；第四部分介绍了该评价体系所使用的评价模型以及应用；第五部分将评价标准的变化按三类进行概括总结与分析。

第3章　山西省综合科技创新水平排位现状及其变化研究

科技创新是经济社会发展的关键，是中国现代化进程的首要因素，创新评价能够为各级管理部门决策提供重要参考和依据，能够促使各级政府增加科技投入，扩大科技产出，努力加快高新技术产业发展步伐，重视经济增长方式的转变和社会的和谐发展。近年来，山西全省上下按照山西省委的要求，紧盯第一要务、用好第一资源、激发第一动力，奋力开创山西科技创新新境界。在2019年的报告中，山西综合科技创新水平指数为51.94%，仍排在全国第20位，与上年相比提高了1.09个百分点，增幅排在全国第12位。

3.1　山西省科技创新一级指标评价

《中国区域科技创新评价报告》主要围绕科技创新环境、科技活动投入、科技活动产出、高新技术产业化、科技促进经济社会发展5个一级指标、12个二级指标、39个三级指标进行统计与评价，用于反映全国及各地区科技创新的变动特征和发展态势。下面对反映山西省科技创新水平的5个一级指标进行评价。

2019年科技创新环境指数为42.95，居全国第24位，低于全国平均水平，较2018年下降了0.07%，位次下降了1位，主要原因是科研物质条件位次下降较大。2019年科技活动投入指数为45.56，居全国第20位，低于全国平均水平，较2018年上升了0.01%，位次未发生变化。2019年科技活动产出指数为40.17，居全国第19位，低于全国平均水平，较2018年上升了7.44%，位次上升了2位。2019年高新技术产业化指数为61.37，居全国第16位，低于全国平均水平，较2018年上升了0.39%，位次上升了1位。2019年科技促进经济社会发展指数为65.68，居全国第15位，低于全国平均水平，较2018年下降了1.77%，位次下降了4位。

从《中国区域科技创新评价报告2019》中可以看出，2019年山西省综合科技创新水平在全国31个省份排名处于中等位置，排位有所下降。一级指标“高新技术产业化”的增长速度高于全国平均增长水平；一级指标“科技创新环境”由2018年的第23位下滑到2019年的第24位，“科技促进经济社会发展”由2018年的第11位下滑到2019年的第15位。这表明山西省高新技术产业化水平有了快速发展，但科技创新环境有待于进一步加强（见图3-1）。

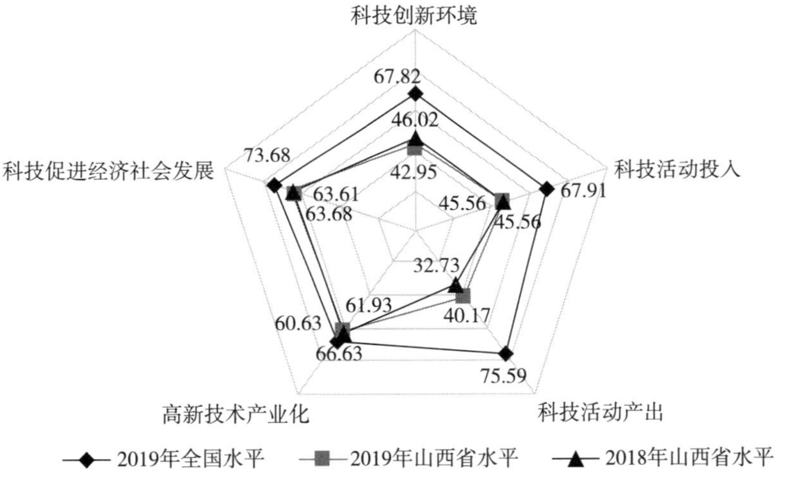

图3-1　山西省2019年一级指标与2018年和全国水平比较

资料来源：《中国区域科技创新评价报告2019》。

3.2　山西省综合科技创新水平变化趋势

山西省近十年综合科技创新水平稳步提升，但始终低于全国平均水平，相对差距也在不断拉大。山西省创新能力处于全国中下游水平，企业创新能力下降明显，原因是政府和企业科技投入力度没有其他地区大，对科技的重视程度不明显，科技合作的水平较低，吸引外资较少（见图3-2）。能源产业是山西省的支柱产业，其他高科技产业相对落后，经济过于依赖重化工行业。

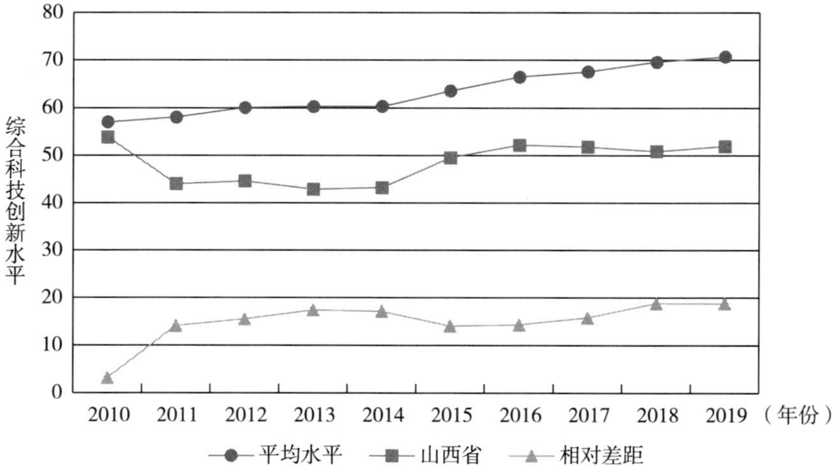

图3-2　2010~2019年山西省综合科技创新水平变化

资料来源：《中国区域科技创新评价报告》（2010~2019年）。

3.3　山西省综合科技创新水平排名比较分析

山西省近十年来科技创新水平位次在全国范围内波动较大，且下降幅度较大，自2010年初始，山西省综合科技创新水平在六省中处上位圈，但从2011年开始排名发生巨大跌落后至2017年期间虽缓慢平稳上升，但上升幅度较小，排名下滑至六省中位圈，并于2018年位次再次下跌，降至下位圈，这一系列变动表明相对而言山西省科技创新水平提升速率低。在对比中部六省近十年位次过程中可以发现，截至2019年，安徽省排名第11位，河南省排名第19位，湖北省排名第8位，湖南省排名第15位，江西省排名第18位，山西省排名第20位。山西省从2010年六省位次排名第二跌至最后一名。以上数据表明虽然山西省总体科技创新水平较为稳定增长，但由于相较其他省份增速过慢，导致科技创新水平位次在全国范围内不升反降（见图3-3）。因此，提高山西省科技创新水平增长率显得尤为迫切。

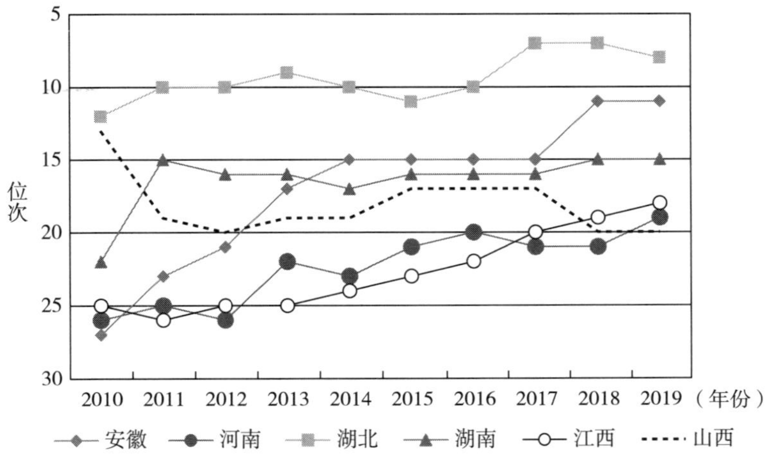

图3－3 2010～2019年中部六省综合科技创新水平位次变化

资料来源：《中国区域科技创新评价报告2019》。

3.4 本章小结

本章从山西省科技创新一级指标评价值、综合科技创新水平变化趋势、综合科技创新水平排名角度对综合科技创新水平进行不同角度的对比分析，发现山西省的科技创新一级指标评价值均低于全国平均水平；山西省综合科技创新水平总值处于缓慢上升过程，但是上升速度低于全国水平；山西省综合科技创新水平位次在中部六省位次变化中呈逐年下降趋势，目前山西综合科技创新水平位次已处于中部六省的末端。

第4章　山西省科技创新环境动态变化指标研究

科技创新是提高社会生产力和综合国力的战略支撑，必须摆在国家发展全局的核心位置，科技创新环境就是其中一个至关重要的因素。当前我国经济正处在转变发展方式、优化经济结构、转换增长动力的攻关期，提升科技创新能力则是该时期的重中之重。通过对科技创新环境的改造和优化，可以激发科技创新动力，规范科技创新行为，松解限制科技创新的束缚。这一部分基于科技创新环境视角，以一级、二级和三级指标为研究对象，分析其在报告期内的变化趋势，并找出需要重点关注的指标。

4.1　科技创新环境指标内涵及动态变化

根据《中国区域科技创新评价报告》（2016~2019年），一级指标“科技创新环境”下包含三个二级指标，即科技人力资源、科研物质条件以及科技意识，并且每个二级指标下均有可以衡量该指标的三级指标，如表4-1所示。

表4-1　科技创新环境评价指标及标准

一级指标	二级指标	三级指标	单位	标准
科技创新环境（E）	科技人力资源（E1）	万人研究与发展（R&D）人员数（E11）	人年/万人	40
		万人大专学历以上人数（E12）	人/万人	1000
		十万人博士毕业生人数（E13）	人/万人	5
		万人高等学校在校生人数（E14）	人/万人	350
		十万人创新中介从业人员数（E15）	人/十万人	3

续表

一级指标	二级指标	三级指标	单位	标准
科技创新环境（E）	科研物质条件（E2）	每名 R&D 人员研发仪器和设备支出（E21）	万元/人年	6
		科学研究和技术服务业新增固定资产占比（E22）	%	3
		十万人累计孵化企业数（E23）	个/十万人	10
	科技意识 E3	万名就业人员专利申请数（E31）	件/万人	100
		科学研究和技术服务业平均工资比较系数（E32）	%	200
		万人吸纳技术成交额（E33）	万元/万人	200
		有 R&D 活动的企业占比（E34）	%	100

4.1.1　指标内涵

4.1.1.1　万人研究与发展（R&D）人员数（E11）

R&D 人员是科技创新最为重要的人力资源之一。万人 R&D 人员是反映科技创新人力资源水平的主要指标。R&D 人员是指参与研究与试验发展项目研究、管理和辅助工作的人员，包括项目（课题）组人员、科技行政管理人员和直接为项目（课题）活动提供服务的辅助人员。进入 21 世纪以来，我国万人 R&D 人员数大致保持在 20 人年/万人，沿海地区和中西部地区差距较大，综合各地区水平，将万人 R&D 人员数的评价标准确定为 40 人年/万人。

4.1.1.2　万人大专以上学历人数（E12）

科技人力资源与国民的受教育水平密切联系，万人大专以上学历人数是反映科技人力资源水平的重要指标。大专以上学历人数来源于政府统计部门的人口调查。参照万人专业技术人员数标准，将万人大专以上学历人数确定为 1000 人/万人作为评价标准。

4.1.1.3　十万人博士毕业生数（E13）

“博士”是体现一个人具备较高学术研究能力的学位，是目前最高级别的学位。拥有博士学位意味着一个人有能力由学习阶段进入学术研究阶段。具备产出原创成果的能力或学力是博士学位的核心内涵，也是拥有博士学位的人的最本质特征。拥有博士毕业的规模和水平是科技创新人力资源充裕与否的重要体现，也是反映一国、一地区或者一城市是否具有较好的创新人力资源吸引力的重要指标。参照万人 R&D 研究人员标准，确定将每十万人中有 5 名博士毕业生作为评价标准。

4.1.1.4　万人高等学校在校生人数（E14）

创新与教育是密不可分的。教育不仅是知识和专业技能的直接来源，而且一定规模的在校生对当地创新活动的支持和影响也不容忽视。在校生虽然不属于专业技术人员，但从近年来科技论文作者的构成看，在校生，特别是在校博士生和硕士生已渐成科学研究的主力，成为重要的科技活动人力资源。参照万人大专以上学历人数标准，将万人高等学校在校学生数确定为350人/万人作为评价标准。

4.1.1.5　十万人创新中介从业人员数（E15）

创新中介又称科技中介、创新中介服务，依据联合国教科文组织《关于科技统计国际标准化建议案》，创新中介应是指与R&D活动相关并有助于科学技术知识的产生、传播和应用的活动，是现代服务业的重要组成部分。

4.1.1.6　每名R&D人员仪器和设备支出（E21）

用于研究与发展活动的科研仪器设备是科技活动重要的物质技术基础。该指标来源于《中国科技统计年鉴》中研究与开发机构、工业企业、高等学校R&D经费内部支出中的仪器和设备支出之和除以R&D活动人员数。据测算，发达国家在人均国内生产总值达到3000～4000美元时，R&D人员的仪器和设备支出约为每年1万美元，按现时人民币兑美元的汇率折算约为6万元。因此，将此设为评价标准。

4.1.1.7　科学研究和技术服务业新增固定资产占比（E22）

固定资产投资是提高科技创新水平的重要手段。从全国水平看，科学研究和技术服务业新增固定资产占全社会新增固定资产的比重不到1%。根据指标间数量关系估算，建设创新国家R&D经费支出与GDP的比例应达到2.5%，科学研究与技术服务业新增固定资产占全社会新增固定资产的比重应达到3%。

4.1.1.8　十万人累计孵化企业数（E23）

科技企业孵化器是以促进科技成果转化、培养高新技术企业和企业家为宗旨的科技创业服务载体，其累计孵化企业数是科技创新环境的重要体现。该指标来源于《中国科技统计年鉴》中全国科技企业孵化器孵化企业累计毕业数。根据全国总体水平和发达地区水平，确定为每十万人累计孵化企业10个作为评价标准。

4.1.1.9　万名就业人员专利申请数（E31）

注重发明创造、具有较强的专利意识是反映国民科技意识的重要侧面。创新型国家目标为万人有效发明专利数3.3件。我国专利申请的地区间差距较大，有些东部地区已经接近 100 件/万人。因此，将评价标准设为万名就业人员专利申请数 100 件/万人。

4.1.1.10　科学研究和技术服务业平均工资比较系数（E32）

科学研究和技术服务业工资水平反映了政府及社会对从事科学研究和技术服务工作的劳动者劳动报酬的认可程度。但由于各地区消费水平差异较大，因此，这一指标还需要用地区科学研究与技术服务业工资水平与全国该行业工资水平的比例进行修正，即根据《中国区域科技创新评价报告 2016—2017》中的地区科学研究和技术服务业平均工资、地区科学研究和技术服务业平均工资、地区全社会平均工资、全国科学研究和技术服务业平均工资计算。

$$\text{科学研究技术服务业平均工资比较系数}=\frac{\text{地区科学研究和技术服务业平均工资}}{\text{地区全社会平均工资}}\times\frac{\text{地区科学研究和技术服务业平均工资}}{\text{全国科学研究和技术服务业平均工资}}\times 100\%$$

根据我国京、津、沪、粤等发达地区的资料测算，这一比例系数的评价标准确定为 200% 较为合适。

4.1.1.11　万人吸纳技术成交额（E33）

吸纳技术成交额指的是各地区在技术市场上为购买技术成果所支出的费用。这一指标可以反映企业或机构对技术成果的需求意识。根据我国沿海发达地区历史资料进行测算，这一指标的评价标准确定为 200 万元/万人较为合适。

4.1.1.12　有 R&D 活动的企业占比（E34）

企业是创新的主要场所，是新技术应用的主要用户。因此，有 R&D 活动的企业占比可以反映一个地区技术创新活动的活跃程度。企业都应开展创新活动，因此，设定 100% 作为评价标准。

4.1.2　指标的动态变化

根据《全国科技进步统计监测报告》（2010 ~ 2014 年）、《中国区域科技进步评价报告》（2015 年）和《中国区域科技创新评价报告》（2016 ~ 2019 年），收集了山西省的一级指标、二级指标和三级指标的相关数据。2010 ~ 2019 年，一级指标科技创新环境在 2014 年降幅最大，位次落后明显，其主要原因是科技人力资源大幅下降。二级指标中科技人力资源在 2014 年降幅最大，达到这七年来最低值 57.11，其原因是万人研究与发展（R&D）人员数由于指标评价值发生变化，以及万人大专学历以上人数在 2014 年的大幅下降。2017 ~ 2019 年，一级指标科技创新环境在 2018 年降幅最大，其主要原因是科研物质条件大幅下降。

二级指标中科研物质条件下降 12.58 个百分点，山西省成为全国下降幅度最大的省份，其主要原因是每名 R&D 人员研发仪器和设备支出大幅下降。其他指标虽均有变动，但不至于大幅影响山西省科技创新环境的位次。下文将对山西省一级、二级和三级共 15 个指标进行详细分析。

4.2 科技创新环境一级指标和二级指标研究

山西省科技创新环境为一级指标，科技人力资源、科研物质条件和科技意识为二级指标，本节将对指标的评价值和位次进行分析。

4.2.1 科技创新环境（E）

科技创新环境这一指标，在 2010 年至 2014 年的名称为“科技进步环境”。2015 年随着报告名称发生改变，这一指标也从“科技进步环境”更名为“科技创新环境”，但评价标准未发生改变。

对近十年山西省 E 指标值变化趋势进行分析，如图 4－1 所示，山西省科技创新环境呈波动下降变化趋势。指标值在 2010～2012 年缓慢上升，于 2012 年达到峰值 55.36，之后两年明显下降，2014 年达到最低点 42.48，2015～2017 年缓慢上升，2017 年评价值突破 50，但 2018 年和 2019 年又有回落的趋势。位次方

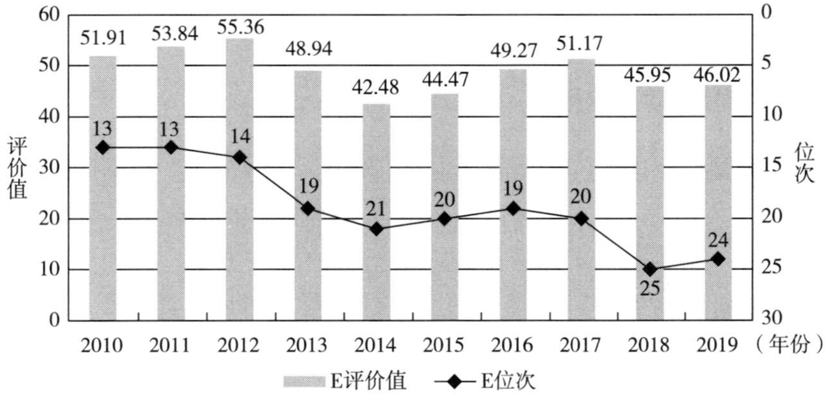

图 4－1　2010～2019 年山西省 E 指标评价值和位次变化情况

面，山西省近十年呈波动下降趋势，2011 年和 2012 年排名最好，为全国第 13 名，2018 年排名最差，为全国第 25 名。

对近三年中部六省及上海市 E 指标值变化趋势进行分析，如图 4－2 所示，中部六省均在科技创新环境均值以下，而上海市远超其均值。湖北省近三年科技创新环境评价值逐年增加，而山西省近三年评价值逐年下降。

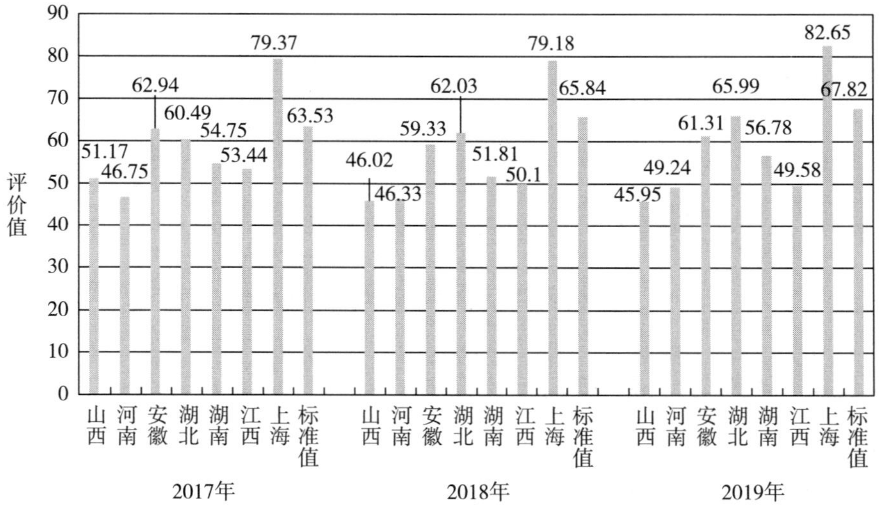

图 4－2　2017～2019 年中部六省及上海市 E 指标评价值

对近三年中部六省及上海市 E 指标位次对比分析，如表 4－2 和图 4－3 所示，湖北省和安徽省近三年排在中部六省第一、第二位，山西省在 2017 年在中部六省中排列第五位，2018 年和 2019 年被河南省赶超排列第六位，山西省的科技创新环境处于一个较为落后的水平。

表 4－2　2017～2019 年中部六省及上海市 E 指标位次

省份	山西省	河南省	安徽省	湖北省	湖南省	江西省	上海市
2017	20	27	10	12	15	18	4
2018	25	24	13	10	18	22	4
2019	24	23	13	10	15	22	4

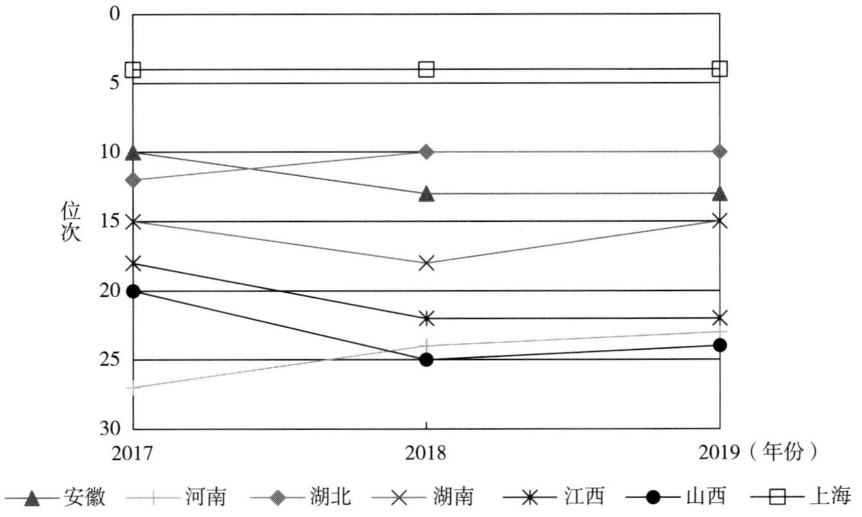

图 4-3　2017~2019 年中部六省及上海市 E 指标位次

4.2.2　科技人力资源（E1）

对近十年山西省 E1 指标值变化趋势进行分析，如图 4-4 所示，山西省科技人力资源呈波动下降变化趋势。指标值在 2010~2013 年稳步上升，于 2013 年达到峰值 75.48，2014 年骤然下降，达到最低值 57.11，可能与指标变化有关，2010~2013 年采用“万人专业技术人员数”评价指标，2014~2019 年采用“万人研究与发展（R&D）人员数”评价指标。位次方面，山西省在 2011 年排名最好，为全国第 10 名，2017 年和 2018 年排名最差，为全国第 21 名。

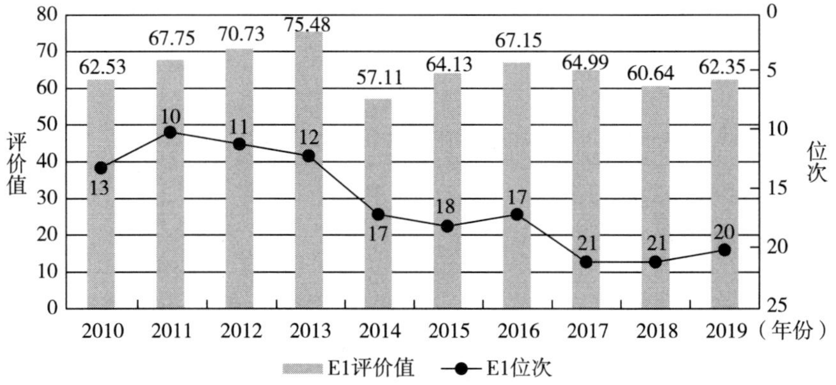

图 4-4　2010~2019 年山西省 E1 指标评价值和位次变化情况

对近三年中部六省及上海市 E1 指标值变化趋势进行分析，如图 4－5 所示，中部六省科技人力资源指标值均在均值以下，上海市远超均值，中部六省中只有湖北省最接近均值，而山西省近三年变化幅度不大。

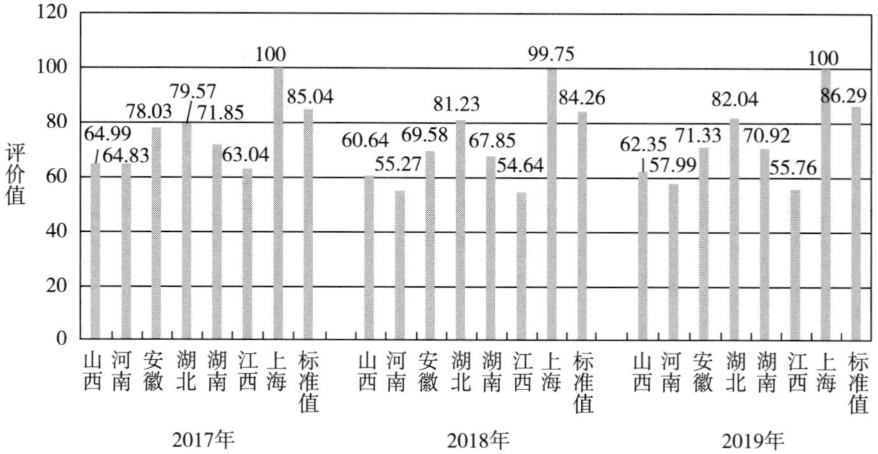

图 4－5　2017～2019 年中部六省及上海市 E1 指标评价值

对近三年中部六省及上海市 E1 指标位次对比分析，如表 4－3 和图 4－6 所示，湖北省近三年均位于中部六省第一位，山西省的位次没有较大起伏，近三年一直处于中部六省第四位。

表 4－3　2017～2019 年中部六省及上海市 E1 指标位次

省份	山西省	河南省	安徽省	湖北省	湖南省	江西省	上海市
2017	21	22	11	10	15	23	1
2018	21	23	15	10	16	25	3
2019	20	23	14	9	15	25	3

4.2.3　科研物质条件（E2）

对近十年山西省 E2 指标值变化趋势分析，如图 4－7 所示，山西省科研物质条件近十年呈波动变化趋势。指标值在 2010～2012 年变化幅度不大，在 2013 年大幅下降，达到最低值 30.15，2013～2017 年呈波动上升趋势，2018 年和 2019 年呈下降趋势，其中 2018 年较 2017 年下降幅度较大。位次方面，山西省在 2017

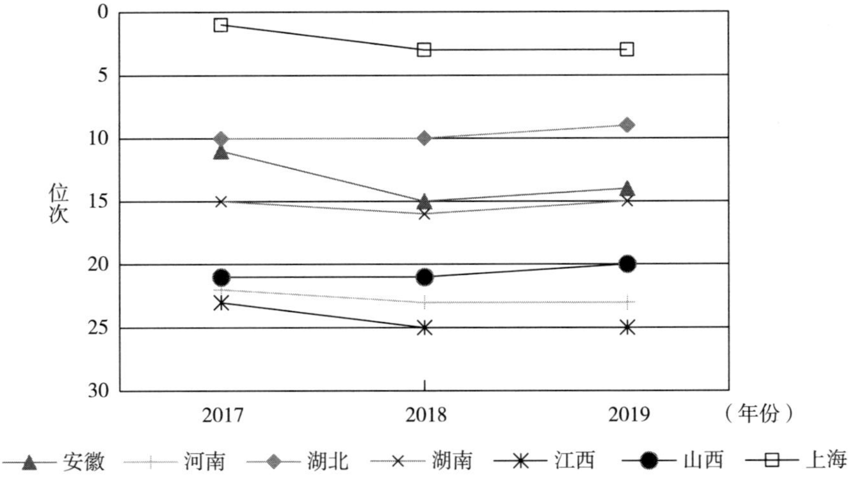

图 4－6　2017～2019 年中部六省及上海市 E1 指标位次

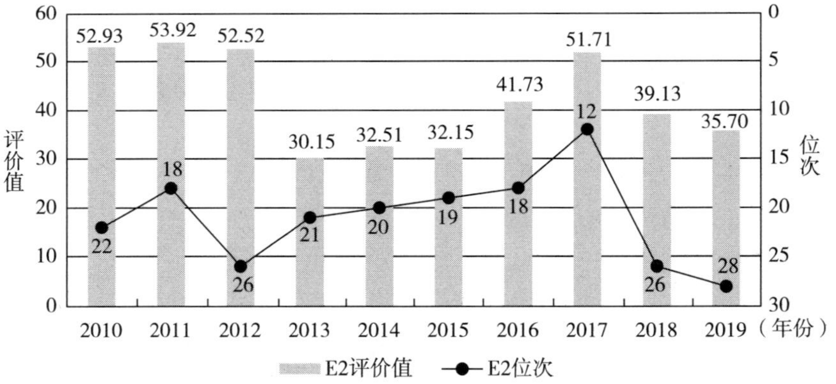

图 4－7　2010～2019 年山西省 E2 指标评价值和位次变化情况

年排名最好，位于全国第 12 名，2019 年排名最差，位于全国第 28 名，处于一个较为落后的状态。

对近三年中部六省及上海市 E2 指标值变化趋势进行分析，如图 4－8 所示，在 2017 年，上海市超越均值，中部六省中除河南省外其余省份均超越均值，在 2018 年，只有安徽省和上海市超越均值，2019 年，中部六省及上海市均没有达到均值。山西省的科研物质条件指标值在 2018 年大幅下降，扩大了与中部六省以及发达城市的差距。

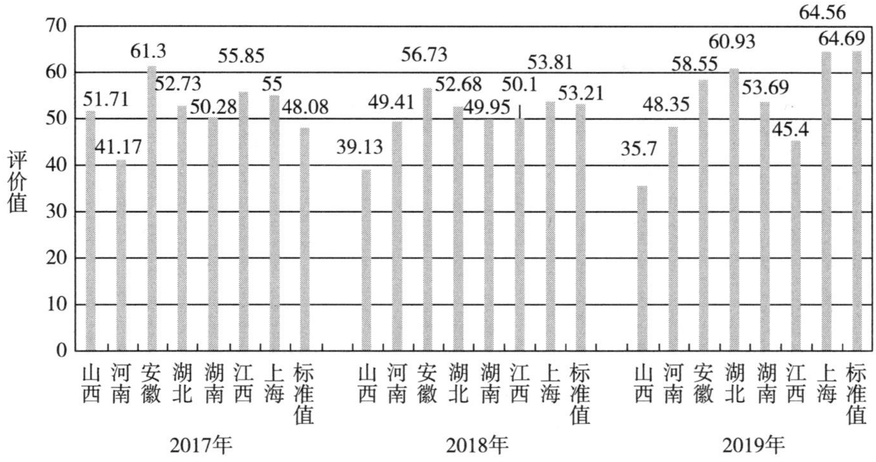

图4-8　2017~2019年中部六省及上海市E2指标评价值

对近三年中部六省及上海市E2指标位次对比分析，如表4-4和图4-9所示，安徽省2017年和2018年发展较好，位于中部六省第一名，在2019年被湖北省和上海市超越，位于中部六省第二名，而山西省2017年发展较好，位于中部六省第四名，在2018年被河南省和湖南省超越，在中部六省中位于最后一名。

表4-4　2017~2019年中部六省及上海市E2指标位次

省份	山西省	河南省	安徽省	湖北省	湖南省	江西省	上海市
2017	12	22	4	11	14	9	10
2018	26	16	7	11	15	14	9
2019	28	20	11	9	15	21	7

4.2.4　科技意识（E3）

对近十年山西省E3指标值变化趋势进行分析，如图4-10所示，E3指标值在近十年变化幅度不大，在30~40变动，在2010~2012年呈上升趋势，并在2012年达到峰值37.70，在2013年至2019年呈波动上升趋势。位次方面，山西省近十年呈波动下降的趋势，2012年排名最好，位于全国第13名，2019年排名最差，位于全国第28名。

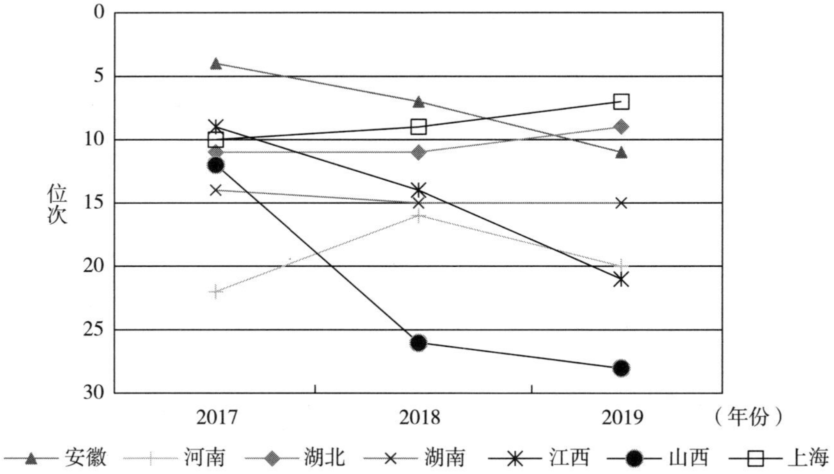

图 4-9　2017～2019 年中部六省及上海市 E2 指标位次

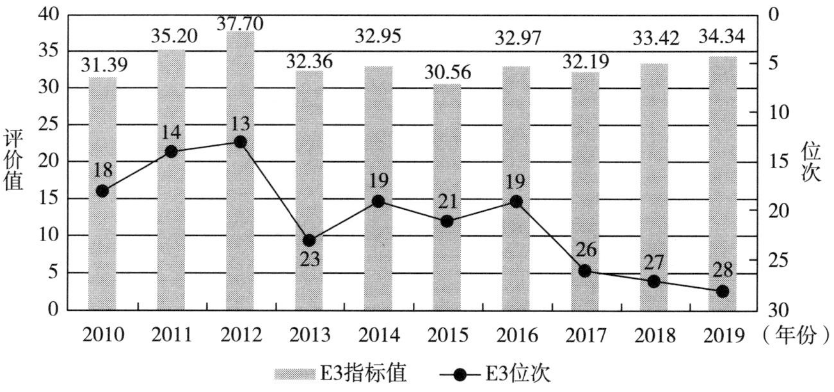

图 4-10　2010～2019 年山西省 E3 指标评价值和位次变化情况

对近三年中部六省及上海市 E3 指标值变化趋势进行分析，如图 4-11 所示，上海市科技意识处于全国领先水平，远超全国科技意识的均值，中部六省均在均值以下。中部六省 E3 指标值近三年基本呈上升趋势，其中河南省的增速最快。

对近三年中部六省及上海市 E3 指标位次对比分析，如表 4-5 和图 4-12 所示，山西省 2017 年在中部六省中排在第五位，在 2018 年超越湖南省排列第四位，在 2019 年则被湖南省和河南省超越在中部六省排在第六位。山西省近三年位次呈下降趋势，并且在 2019 年与中部六省其他省份以及发达城市的差距增大。

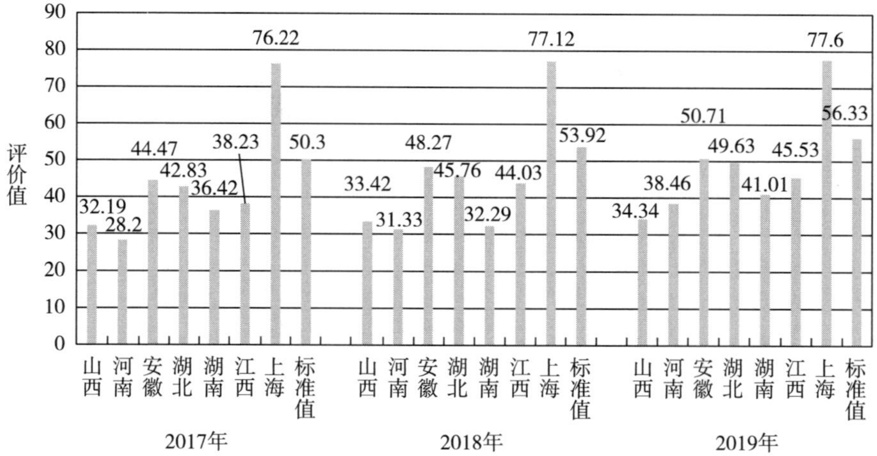

图 4－11　2017～2019 年中部六省及上海市 E3 指标评价值

表 4－5　2017～2019 年中部六省及上海市 E3 指标位次

省份	山西省	河南省	安徽省	湖北省	湖南省	江西省	上海市
2017	26	30	10	13	21	15	3
2018	27	30	9	11	29	14	2
2019	28	21	9	10	18	14	3

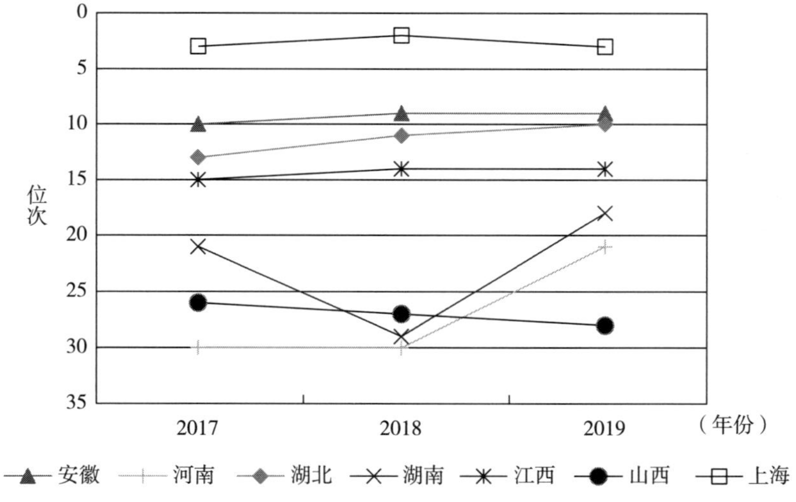

图 4－12　2017～2019 年中部六省及上海市 E3 指标位次

4.3 科技创新环境三级指标研究

影响科技人力资源指数的指标主要有万人研究与发展（R&D）人员数、万人大专以上学历人数、十万人博士毕业生数、万人高等学校在校生人数以及十万人创新中介从业人员数这五项指标。影响科研物质条件指数的指标主要有每名R&D人员研发仪器和设备支出、科学研究和技术服务业新增固定资产占比和十万人累计孵化企业数这三项指标。影响科技意识指数的指标主要有万名就业人员申请数、科学研究和技术服务业平均工资比较系数、万人吸纳技术成交额和有R&D活动的企业占比这四项指标。下文将逐一对这12个指标的评价值和位次进行分析。

4.3.1 万人研究与发展（R&D）人员数（E11）

“万人专业技术人员数”这一指标在2014年变更为“万人研究与发展（R&D）人员数”，故分两幅图表示，如图4－13和图4－14所示。

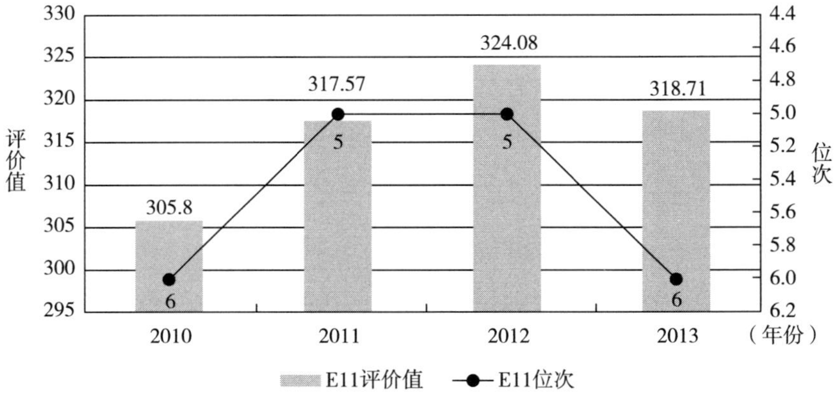

图4－13 2010～2013年山西省E11指标评价值和位次变化情况

对近十年山西省E11指标值变化趋势进行分析，2010～2012年R&D人数一直呈上升趋势，但2013年出现下降。2014～2017年波动明显，总体呈下降趋势，说明山西省R&D人才流失严重。

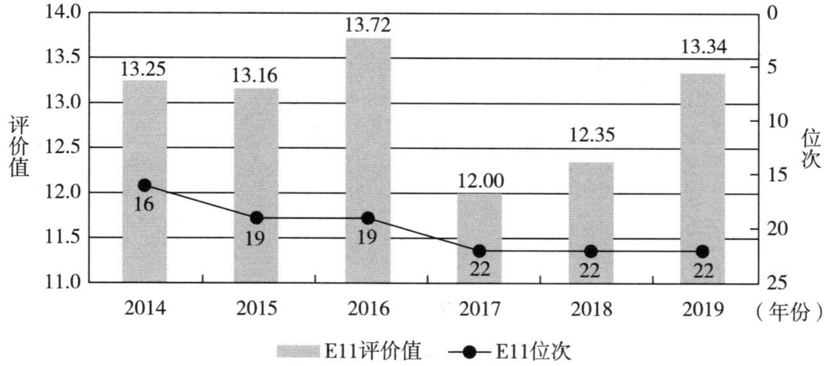

图 4－14　2014～2019 年山西省 E11 指标评价值和位次变化情况

对近三年中部六省及上海市 E11 指标值的变化趋势进行分析，如表 4－6 和图 4－15 所示，上海市远超标准值，中部六省均未达到标准值，其中湖北省 R&D 人员数最高，山西省虽然逐年上升，但增速缓慢，在 2019 年被江西省赶超，山西省离发达城市的差距还很大。

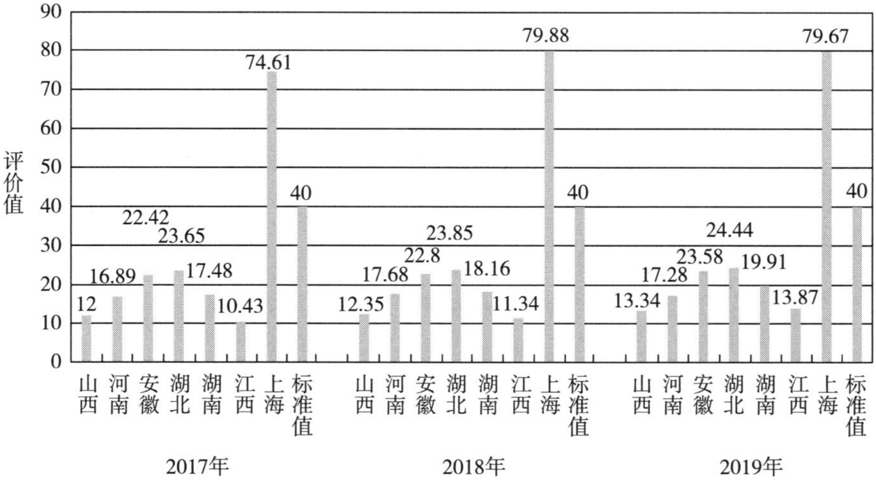

图 4－15　2017～2019 年中部六省及上海市 E11 指标评价值

表 4－6　2017～2019 年中部六省及上海市 E11 指标位次

年份	山西省	河南省	安徽省	湖北省	湖南省	江西省	上海市
2017	22	16	11	10	15	23	3
2018	22	15	12	10	15	23	3
2019	22	16	12	11	14	20	2

对近三年中部六省及上海市 E11 位次对比分析，如图 4－16 所示，上海市显然远超中部六省，在中部六省中，湖北省、河南省和山西省位次逐年跌落，山西省在 2019 年被江西省超越，并在中部六省中排名最后。

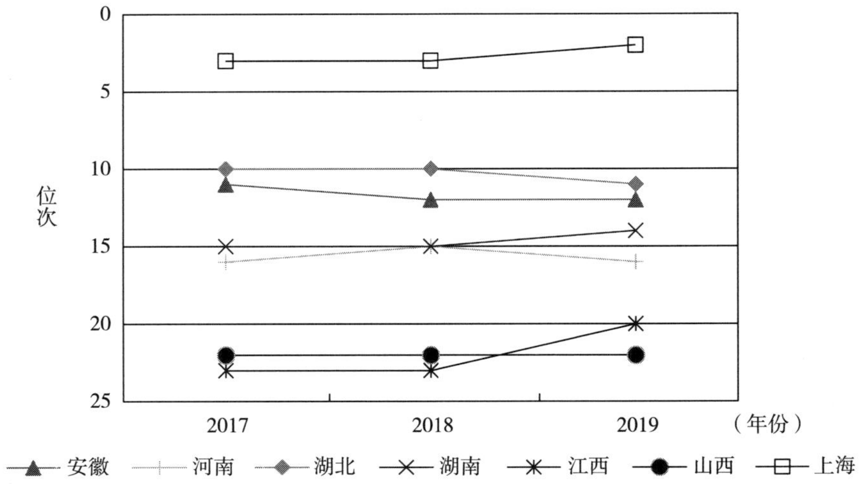

图 4－16　2017～2019 年中部六省及上海市 E11 指标位次

4.3.2　万人大专以上学历人数（E12）

对近十年山西省 E12 指标变化趋势进行分析，如图 4－17 所示，总体呈上升趋势，并在 2019 年达到最大值，为 1492.25。位次方面，如表 4－7 所示，山西省在 2014 年和 2015 年排名较后。

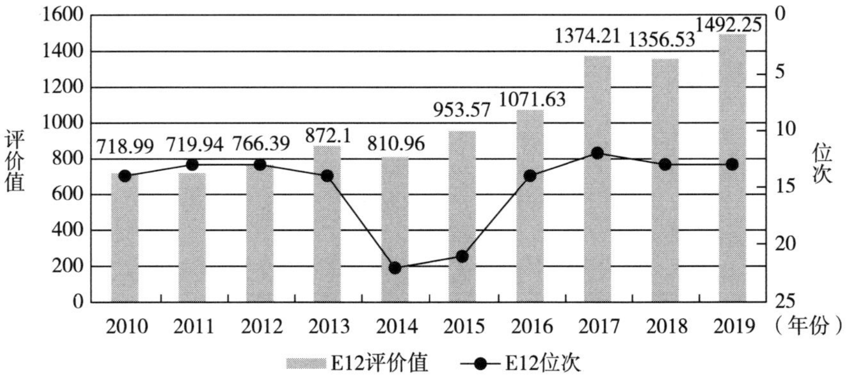

图 4－17　2010～2019 年山西省 E12 指标评价值和位次变化情况

表 4－7　2010～2019 年山西省 E12 指标位次

年份	2010	2011	2012	2013	2014	2015	2016	2017	2018	2019
位次	14	13	13	14	22	21	14	12	13	13

对近三年中部六省及上海市 E12 指标值变化趋势进行分析，如图 4－18 所示，上海市远超标准值，山西省、湖北省和湖南省近三年这一指标值均超越标准值。虽然山西省、湖北省和河南省在标准值之上，但依旧与上海市有较大差距。

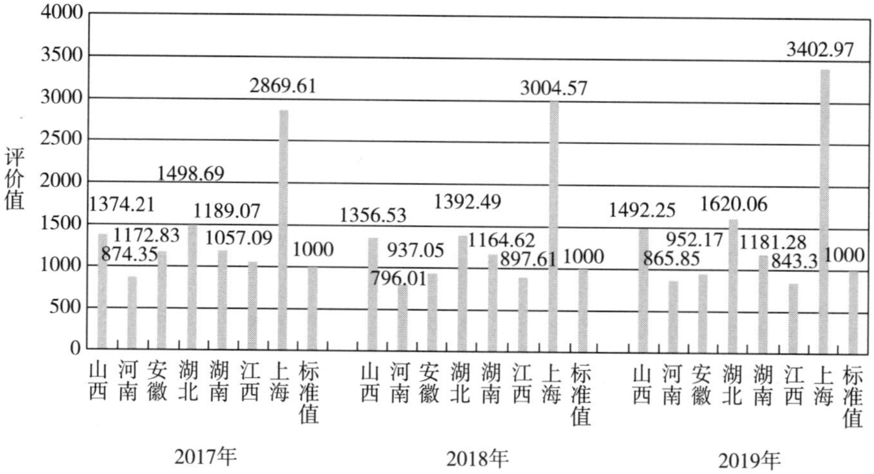

图 4－18　2017～2019 年中部六省以及上海市 E12 指标评价值

对近三年中部六省及上海市 E12 位次对比分析，如表 4－8 和图 4－19 所示，中部六省中湖北省位居第一，山西省紧随其后排名第二。山西省这一指标近三年来较为稳定。

表 4－8　2017～2019 年中部六省及上海市 E12 指标位次

省份	山西省	河南省	安徽省	湖北省	湖南省	江西省	上海市
2017	12	29	21	9	20	24	2
2018	13	29	24	10	20	26	2
2019	13	27	26	8	21	29	2

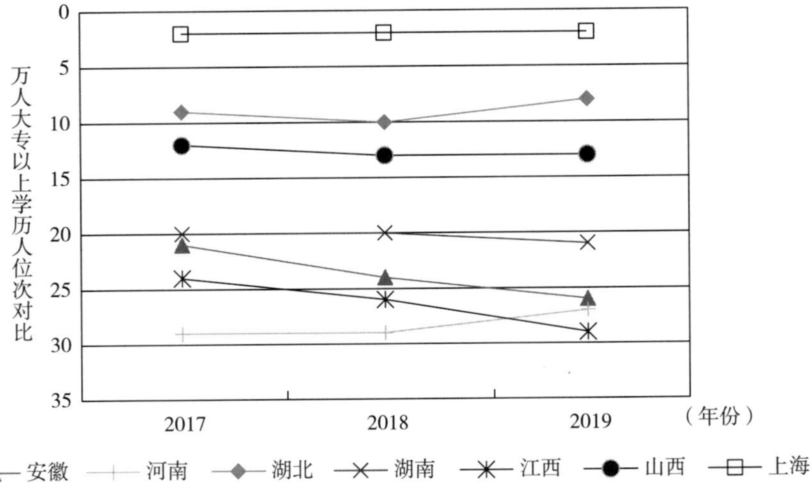

图 4-19　2017～2019 年中部六省及上海市 E12 指标位次

4.3.3　十万人博士毕业生数（E13）

“十万人博士毕业生数”这一指标于 2017 年为了响应对“大众创业、万众创新”格局，考虑“双创”中人力资源质量的重要性所新增。

对近十年山西省 E13 指标值变化趋势进行分析，如图 4-20 所示，山西省万人博士毕业生数在 2017～2019 年呈逐年上升趋势，其中 2019 年比上年提高 4.14%，达到历史最高点 1.26。位次方面，山西省排名没有起伏，2017 年、2018 年和 2019 年均为全国第 19 名。

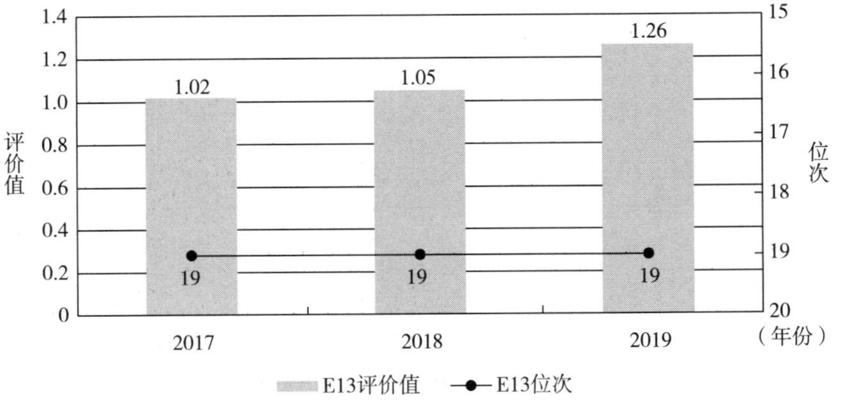

图 4-20　2017～2019 年山西省 E13 指标评价值和位次变化情况

对近三年中部六省及上海市的 E13 指标值变化趋势进行分析，如图 4－21 所示，上海市远超标准值，中部六省中只有湖北省超越标准值。说明上海市高层次人才聚集，河南省和江西省极度缺乏高层次人才。

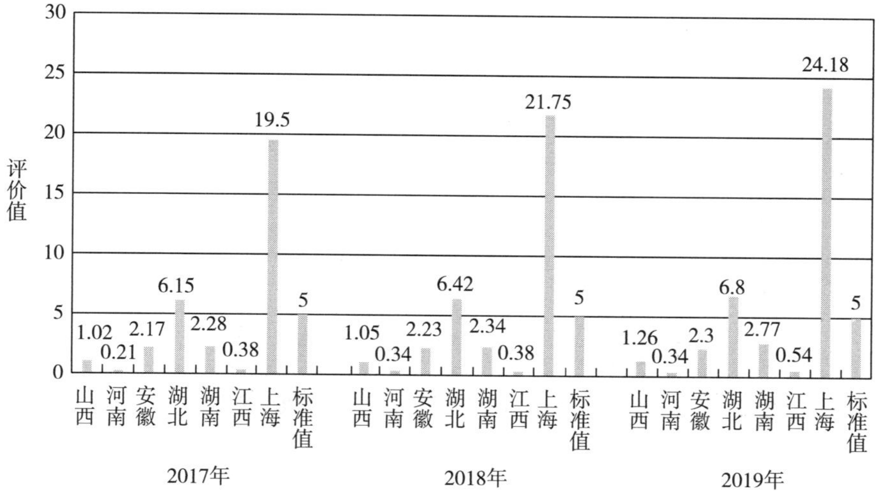

图 4－21　2017～2019 年中部六省以及上海市 E13 指标评价值

对近三年中部六省及上海市的 E13 位次对比分析，如图 4－22 所示，中部六省中湖北省位列第一，山西省位居中部六省第四名。而上海市在 2017 年、2018 年和 2019 年分别为 19.50、21.75 和 24.18，位列全国第二，均远超中部六省，山西省与发达城市有明显的差距。

表 4－9　2017～2019 年中部六省及上海市 E13 指标位次

省份	山西省	河南省	安徽省	湖北省	湖南省	江西省	上海市
2017	19	28	17	6	16	25	2
2018	19	27	17	4	16	25	2
2019	19	28	16	4	13	26	2

4.3.4　万人高等学校在校生人数（E14）

“万人高等学校在校生人数”这一指标于 2016 年新增，2016～2017 年是“万人高等教育学校平均在校生人数”，2017～2019 年是“万人高等学校在校生人数”。

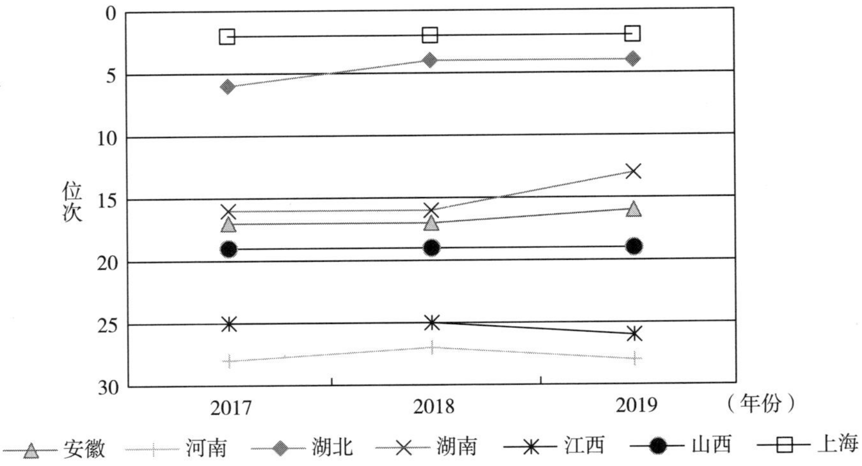

图 4－22　2017～2019 年中部六省及上海市 E13 指标位次

对近十年山西省 E14 指标值变化趋势进行分析，如图 4－23 所示，山西省这一指标值近四年呈波动下降的趋势，在 2019 年达到历史最低值 240. 10。位次方面，山西省在 2016 年排名较好，位于全国第 11 名，2019 年排名最差，位于全国第 16 名。

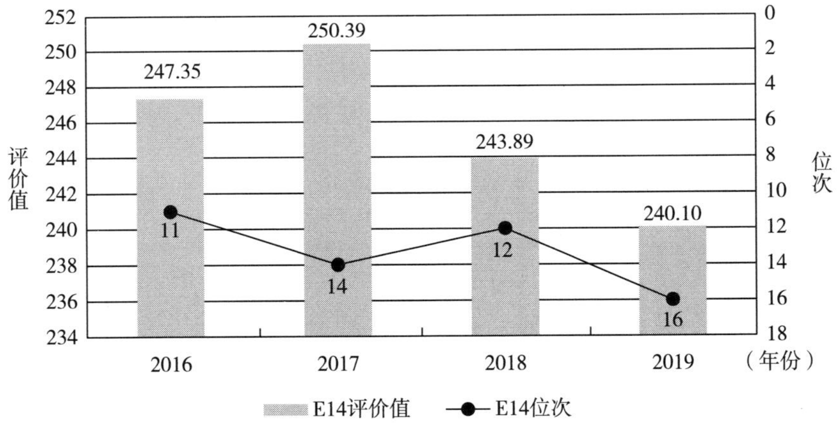

图 4－23　2016～2019 年山西省 E14 指标评价值和位次变化情况

对近三年中部六省及上海市 E14 变化趋势进行分析，如图 4－24 所示，中部六省及上海市均未达到标准值，上海市最接近标准值，并且远超中部六省，中部六省中山西省近三年这一指标值呈下降趋势。

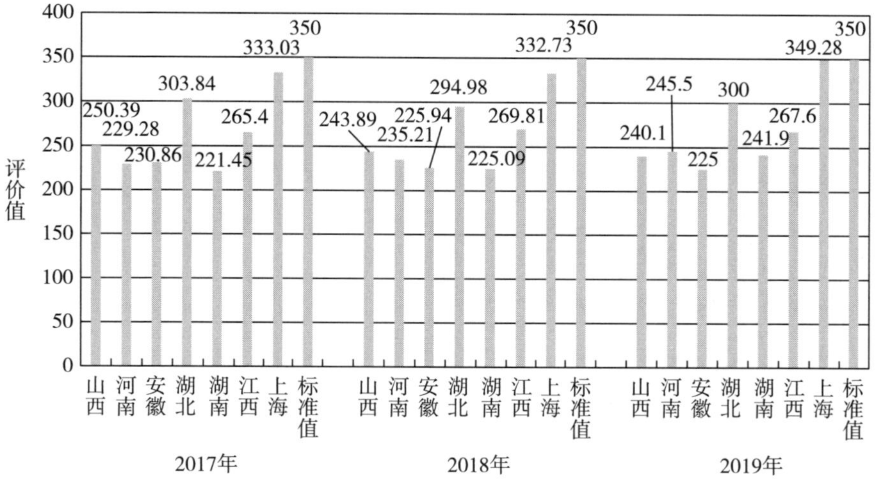

图 4－24　2017～2019 年中部六省以及上海市 E14 指标评价值

对近三年中部六省及上海市 E14 位次对比分析，如表 4－10 和图 4－25 所示，湖北省在中部六省中位列第一，山西省呈逐年下降的趋势，并且在 2019 年被河南省和湖南省赶超。山西省 2017 年和 2018 年位于中部六省第四名，山西省在 2019 年位次下降明显，在中部六省中位于第五名。

表 4－10　2017～2019 年中部六省及上海市 E14 指标位次

省份	山西省	河南省	安徽省	湖北省	湖南省	江西省	上海市
2017	14	19	18	7	22	10	4
2018	12	17	20	7	22	10	4
2019	16	12	24	8	14	10	2

4.3.5　十万人创新中介从业人员数（E15）

“十万人创新中介从业人员数”这一指标于 2016 年新增。

对近十年山西省 E15 指标值变化趋势进行分析，如图 4－26 所示，山西省近十年呈波动上升趋势，在 2016 年和 2017 年逐渐上升，在 2018 年明显下降，较 2017 年下降 7.95 个百分点，跌落至最低值 1.62，在 2019 年增速明显，较 2018 年上升 13.58 个百分点，达到历史最大值 1.84。位次方面，山西省十万人创新中介从业人员数在 2016 年排名最好，位于全国第 12 名，2018 年排名最差，位于全国第 19 名，总体处于下降趋势（见表 4－11）。

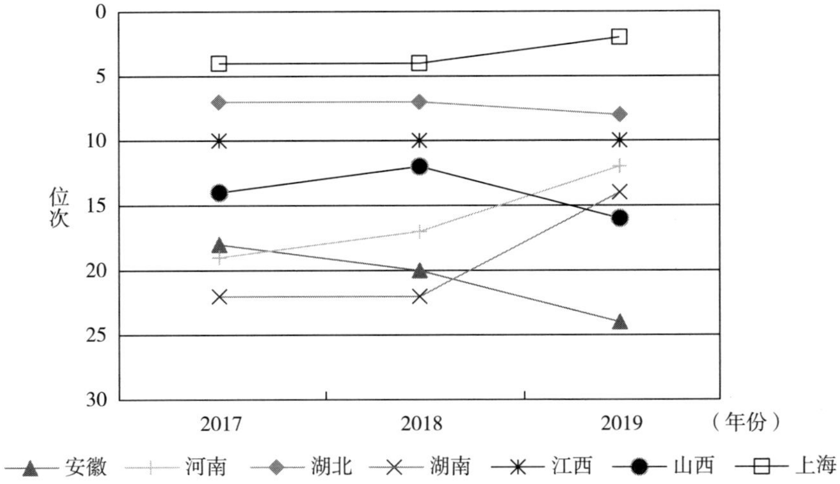

图 4－25　2017～2019 年中部六省及上海市 E14 指标位次

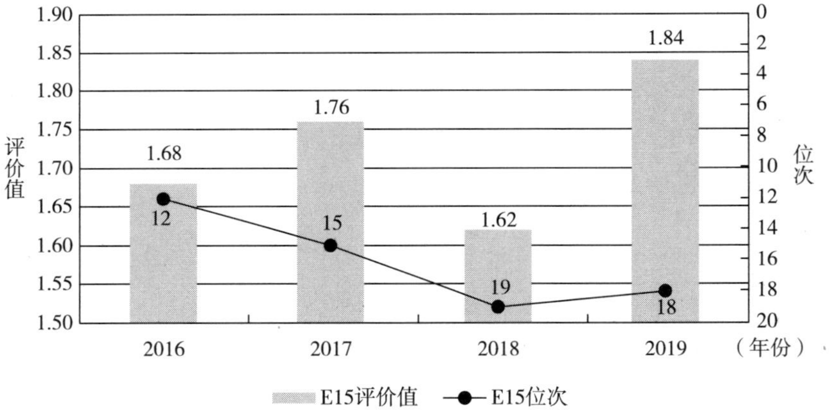

图 4－26　2016～2019 年山西省 E15 指标评价值和位次变化情况

表 4－11　2017～2019 年中部六省及上海市 E15 指标位次

年份	山西省	河南省	安徽省	湖北省	湖南省	江西省	上海市
2017	15	29	28	16	25	21	3
2018	19	27	28	15	25	18	3
2019	18	26	28	15	26	26	4

对近三年中部六省及上海市 E15 指标值变化趋势进行分析，如图 4－27 所示，山西省和湖南省呈先降后上升的趋势，而中部六省的其他省份则是逐年上升。所以山西省即使在 2019 年较 2018 年增速明显，但位次提高却不明显。中部

六省均在标准值之下，上海市远超标准值，说明中部六省和发达城市在这一指标上差距还很大。

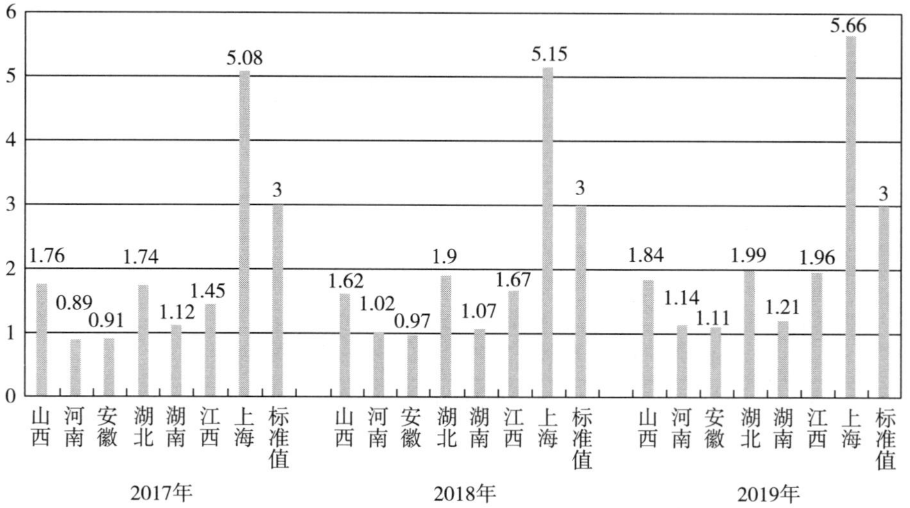

图 4－27　2017～2019 年中部六省以及上海市 E15 指标评价值

对近三年中部六省及上海市 E15 位次对比分析，如图 4－28 所示，山西省在中部六省中于 2017 年位列第一，2018 年和 2019 年被湖北省和江西省赶超位列第三。

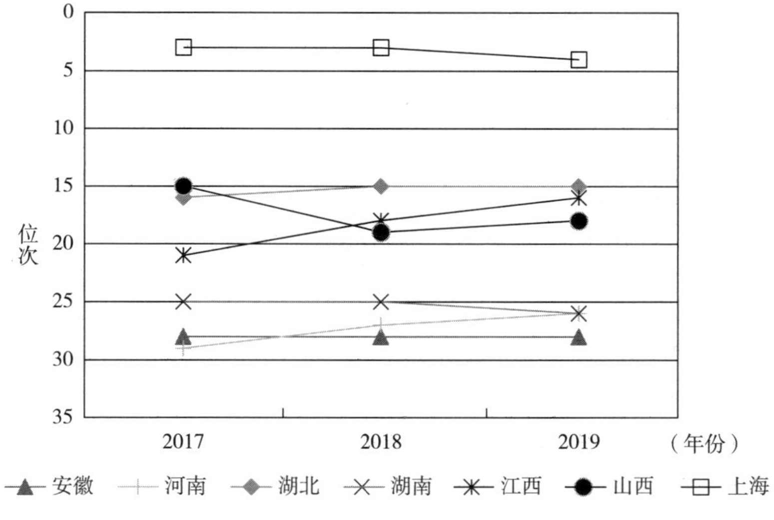

图 4－28　2017～2019 年中部六省及上海市 E15 指标位次

4.3.6 每名 R&D 人员研发仪器和设备支出（E21）

对近十年山西省 E21 指标值变化趋势进行分析，如表 4－12 和图 4－29 所示，山西省呈波动下降趋势，其中 2012 年较 2011 年明显下降，从 14.12 下降至 6.07，之后指标值一直处于一个较低水平。位次方面，山西在 2013 年降幅最大，从全国第 2 名降到全国第 15 名，在 2013 年至 2017 年呈波动上升，一直保持在前 20 名之前，之后山西省在 2018 年降幅明显，排名从全国第 13 名降至全国第 26 名。山西省在 2012 年排名最好，位于全国第 2 名，在 2019 年排名最差，位于全国第 27 名。

表 4－12　2010～2019 年山西省 E21 指标位次

年份	2010	2011	2012	2013	2014	2015	2016	2017	2018	2019
位次	5	4	2	15	18	15	12	13	26	27

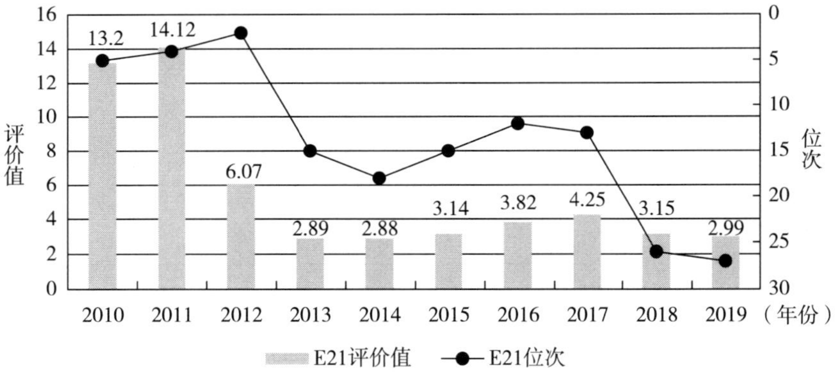

图 4－29　2010～2019 年山西省 E21 指标评价值和位次变化情况

对近三年中部六省和上海市 E21 指标值变化趋势进行分析，如图 4－30 所示，中部六省及上海市均在标准值以下，其中山西省和江西省逐年下降，中部六省的其他省份总体呈上升趋势。在 2017 年江西省、湖北省、安徽省以及山西省均超越上海市，山西省在 2018 年和 2019 年指标值下降排在上海之后，而中部六省的其他省份均超越上海市。山西省在 2018 年下降幅度较为明显，较 2017 年下降 25.88 个百分点，其中山西省由于 2018 年的骤然下降增加了与中部六省其他省份和发达城市之间的差距。

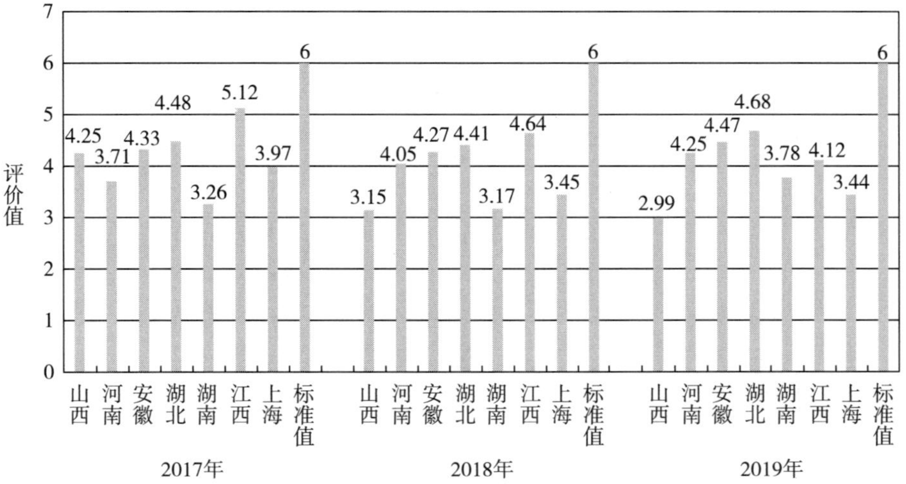

图4-30　2017~2019年中部六省以及上海市E21指标评价值

对近三年中部六省和上海市E21指标位次对比分析，如图4-31所示，山西省位次从2017年在中部六省中排名第四降到了2018年在中部六省中排名第六，山西省2019年在中部六省中依旧排列第六，但是在2019年和中部六省其他省份差距增大。

表4-13　2017~2019年中部六省及上海市E21指标位次

年份	山西省	河南省	安徽省	湖北省	湖南省	江西省	上海市
2017	12	18	11	9	21	3	15
2018	26	17	15	11	21	6	23
2019	27	11	8	9	18	14	22

4.3.7　科学研究和技术服务业新增固定资产占比（E22）

对近十年山西省E22指标值变化趋势进行分析，如图4-32所示，山西省呈波动变化趋势。在2012~2017年波动上升，并在2017年达到峰值0.98，在2018年和2019年又逐渐下降，2019年降幅明显，较2018年下降23.40个百分点。位次方面，山西省在2014年排名最好，位于全国第19名，在2010年和2012年排名最差，位于全国第28名（见表4-14）。

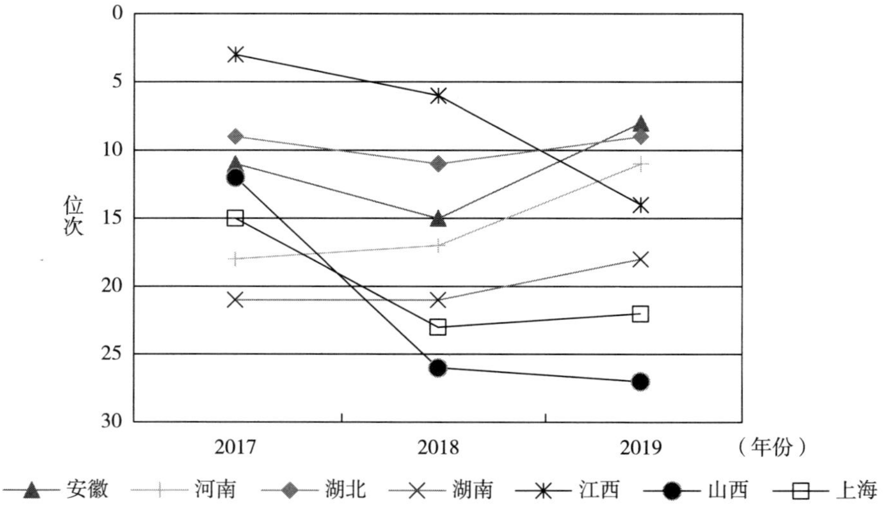

图 4-31　2017~2019 年中部六省及上海市 E21 指标位次

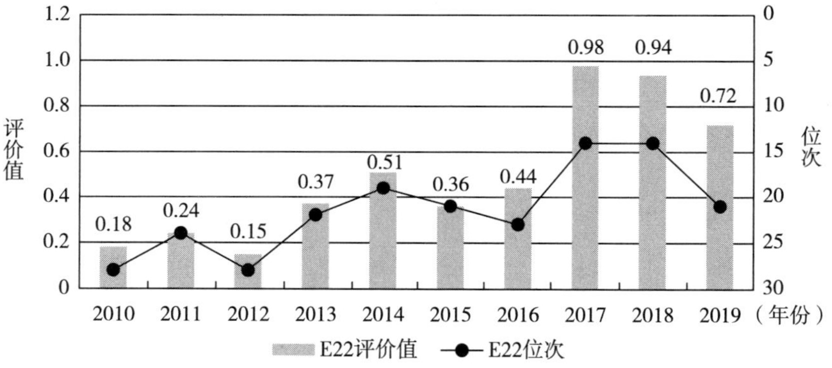

图 4-32　2010~2019 年山西省 E22 指标评价值和位次变化情况

表 4-14　2010~2019 年山西省 E22 指标位次

年份	2010	2011	2012	2013	2014	2015	2016	2017	2018	2019
位次	28	24	28	22	19	21	23	14	14	21

对近三年中部六省及上海市 E22 指标值变化趋势进行分析，如图 4-33 所示，上海市及中部六省均未达到标准值，2017 年，安徽省和湖南省这一指标均超越上海市；2018 年，中部六省除湖北省外均超越上海市；2019 年，上海市处于领先地位。

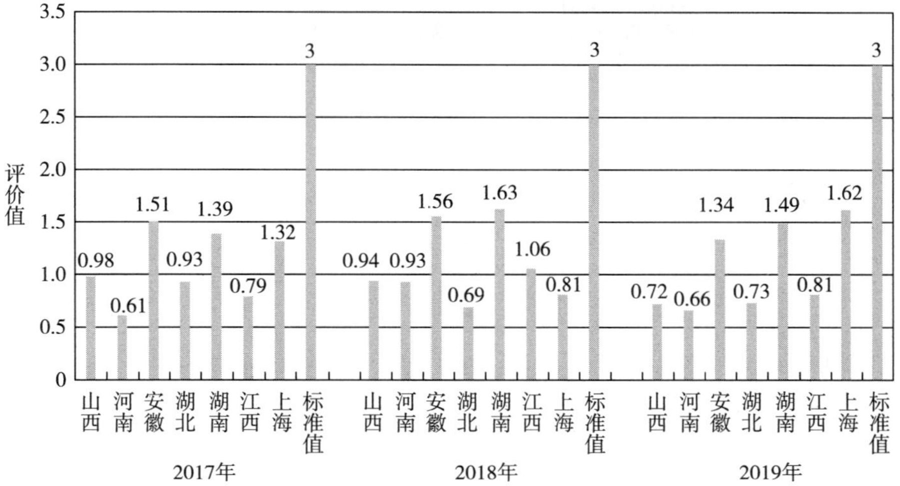

图 4-33　2017~2019 年中部六省及上海市 E22 指标评价值

对近三年中部六省及上海市 E22 位次对比分析，如表 4-15 和图 4-34 所示，山西省 2017 年在中部六省中位列第三，在 2018 年被江西省超越，位列中部六省第四名，在 2019 年被湖北省超越，位列中部六省第五名。

表 4-15　2017~2019 年中部六省及上海市 E22 指标位次

年份	山西省	河南省	安徽省	湖北省	湖南省	江西省	上海市
2017	14	24	8	15	11	20	12
2018	14	15	7	22	11	11	19
2019	21	23	10	20	7	19	6

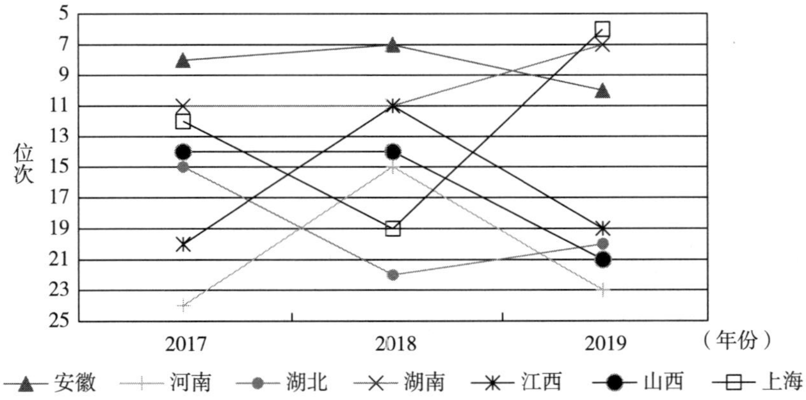

图 4-34　2017~2019 年中部六省及上海市 E22 指标位次

4.3.8 十万人累计孵化企业数（E23）

“十万人累计孵化企业数”这一指标于2016年新增。

对近十年山西省E23指标值变化趋势进行分析，如图4－35所示。山西省总体呈上升趋势，在2019年达到历史最大值3.08。位次方面，山西省在2016年排名最好，位于全国第19名，在2017年和2019年排名最差，位于全国第25名（见表4－16）。

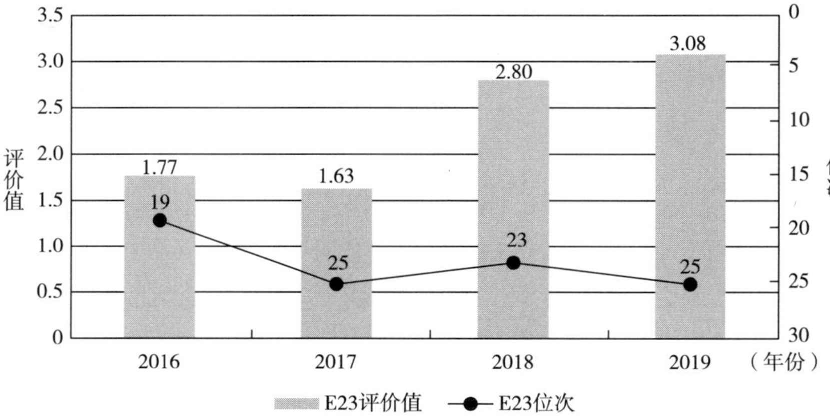

图4－35 2016～2019年山西省E23指标评价值和位次变化情况

表4－16 2017～2019年中部六省及上海市E23指标位次

年份	山西省	河南省	安徽省	湖北省	湖南省	江西省	上海市
2017	26	14	15	8	18	23	4
2018	23	14	18	9	18	25	5
2019	25	15	18	7	20	23	5

对近十年中部六省及上海市E23指标值变化趋势进行分析，如图4－36所示，上海市始终位于标准值之上，中部六省这一指标值近三年均呈逐渐上升趋势，其中湖北省在2019年增速明显，较2018年提高了61.77个百分点，并超过了标准值；江西省2019年较2018年提高了42.17个百分点；安徽省提高了20.16个百分点；湖南省提高了20.96个百分点；河南省提高了13.10个百分点；而山西省提高了10个百分点，相比之下山西省增幅低于中部六省的其他省份，

所以山西省在2019年这一指标值上升位次下降。中部六省在2017年和2018年均未达到标准值，2019年只有湖北省超越标准值。

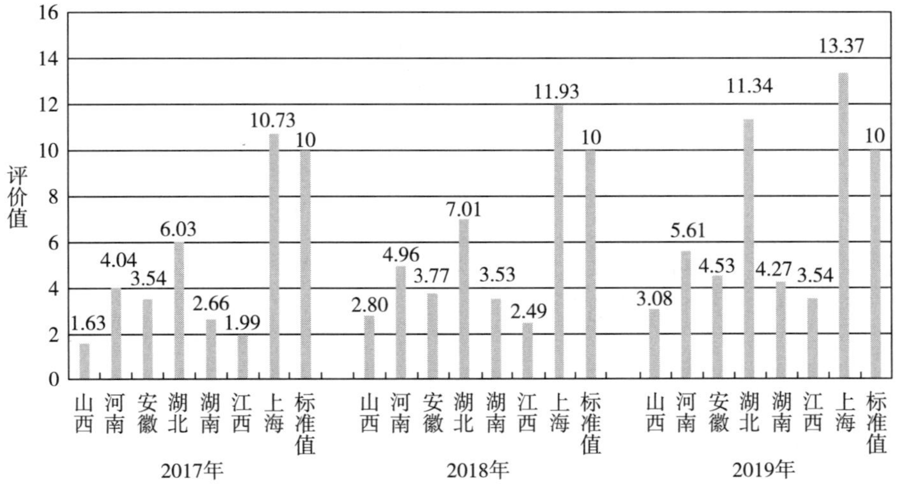

图4-36　2017~2019年中部六省及上海市E23指标评价值

对近十年中部六省及上海市E23位次对比分析，如图4-37所示，除了湖北省和江西省，中部六省其余省份均有所下降，山西省在2017年位于中部六省第六名，2018年超越江西省位于中部六省第五名，2019年又位于中部六省第六名。

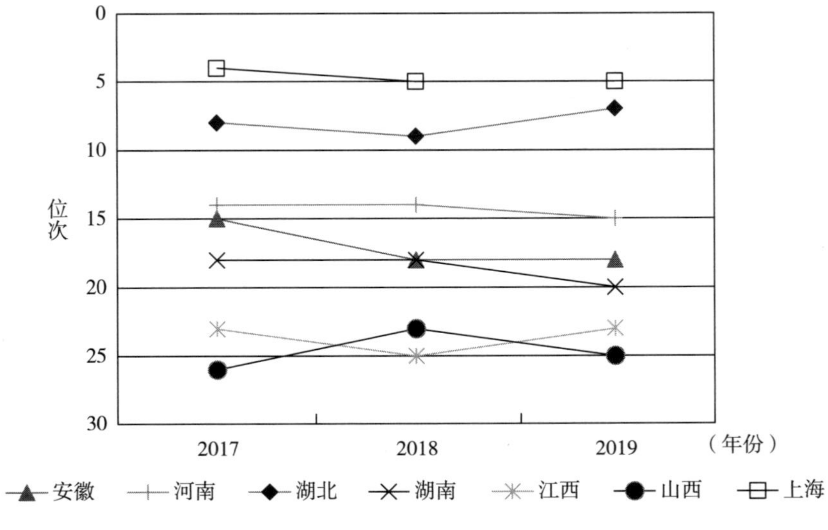

图4-37　2017~2019年中部六省及上海市E23指标位次

4.3.9 万名就业人员专利申请数（E31）

对近十年山西省 E31 指标值变化趋势进行分析，如图 4－38 所示，山西省总体呈波动上升趋势，其中 2010～2016 年指标值稳步上升，2017 年有所下降，但是在 2018 年指标值有所上升，较 2017 年提高 3.05 个百分点，并在 2019 年持续增加，同时在 2019 年达到历史时期最大值 12.43。位次方面，山西省从 2010～2014 年呈波动上升的趋势，从 2015 年开始排名逐渐下降，2016 年位次到 20 名之后，位于全国 23 名，2017 年、2018 年以及 2019 年指标值虽然上升，位次却没有较大起伏。山西省在 2014 年排名最好，位于全国第 16 名，在 2019 年排名最差，位于全国第 26 名（见表 4－17）。

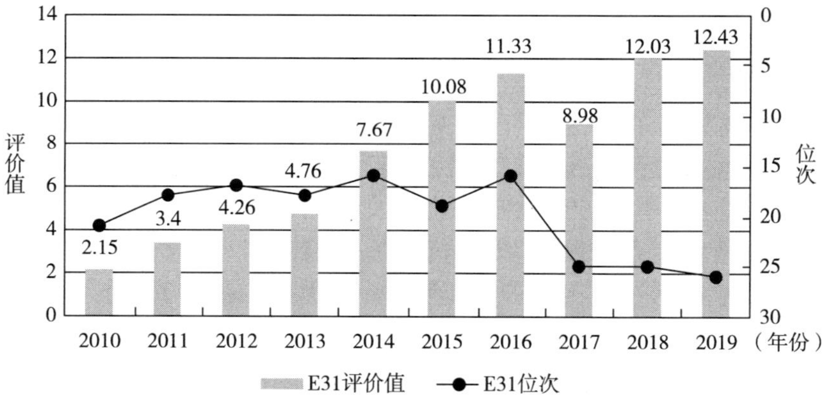

图 4－38　2010～2019 年山西省 E31 指标评价值和位次变化情况

表 4－17　2010～2019 年山西省 E31 指标位次

年份	2010	2011	2012	2013	2014	2015	2016	2017	2018	2019
位次	21	18	17	18	16	19	16	25	25	26

对近三年中部六省及上海市 E31 指标值变化趋势进行分析，如图 4－39 所示，上海市在近三年均超越标准值，而中部六省无一达到标准值。中部六省这一指标值均稳步上升，其中江西省的增幅最大。

对中部六省及上海市 E31 指标位次对比分析，如表 4－18 和图 4－40 所示，只有山西省的位次逐年下降，安徽省、江西省位次在 2018 年上升，2019 年下降。上海市、湖北省、湖南省和河南省位次逐年升高。安徽省在中部六省中排列第一，而山西省排列第六，较其他五个省份有一定差距。

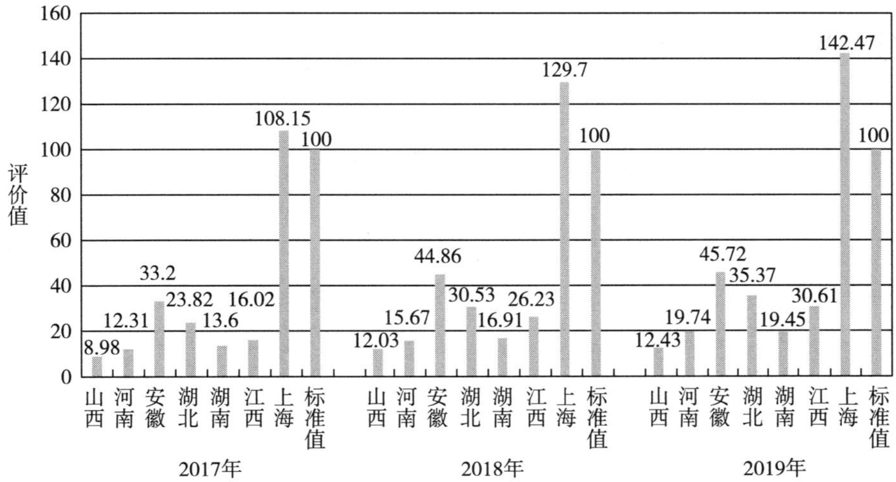

图 4－39　2017～2019 年中部六省以及上海市 E31 指标评价值

表 4－18　2017～2019 年中部六省及上海市 E31 指标位次

年份	山西省	河南省	安徽省	湖北省	湖南省	江西省	上海市
2017	25	21	11	12	19	16	3
2018	25	21	8	12	19	14	3
2019	26	17	9	11	18	14	2

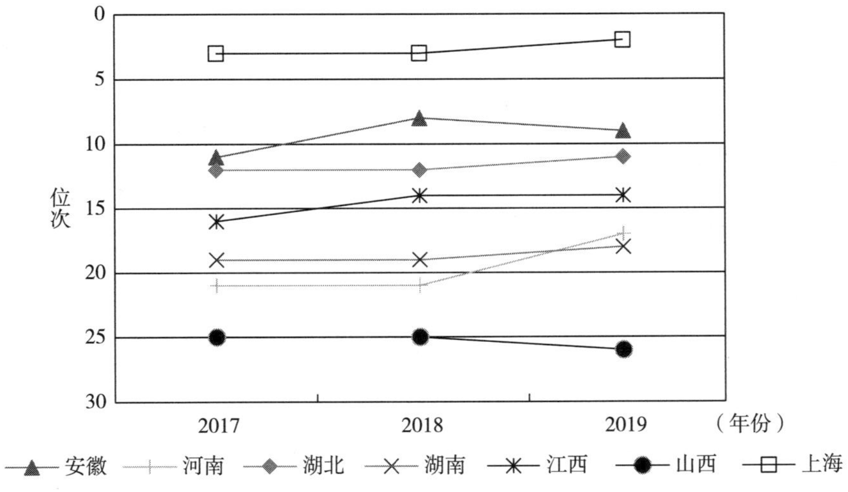

图 4－40　2017～2019 年中部六省及上海市 E31 指标位次

4.3.10 科学研究和技术服务业平均工资比较系数（E32）

对近十年山西省 E32 指标值变化趋势进行分析，如图 4－41 所示，山西省这一指标值呈波动上升的趋势，在 2010～2013 年数值维持在 60 以上，2014 年明显下降，达到最低点 54.99，2015～2016 年指标值稳步增加，并于 2016 年达到最大值 71.03，2018 年和 2019 年较 2017 年有所下降，指标值均低于 70。位次方面，近十年均在全国第 29 名上下浮动，在 2016 年排名最好，位于全国第 25 名；在 2018 年排名最差，位于全国第 30 名，处于较为落后状态。

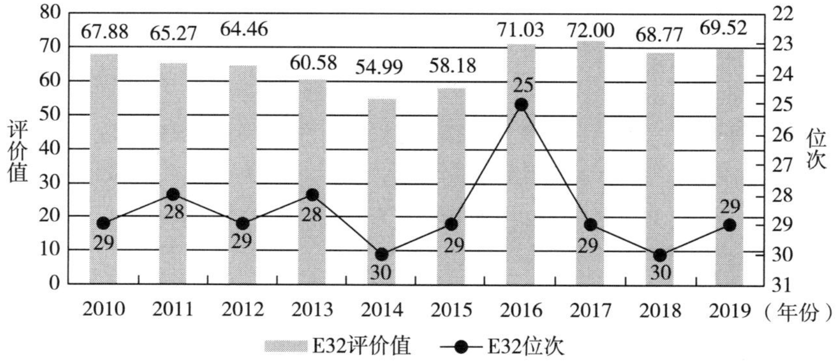

图 4－41　2010～2019 年山西省 E32 指标评价值和位次变化情况

对近三年中部六省及上海市 E32 指标值变化趋势分析，如表 4－19 和图 4－42所示，上海市虽然逐年下降，但均在标准值之上，而中部六省均未达到标准值。

表 4－19　2017～2019 年中部六省及上海市 E32 指标位次

年份	山西省	河南省	安徽省	湖北省	湖南省	江西省	上海市
2017	29	25	17	10	31	15	1
2018	30	27	18	9	31	14	1
2019	29	27	16	9	28	17	1

对近三年中部六省及上海市 E32 指标位次对比分析，如图 4－43 所示，上海市三年均位列第一，湖北省位列中部六省第一，而山西省在 2017 年和 2018 年排

名第五，在 2019 年被湖南省赶超，排名第六。山西省不仅较发达城市距离甚远，较中部六省的其他省份也有一定差距。

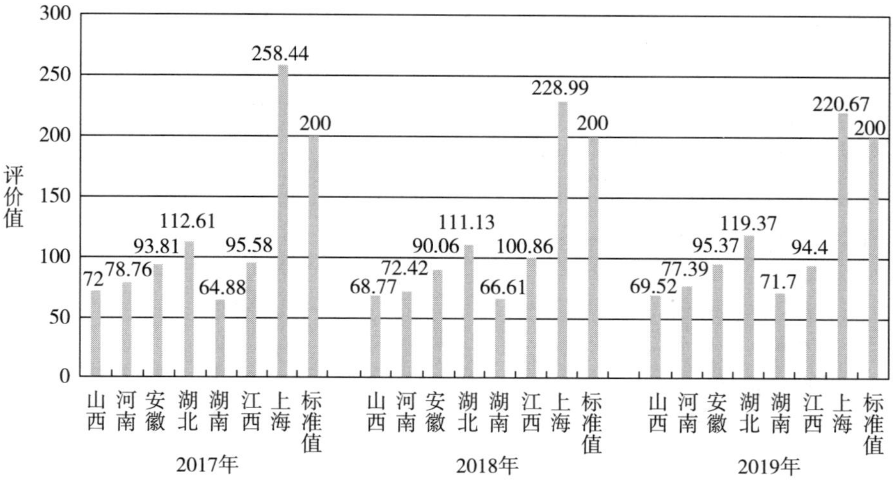

图 4－42　2017～2019 年中部六省及上海市 E32 指标评价值

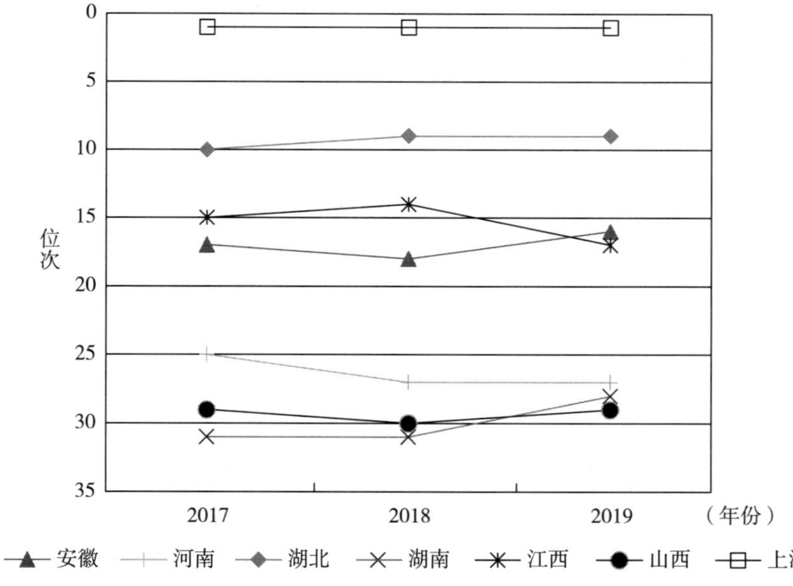

图 4－43　2017～2019 年中部六省及上海市 E32 指标位次

4.3.11 万人吸纳技术成交额（E33）

对近十年山西省 E33 指标值变化趋势进行分析，如图 4－44 所示，山西省这一指标值总体呈波动上升趋势，在 2018 年增幅明显，较 2017 年增加 146.08 个百分点，并达到峰值 707.31。位次方面，2010～2012 年虽然有所波动，但依旧保持在前十，2013 年跌落至全国第 18 名，同时也是近十年的最低点，山西省在 2018 年有所回升，并在 2018 年重新进入全国前十名，位列全国第九位。但在 2019 年排名又位于前十之外，排列全国第 17 名。山西省在 2010 年排名最好，位于全国第七名，在 2017 年排名最差，位于全国第 23 名（见表 4－20）。

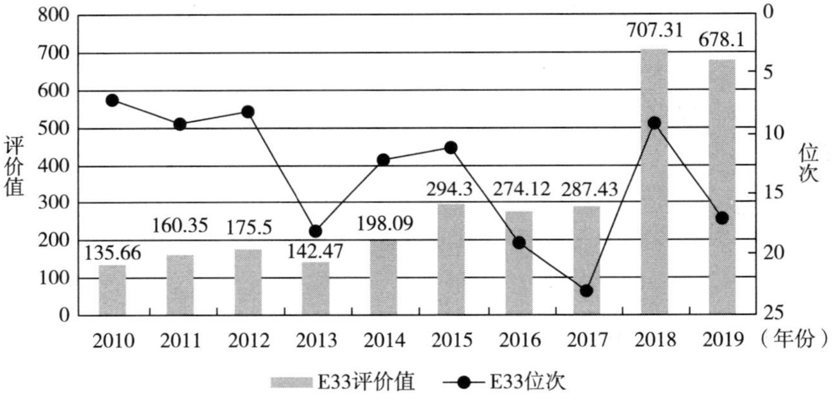

图 4－44　2010～2019 年山西省 E33 指标评价值和位次变化情况

表 4－20　2010～2019 年山西省 E33 指标位次

年份	2010	2011	2012	2013	2014	2015	2016	2017	2018	2019
位次	7	9	8	18	12	11	19	23	9	17

对近三年中部六省及上海市 E33 指标值变化趋势分析，如图 4－45 所示，上海市远超标准值，中部六省近三年基本超越标准值，只有湖南省和河南省在标准值上下浮动，山西省这一指标值在 2017 年和 2018 年远超安徽省、河南省、江西省和湖南省。上海市虽然呈先减后增的趋势，但依旧远超中部六省。

对近三年中部六省及上海市 E33 指标位次变化趋势分析，如表 4－21 和图 4－46所示，湖北省在中部六省位列第一，山西省紧随其后位列第二，山西省虽然位次在 2018 年明显上升，并且与上海市和湖北省均位列全国前十，但是 2019 年排名下降，又与发达城市差距扩大。

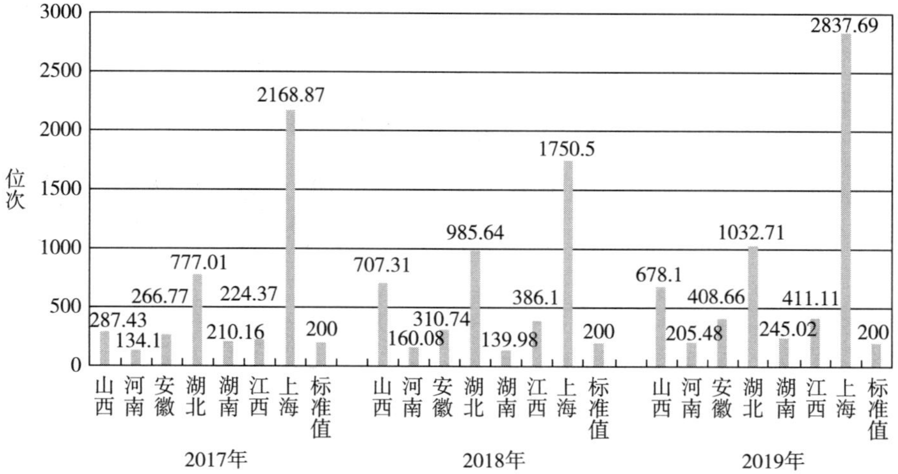

图4-45　2017~2019年中部六省及上海市E33指标评价值

表4-21　2017~2019年中部六省及上海市E33指标位次

省份	山西省	河南省	安徽省	湖北省	湖南省	江西省	上海市
2017	23	30	25	8	27	26	3
2018	9	29	27	7	27	23	3
2019	17	30	26	8	29	25	3

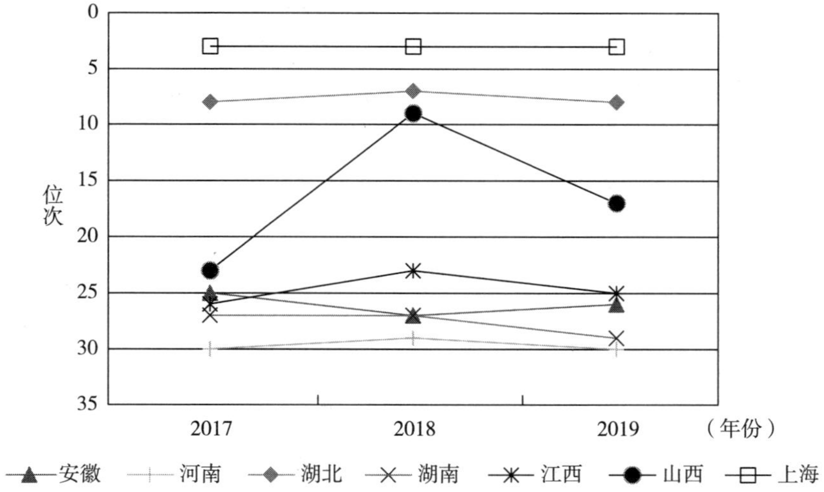

图4-46　2017~2019年中部六省及上海市E33指标位次

4.3.12 有 R&D 活动的企业占比（E34）

“有 R&D 活动的企业占比”这一指标于 2014 年新增。

对近十年山西省 E34 指标值变化趋势分析，如图 4－47 所示，这一指标值总体呈波动上升的趋势，并在 2019 年达到历史最大值 12.20。位次方面，山西省在 2016 年排名最好，位于全国第 22 名，在 2017 年排名最差，位于全国第 26 名。

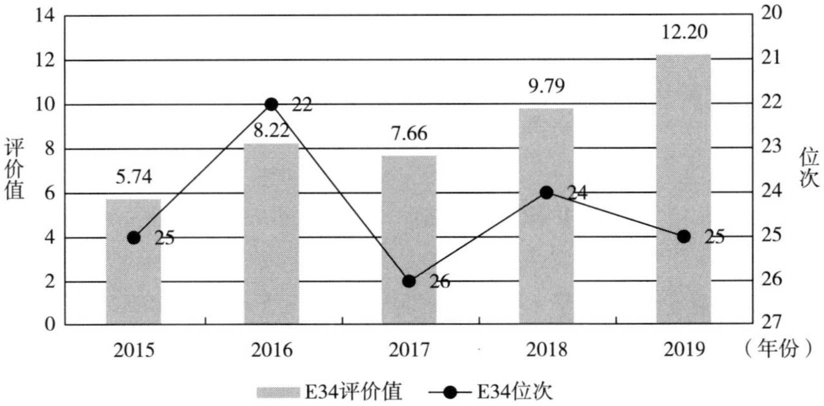

图 4－47　2015～2019 年山西省 E34 指标评价值和位次变化情况

对近三年中部六省及上海市 E34 指标值变化趋势分析，如图 4－48 所示，中部六省及上海市均未达到标准值，但其指标值在近三年均处于逐年上升趋势。虽然山西省指标值逐年上升，但距离中部六省的其他省份依旧存在差距，差距较大的原因是湖南省和安徽省位于长江经济带，按照中央经济工作会议有关部署和长江经济带发展规划纲要要求，发挥科技“带”对经济“带”的支撑引领作用，发展较快，而山西省没有此优势。湖南省、安徽省、湖北省和江西省在 2019 年已经和上海市不相上下，差距在逐渐缩小，说明长江经济带创新能力取得了明显突破，而山西省与上海市还是有明显差距。

对近三年中部六省及上海市 E34 指标位次对比分析，如图 4－49 所示，湖南省在中部六省位居第一，而山西省位居第六，湖南省在 2019 年已经超越上海市位于全国第七名，安徽省仅在上海市之后位列第九位，山西省在 2019 年不仅没有缩小差距，反而位次有所下降，拉大了与其他省份及发达地区的差距。

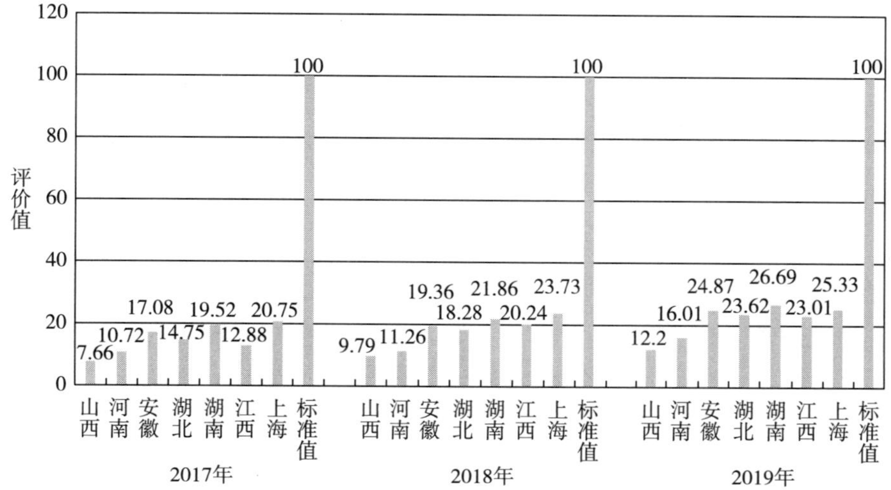

图4-48　2017~2019年中部六省及上海市E34指标评价值

表4-22　2017~2019年中部六省及上海市E34指标位次

年份	山西省	河南省	安徽省	湖北省	湖南省	江西省	上海市
2017	26	19	13	15	7	17	6
2018	24	23	14	16	7	11	6
2019	25	22	9	11	7	13	8

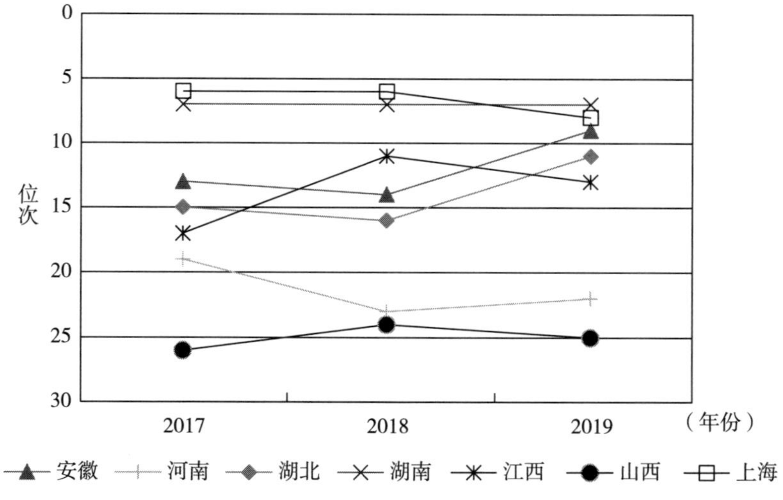

图4-49　2017~2019年中部六省及上海市E34指标位次

4.4 科技创新环境需要重点关注的指标

通过对一级、二级和三级指标的分析可以发现，一级指标“科技创新环境”位次在逐年下降，在中部六省中排名也处于倒数状态，其原因是二级指标中的“科研物质条件”和“科技意识”位次较为落后。而二级指标的变动受三级指标的影响，因此对于上升或下降幅度较大的三级指标需要重点关注。

4.4.1 每名 R&D 人员研发仪器和设备支出（E21）

每名 R&D 人员研发仪器和设备支出（E21）是需要重点提升的指标。

山西省 E21 指标近十年位次变动较大，在 2012 年排名最好，位于全国第二名，2019 年排名最差，位于全国第 27 名，处于一个较为落后的水平。E21 指标在 2018 年降幅最大，由全国第 13 名下降至全国 26 名，也直接导致了科研物质条件（E2）指标在 2018 年位次大幅下降，同时在中部六省中排在最后一位。下降的原因有一部分是因为其他省份因为政策原因发展较快，例如湖南省、安徽省和江西省等，位于长江经济带，其创新能力取得明显突破，科研物质条件提高。山西省相比于这些省份并没有优势，增长速度不及这些省份。由于 E21 指标在 2010 ~ 2017 年均位于全国中上水平，说明山西省这一指标有较大发展潜力。因此，山西省应该加大对 R&D 经费的投入。

4.4.2 科学研究和技术服务业新增固定资产占比（E22）

科学研究和技术服务业新增固定资产占比（E32）指标值和排名在 2019 年较 2018 年均有所下降，指标值从 0.94 下降至 0.72，从全国第 14 名下降至全国第 21 名。通过查阅《中国科技统计年鉴》的相关数据，可以得到山西省在 2019 年对资产性支出有所下降，2018 年山西的资产性支出为 177645 万元，2019 年为 176213 万元，因此山西省应该加大对固定资产的投入。

4.4.3 科学研究和技术服务业平均工资比较系数（E32）

科学研究和技术服务业平均工资比较系数（E32）是需要长期重视和重点发展的指标。山西省 E32 指标在 2016 年排名最好，位于全国第 25 名，在 2014 年和 2018 年排名最差，位于全国第 30 名，可以看出山西省工资水平较为落后。这一指标是造成科技意识（E3）排名处于全国落后水平的主要原因。人才资源是区域发展最重要的资源，要想在区域竞争中不被淘汰，留住人才是关键。显然，山西省的工资水平不具备留住人才的作用，应该根据自身的实力和实际条件制定一套有自己特色和吸引力的薪酬奖惩制度，合理制定科学研究和技术服务业的工资水平，从而使这一指标位次有所提升。

4.4.4　万人吸纳技术成交额（E33）

万人吸纳技术成交额（E33）这一指标排名 2019 年较 2018 年降幅较大，从 2018 年的全国第 9 名下降至 2019 年的全国第 17 名，主要原因是山西省 2019 年在引进经费支出和消化经费支出两方面有所减少，山西省 2019 年引进经费支出和消化经费支出分别是 46816 万元和 6276 万元，2019 年引进经费支出和消化经费支出是 36597 万元和 4397 万元。因此山西省应该加大购买技术成果所支出的费用。

4.5　本章小结

本章首先对山西省科技创新环境的各项指标进行解释，然后根据《全国科技进步统计监测报告》（2010 ~ 2014 年）、《中国区域科技进步评价报告》（2015 年）和《中国区域科技创新评价报告》（2016 ~ 2019 年）对科技创新环境的一级、二级和三级指标逐一分析，结果表明科技创新环境位次下降是由于科研物质条件和科技意识位次处于落后水平。其中科研物质条件位次落后是由于 E21 指标位次的大幅下降，科技意识位次落后是由于山西省 E32 指标一直处于排名较为落后水平，因此山西省应该加大对 R&D 经费的投入，并且提高科学研究和技术服务业的工资水平。此外，山西省的优势在于基础人才数量充足，应该在保证这一优势不变的基础上完善人才培养模式和科技奖励制度，对重大科技成果给予重奖，大力发展高层次人才，从而推进科技人力资源的排名进一步上升。

第5章　山西省科技活动投入动态变化指标研究

区域间的竞争，归根结底是科技与人才的竞争。当前，随着我国经济发展步入新常态，经济发展的动力开始转化，科学技术越来越成为推动区域经济社会发展的重要力量。只有以敏锐的眼光积极把握科技创新发展的新趋势，牢牢抓住新一轮科技革命和产业变革的新机遇，抢占新一轮科技创新的制高点，才能从整体上提升区域的综合实力。科技创新要实现跨越式发展，科技投入是基础与保障，科技投入已然成为评价区域经济发展的一个重要因素，为了促进地区经济更好更快地发展，加大科技投入的力度不可或缺。

5.1　科技活动投入指标内涵及动态变化

依靠科技创新带动区域绩效不断提升是增强区域综合实力的关键，能否充分挖掘科技投入的作用，关系到区域创新绩效的持续提升。根据中国区域科技创新评价指标体系，一级指标“科技活动投入”下包含两个二级指标，即“科技活动人力投入”和“科技活动财力投入”，每个二级指标下均设有可以衡量该指标的三级指标，具体如表5－1所示。

表5－1　科技活动投入三级指标

一级指标	二级指标	三级指标	单位	标准
科技活动投入（T）	科技活动人力投入（T1）	万人R&D研究人员数（T11）	人年	7.0
		企业R&D研究人员占比（T12）	%	70.0

续表

一级指标	二级指标	三级指标	单位	标准
科技活动投入（T）	科技活动财力投入（T2）	R&D 经费支出与 GDP 比值（T21）	%	2.5
		地方财政科技支出占地方财政支出比重（T22）	%	5.0
		企业 R&D 经费支出占主营业务收入比重（T23）	%	2.5
		企业技术获取和技术改造经费支出占企业主营业务收入比重（T24）	%	2.5

5.1.1 指标内涵

对于科技投入的界定，学术界并没有统一的观点。于明洁等（2012）、陈春晖等（2009）将科技投入理解为科技的人、财、物的投入，大部分学者则将科技投入理解为科技活动经费的投入，即由政府、企事业单位、社会团体组织以及个人等机构投入的，用于 R&D 活动、科技成果转化应用以及科技服务这三类科技活动的全部资金投入。本章中的科技投入将从科技活动人力投入和科技活动财力投入两方面进行评价，其中根据投入主体不同又在三级指标里细分为政府的投入和企业的投入。

政府对科技活动的投入是政府为了促进经济社会发展所采取的一项重大举措，而国家以及地区的财政收入是政府科技投入的主要经费来源。一个国家的 GDP 或某一地区的地区生产总值在很大程度上反映了该地区的经济增长。中央政府和地方政府为了推动经济持续稳定增长，必然将一部分财政支出用于科技投资，政府通过持续不断地对科技进行投资，才能有助于创新主体降低其对创新风险的顾虑，有效地激励创新主体从事科技理论创新与科技应用创新。在一般情况下，政府对科技的投入备受其他创新主体的关注，具有较强的示范引领作用，政府加大对科技投入的力度，能有效地促进企业和其他创新主体加大对科技研发活动的投入，能更好地促进区域经济增长。

企业作为最主要的市场主体，同时也是进行科技创新活动最主要的主体，企业对科技经费的投入不仅指对前期的研发活动的投入，同时也包括对生产、销售等活动的投入。企业作为科技创新的主体，由于其对市场、生产和经济发展的需求更加了解，能够高效地促使科技研发、生产和销售环环相扣，紧密相连，并能及时地使科研创新成果转化，最重要的是企业进行的创新活动更加契合市场的实际需求，对国家创新能力的提高至关重要。此外，企业核心能力的不断提高，一方面会提高企业生产产品的质量，提升市场占有率；另一方面，企业通过良好的社会声誉可以吸引更多优秀的人才，同时企业的外部融资能力也会进一步提高。通过分析可以发现，在长期，企业的科技投入与企业的经营是相互促进和相互作用的关系。企业作为微观经济的主体，其生产效率和利润的提高，是驱动区域经济发展的关键动力。

5.1.1.1　万人 R&D 研究人员数

万人 R&D 研究人员是反映科技活动人力投入水平的主要指标。与万人科技活动人员数、万人 R&D 活动人员数比较，这一指标具有较强的综合性，这是因为这一指标包含有万人科技活动人员数、R&D 活动人员占科技活动人员比重、R&D 研究人员占 R&D 活动人员比重三个指标。

5.1.1.2　企业 R&D 研究人员占比

企业是科技创新的主体。企业 R&D 研究人员占全社会 R&D 研究人员的比重是衡量 R&D 活动人力投入比例关系的重要指标。

5.1.1.3　R&D 经费支出与 GDP 比值

R&D 经费支出与 GDP 比值是衡量国家或地区科技投入强度最为重要、最为综合的指标。

5.1.1.4　地方财政科技支出占地方财政支出比重

地方财政科技支出占地方财政支出比重是衡量地方政府科技投入力度的重要指标。

5.1.1.5　企业 R&D 经费支出占主营业务收入比重

企业 R&D 经费支出占主营业务收入比重是衡量企业科技经费投入的重要指标。

5.1.1.6　企业技术获取和技术改造经费支出占企业主营业务收入比重

企业技术获取和技术改造经费支出包括引进技术经费支出、消化吸收经费支出、技术改造经费支出和购买境内技术经费支出。企业技术获取和技术改造经费支出占企业主营业务收入比重也是衡量企业创新能力和创新投入水平的重要指标。

5.1.2　指标动态变化

根据《全国科技进步统计监测报告》（2010～2014 年）、《中国区域科技进步评价报告》（2015 年）和《中国区域科技创新评价报告》（2016～2019 年），本章收集了山西省科技活动投入的一级指标、二级指标和三级指标的相关数据，并对数据做了描述性统计分析。由表5－2可知，2010～2017年，一级指标科技活动投入（T）的评价值最小值是2011年的42.10，最大值是2016年的56.38，标准差较大，为4.78，最高排位为2016年的14位，最低排位为2011年、2012年、2014年的16位，排位变动的标准差相对而言较小，为0.66，说明山西省科技活动投入的发展水平较稳定，但是近几年呈现提高趋势。二级指标科技活动人力投入（T1）的评价值最低为2011年的81.46，最高为2014年的100，评价值的标准差较大；排位最高位为2014年的全国第一名，最低排位为2010年和2011年的第12名，而且排名标准差较大，说明山西省的科技活动投入水平位于中上游水平，但波动较大。科技活动财力投入（T2）的评价值最低为2011年的25.23，最高值为2016年的39.88，而最高排位为2016年的第15名，最低排位为2011年、2012年和2014年的第20名，排位变动的幅度较小，为1.69，说明山西省科技活动投入在逐年增长。

表5－2　2010～2017年山西省T指标描述性统计分析

指标	评价值				位次			
	最小值	最大值	平均值	标准差	最高排位	最低排位	平均值	标准差
T	42.10	56.38	48.69	4.78	14	16	15.25	0.66
T1	81.46	100	91.80	6.32	1	12	7.25	3.86
T2	25.23	39.88	30.21	5.45	15	20	18.13	1.69
T11	7.29	8.32	7.68	0.41	13	19	15.50	1.87
T12	52.60	68.20	58.26	4.62	4	9	7.00	1.41
T21	0.86	1.23	1.05	0.12	16	19	17.75	1.20
T22	1.04	2.05	1.40	0.33	10	23	15.75	3.90
T23	0.56	0.74	0.63	0.06	15	22	18.63	2.39
T24	0.60	1.27	0.53	0.33	6	13	11.75	4.76

三级指标万人R&D研究人员数（T11）、R&D经费支出与GDP比值（T21）的评价值和排位的变动水平均较低，整体处于全国中等水平，发展较为稳定且呈上升趋势。企业R&D研究人员占比（T12）的评价值变动较大，但位次基本稳定，说明山西省企业在增加其研究人员的投入时，其相邻省份也在发展。地方财政科技支出占地方财政支出比重（T22）和企业R&D经费支出占主营业务收入比重（T23）的评价值变化幅度比较大，且逐年增长，位次也随之提高。而企业

技术获取和技术改造经费支出占企业主营业务收入比重（T24）评价值最高的是2011年的1.27，最低的是2017年的0.60，标准差较大，相应的位次标准差也较大，为4.76，但是位次最高为2016年的第六位，最低位次是2014年的第13位，整体水平位于中上游，而且呈现上升趋势。

由表5－3可知，2017～2019年，一级指标科技活动投入（T）的评价值变化不显著，且位次稳定在20位次，说明山西省近三年科技活动投入相对相邻位次的省份而言没有提升。二级指标科技活动人力投入（T1）和科技活动财力投入（T2）以及三级指标万人R&D研究人员数（T11）和R&D经费支出与GDP比值（T21）近三年的评价值和位次都较为稳定，位于中游水平，而三级指标企业R&D研究人员占比（T12）评价值和位次稳定在中上游水平。地方财政科技支出占地方财政支出比重（T22）、企业R&D经费支出占主营业务收入比重（T23）和企业技术获取和技术改造经费支出占企业主营业务收入比重（T24）评价值均未发生大的变动，但是其位次变化较为明显。地方财政科技支出占地方财政支出比重（T22）呈增长趋势，由2018年的26位次提高到2019年的17位次；企业R&D经费支出占主营业务收入比重（T23），企业技术获取和技术改造经费支出占企业主营业务收入比重（T24）位次均呈现落后趋势，尤其企业技术获取和技术改造经费支出占企业主营业务收入比重（T24）由2017年的第6位次降低为2019年的17位次，体现了山西省的企业相比其相邻位次省份而言，在主营业务收入增加的同时不够重视科技经费支出，导致其位次相对落后。

表5－3　2017～2019年山西省T指标描述性统计分析

指标	评价值				位次			
	最小值	最大值	平均值	标准差	最高排位	最低排位	平均值	标准差
T	45.52	45.56	45.54	0.02	20	20	20	0
T1	79.5	82.37	81.15	1.21	18	19	18.33	0.47
T2	29.77	30.95	30.28	0.49	18	22	20.33	1.70
T11	6.05	6.24	6.13	0.08	21	22	21.67	0.47
T12	48.36	52.72	50.10	1.89	13	16	14.33	1.25
T21	0.99	1.04	1.02	0.02	20	21	20.33	0.47
T22	1.01	1.34	1.15	0.14	17	26	21.67	3.68
T23	0.63	0.68	0.66	0.02	17	22	18.67	2.36
T24	0.33	0.55	0.41	0.10	6	17	11.67	4.50

5.2 科技活动投入一级指标研究

通过图5-1可以看到，山西省的科技活动投入水平近十年位次相对平稳，居于全国中游水平。主要原因是山西省科技活动财力投入始终处于中下游水平，且科技活动人力投入水平虽居于全国上游，但近几年位次有下降趋势，使山西省科技活动投入总体水平难以提升。

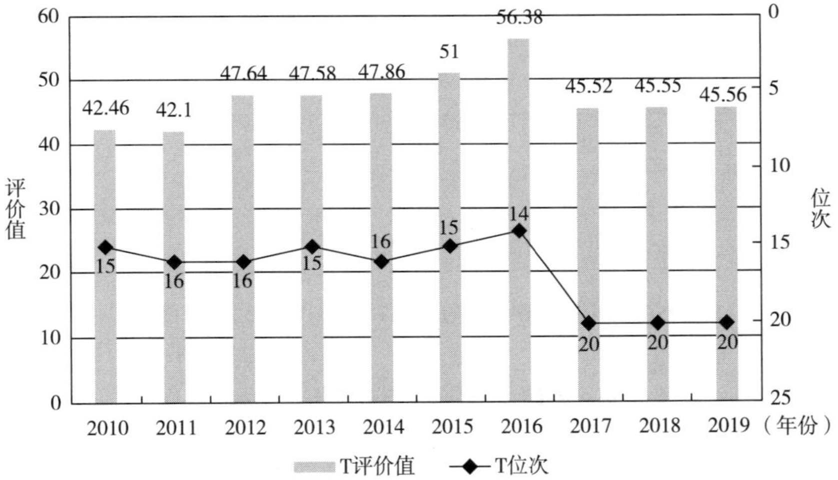

图5-1 2010~2019年山西省T指标评价值及位次

在2010~2019年，其中2016年指标评价值最高，相应的位次也最靠前。其他年份评价值整体上逐年提高，但位次相对平稳，可能原因是在山西省增加其科技活动投入的同时，其相邻位次的省份也在增加其科技活动投入，使山西省的位次并未得到显著提高。而近三年，山西省的科技活动投入指标值变化不大，其位次也丝毫未变，反映了其相邻位次的科技活动投入变化不大，山西省的位次没有发生变化。

通过中部六省近三年科技活动投入的数据对比（见图15-2、图5-3和表5-4），可以看到山西省整体的科技活动投入水平较低，在2017年排名位于江西省之前，但是由于近两年科技活动投入的力度不够，使江西省赶超山西省，山西省在近两年都位于中部六省的末次。

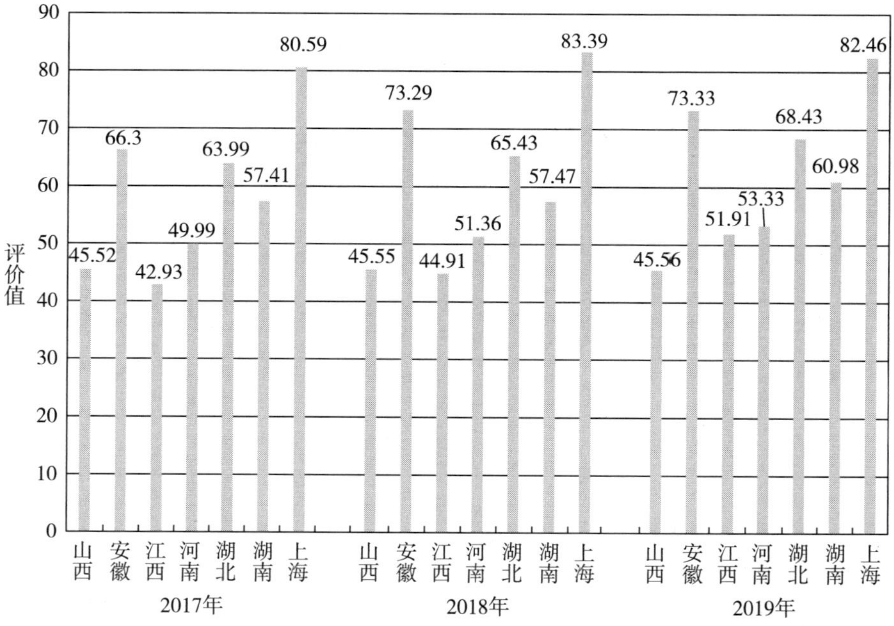

图 5-2　2017~2019 年中部六省及上海市 T 指标评价值

表 5-4　中部六省及上海市近三年 T 指标位次

省份	2017 年	2018 年	2019 年
山西省	20	20	20
安徽省	8	7	7
江西省	22	22	18
河南省	17	15	16
湖北省	9	9	9
湖南省	13	13	12
上海市	2	2	3

通过山西省和上海市近三年的科技活动投入数据对比，可以看出，山西省的科技活动投入约为上海市的1/2，而其位次远远落后于上海市，整体位于中下游水平，因此应该重视其科技活动投入水平。

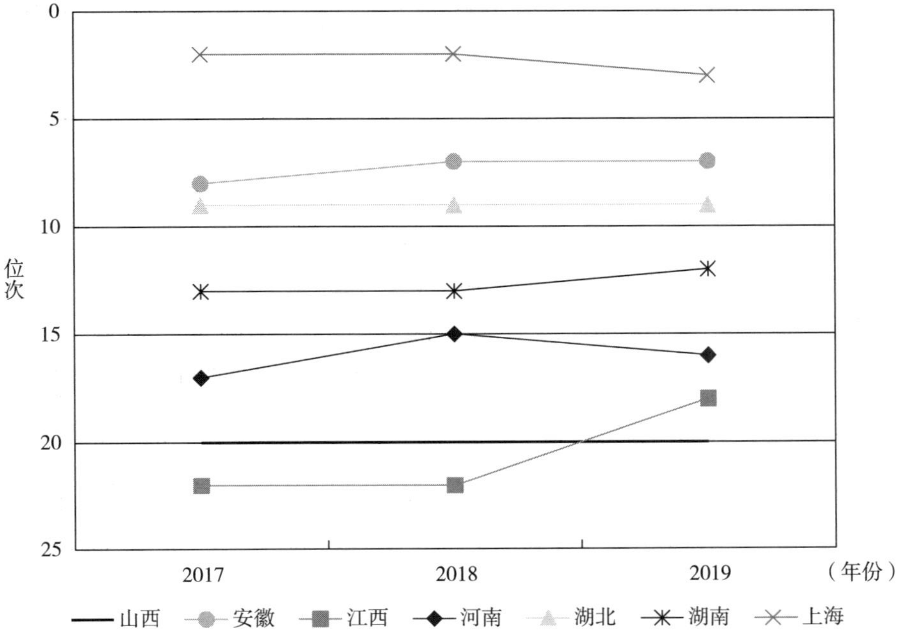

图5－3　2017～2019年中部六省及上海市T指标位次

5.3　科技活动投入二级指标研究

5.3.1　科技活动人力投入（T1）

纵观2010～2017年，山西省的科技活动人力投入评价值波状起伏，其位次变化也比较明显，2014年跃居第一。而近三年以来，山西的科技活动人力投入明显减少，位次也随之下降。2019年山西省的科技活动投入评价值降低，但位次提高。主要是由于其下设指标中企业R&D研究人员占比指标处于优势位次，但评价值在2013年到2017年不断下降，因此我们要发挥企业作用，不断加强企业对科技人才的投入，从而带动区域科技活动人力投入。

通过对比近三年中部六省的科技活动人力投入可以发现（见图5－5、表5－5和图5－6），山西省的科技活动人力投入在中部六省里居于较低水平，仅江西省位于其后，但在2019年，山西省的科技活动人力投入评价值降低的同时，江西省大幅度地增加其投入，使江西省位次大幅度提高，赶超山西省。

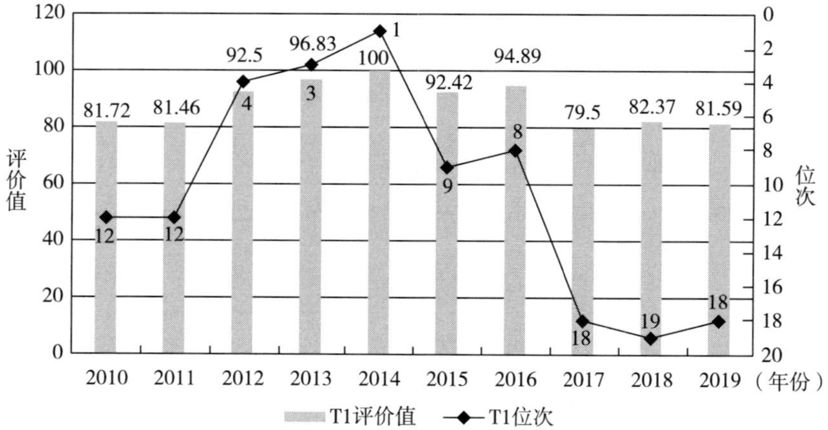

图5－4　2010～2019年山西省T1指标评价值及位次

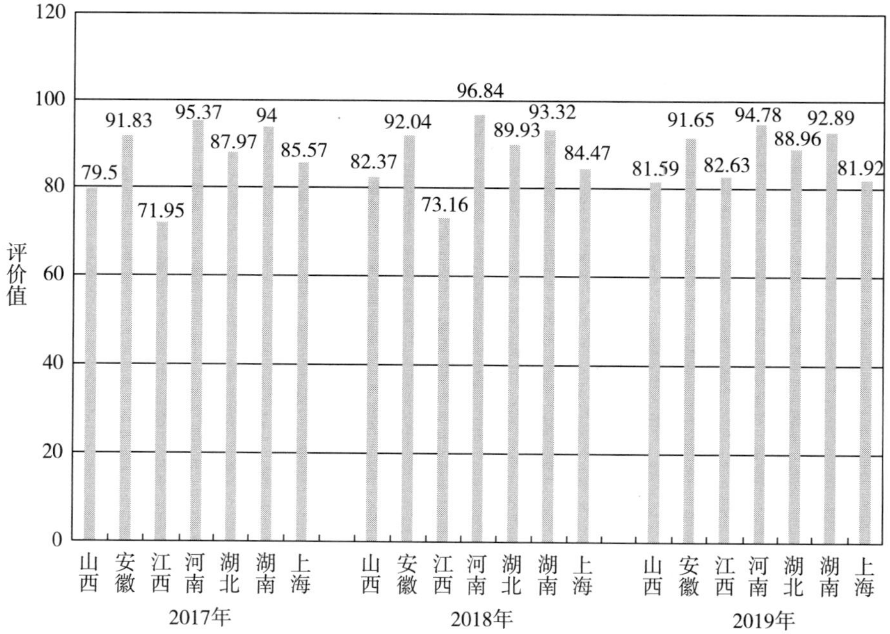

图5－5　2017～2019年中部六省及上海市T1指标评价值

表 5－5　2017～2019 年中部六省及上海市 T1 指标位次

省份	2017 年	2018 年	2019 年
山西省	18	19	18
安徽省	10	10	9
江西省	22	22	16
河南省	6	6	5
湖北省	13	12	11
湖南省	8	9	7
上海市	14	16	17

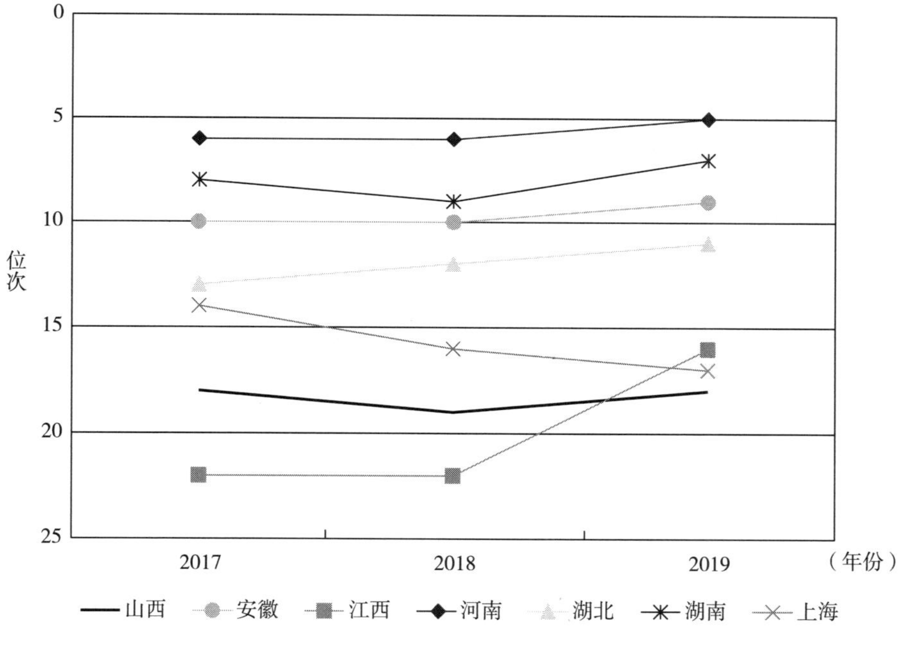

图 5－6　2017～2019 年中部六省及上海市 T1 指标位次

上海市作为科技强市，其科技活动人力投入的评价值高于山西省，但总体差距在逐年减少，且位次均居于全国中游水平。可能原因是其科技活动人力投入下设的三级指标里企业 R&D 人员占比这一指标为比重值，其全社会 R&D 人员较多，导致这一比重指标值相对较小，位次靠后，使科技活动人力投入位次居后。而山西省经济发展相对落后，其全社会 R&D 人员较少，企业 R&D 人员相较而言更少，导致比重也较小。

5.3.2 科技活动财力投入（T2）

通过图5-7可知，2010~2017年山西省的科技活动财力投入位于全国中下游水平，主要原因是区域R&D经费支出与GDP比值指标和企业R&D经费支出占主营业务收入比重指标始终处于下游水平，使科技活动财力投入总体水平及其位次难以提升。

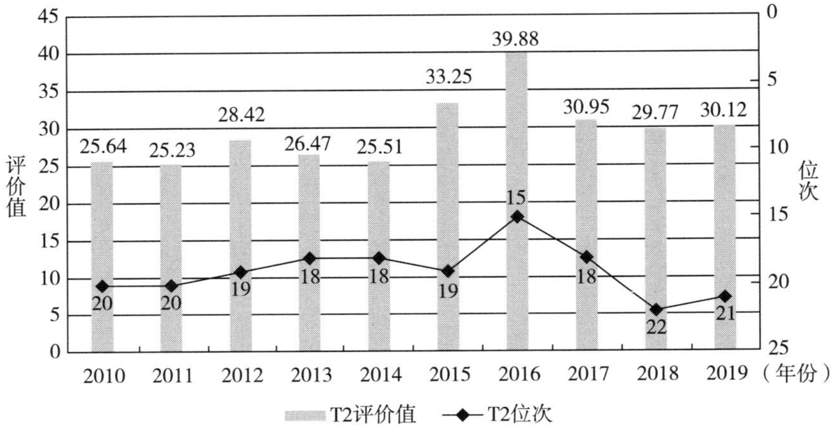

图5-7 2010~2019年山西省T2指标评价值及位次

其中，2010~2014年的指标值和位次相对稳定，虽然在2013年和2014年山西省的科技活动财力投入指标值下降，但是其位次有所提升，说明其相邻位次省份下降幅度更大，使山西省的位次相对提高。而在2015年山西的科技活动财力投入评价值大幅度提高，位次却下降了，可能原因是在山西省增加其科技活动财力投入的同时，其位次相邻省份增加科技活动财力投入的幅度更大，使山西省在全国的位次相对下降。2017~2019年山西省的评价值和位次相对平稳，居于全国中下游水平，虽然2019年和2017年的评价值差距不大，但是位次下降了三名，说明其位次相邻省份都在加强科技活动财力投入，使山西省相对位次落后。

通过中部六省的指标数据对比（见图5-8、表5-6、图5-9），可以直观看出，山西省与河南省、江西省在2017年的评价值相差不多，且山西省位次领先于河南省和江西省，而2018年，山西省的评价值下降，其他两省评价值提高，使山西省位次大幅度下降，且在2019年依旧处于中部六省的末次。

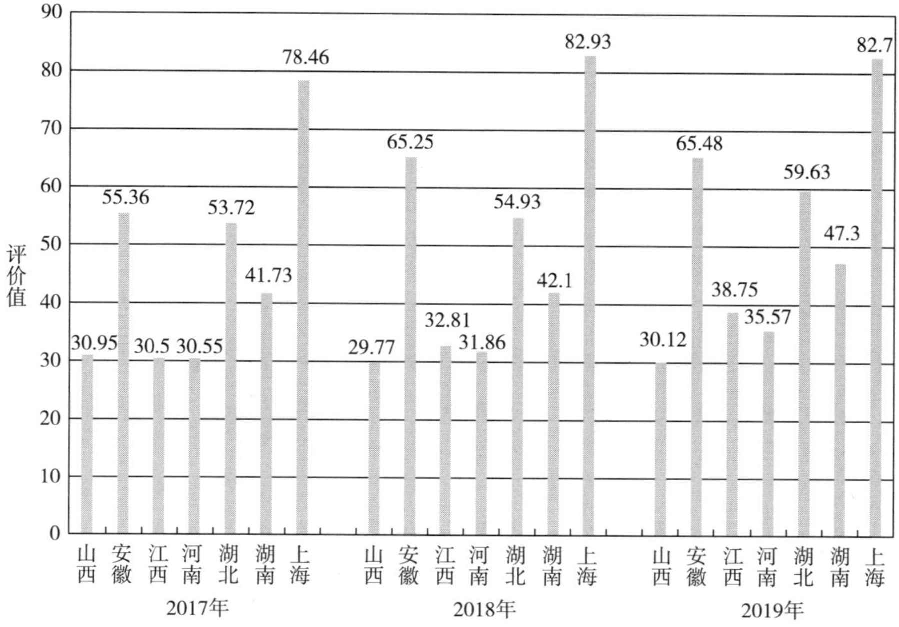

图 5－8　2017～2019 年中部六省及上海市 T2 指标评价值

表 5－6　2017～2019 年中部六省及上海市 T2 指标位次

省份	2017 年	2018 年	2019 年
山西省	18	22	21
安徽省	8	7	7
江西省	21	16	16
河南省	20	20	18
湖北省	9	9	9
湖南省	13	13	14
上海市	2	1	1

通过山西省和上海市的科技财力投入对比，可以看出山西省的该指标值和上海市差距很大，且差距逐年拉大，反映了山西省在经济发展的同时，并没有重视科技投入水平的提高，使其指标值和位次下降，排名位于中下游。

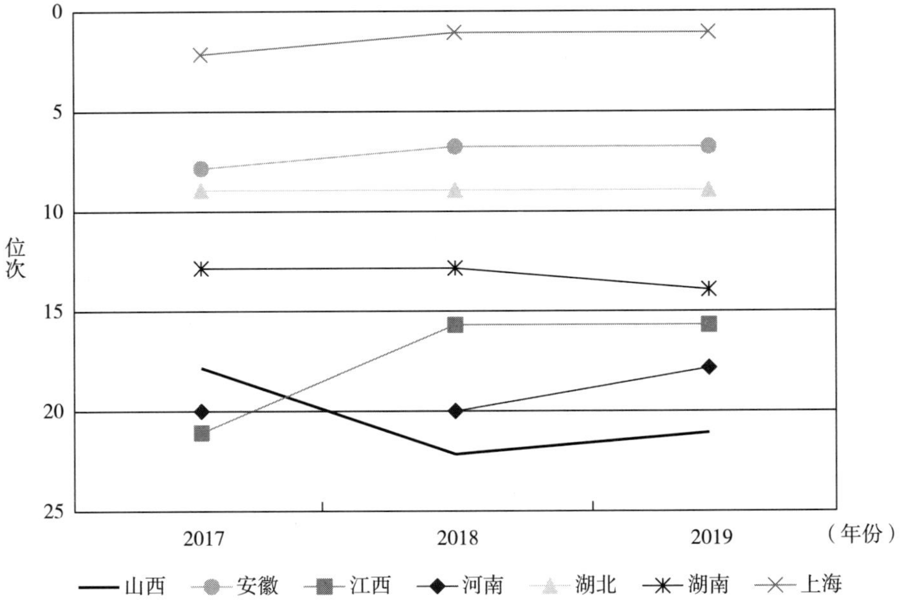

图 5-9　2017~2019 年中部六省及上海市 T2 指标位次

5.4　科技活动投入三级指标研究

5.4.1　万人 R&D 研究人员数（T11）

通过图 5-10，我们可以看出 2010~2017 年山西省的万人 R&D 研究人员数指标评价值在 7.25~8.32 波动，整体呈现递减趋势；而其指标位次整体位于全国中游水平，其位次除 2012 年外均呈现递减趋势。2012 年虽然万人 R&D 研究人员数减少，但是位次却提升了两名，可能原因是虽然山西省的该指标评价值下降，但其相邻位次省份的位次下降得更明显，导致山西省的位次不退反进。

2017~2019 年山西省的万人 R&D 研究人员数指标评价值以及位次开始呈现递增趋势，表明山西省可能加大了对科技创新人才的重视度以及投入力度。

中部六省在近三年的发展过程中，不断加强 R&D 研究人员的投入（见图 5-11 和表 5-7）。其中，山西省的万人 R&D 研究人员数指标位次在中部六省

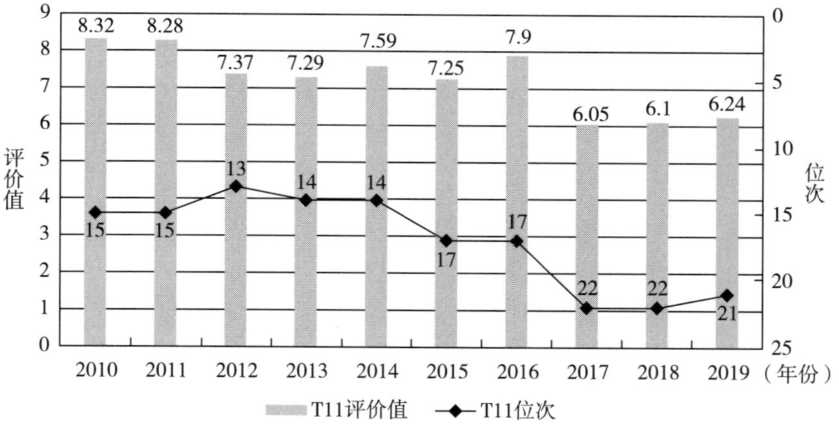

图5－10　2010～2019年山西省T11指标评价值及位次

保持第五名，排名居于中部六省第一的湖北省，该指标的评价值和位次遥遥领先，其值近于山西省的两倍。而位次居于山西省后的江西省评价值快速增长，有超过山西省的趋势。

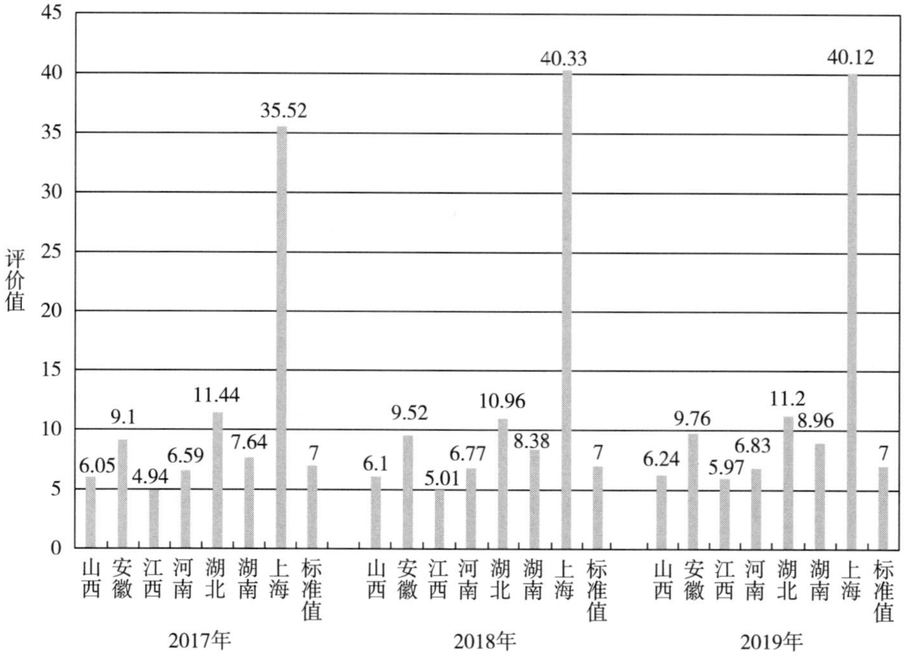

图5－11　2017～2019年中部六省及上海市T11指标评价值

表 5－7　2017～2019 年中部六省及上海市 T11 指标位次

省份	2017 年	2018 年	2019 年
山西省	22	22	21
安徽省	14	14	14
江西省	24	24	23
河南省	20	21	20
湖北省	10	11	12
湖南省	17	17	16
上海市	3	2	2

通过图 5－12，将山西省、上海市和全国标准值的对比可以发现，山西省万人 R&D 研究人员数略低于全国标准值，同时不足上海市的 1/6，位次悬殊，差距巨大。

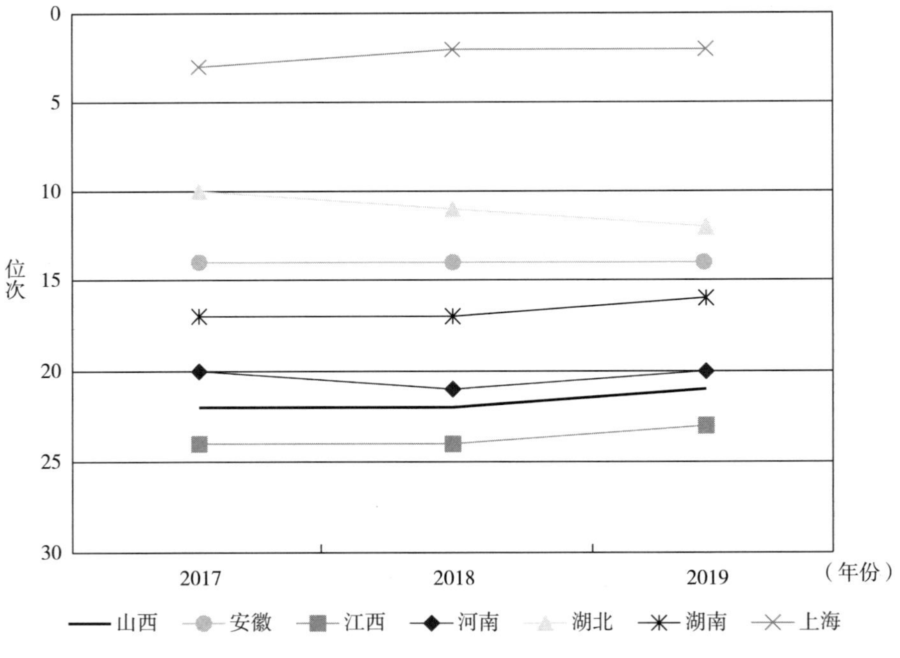

图 5－12　2017～2019 年中部六省及上海市 T11 指标位次

5.4.2　企业 R&D 研究人员占比（T12）

通过图 5－13 我们可以看出，2010～2017 年，山西省的企业 R&D 研究人员占比的指标评价值相对较为稳定，其位次也居于前列。其指标值在 2012 年明显下降，但是位次提升一名，反映出其相邻省份的数据下降得更加明显。而 2014 年，山西省的指标值增加显著，其位次却大幅度降低，显示出其相邻省份在企业研究人员占比提升的幅度更大，导致其名次相对落后。2014 ~ 2017 年，其指标值均呈现整体递减趋势，因此位次随之下降；2017 ~ 2019 年，其指标评价值波状上升，其位次也随之提升。

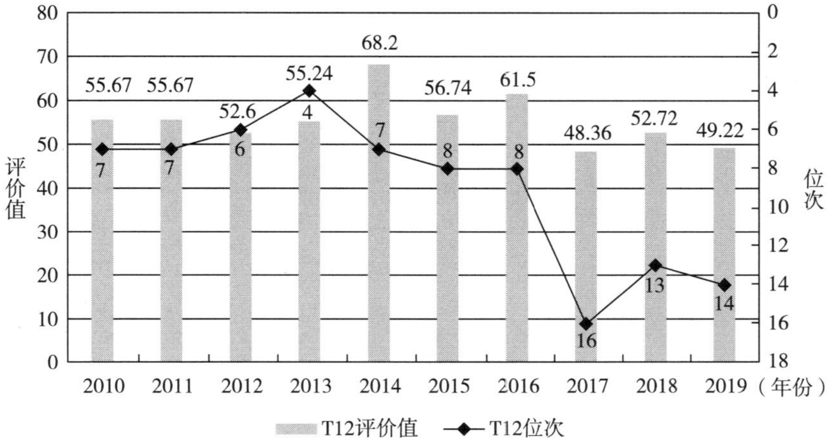

图 5 - 13　2010 ~ 2019 年山西省 T12 指标评价值及位次

通过表 5 - 8、图 5 - 14 和图 5 - 15，我们可以看出山西省的企业 R&D 人员占比这一指标在中部六省里位次排在末次，河南省的评价值和位次均居于第一，指标值约为山西省的 1.5 倍，位次相差 10 名。居于山西省前一名的是湖北省，其原因可能是总的 R&D 活动人员较多，导致其比重较低。在 2018 年，由于山西省的指标值提高相对湖北省较快，名次也较其提升一名。因此，该比重指标值不仅可以反映企业 R&D 创新人员数，还需要考虑 R&D 创新研究人员数总值。

表 5 - 8　2017 ~ 2019 年中部六省及上海市 T12 指标位次

省份	2017 年	2018 年	2019 年
山西省	16	13	14
安徽省	11	10	10
江西省	13	12	11
河南省	6	5	5
湖北省	15	14	13
湖南省	8	9	7
上海市	18	19	19

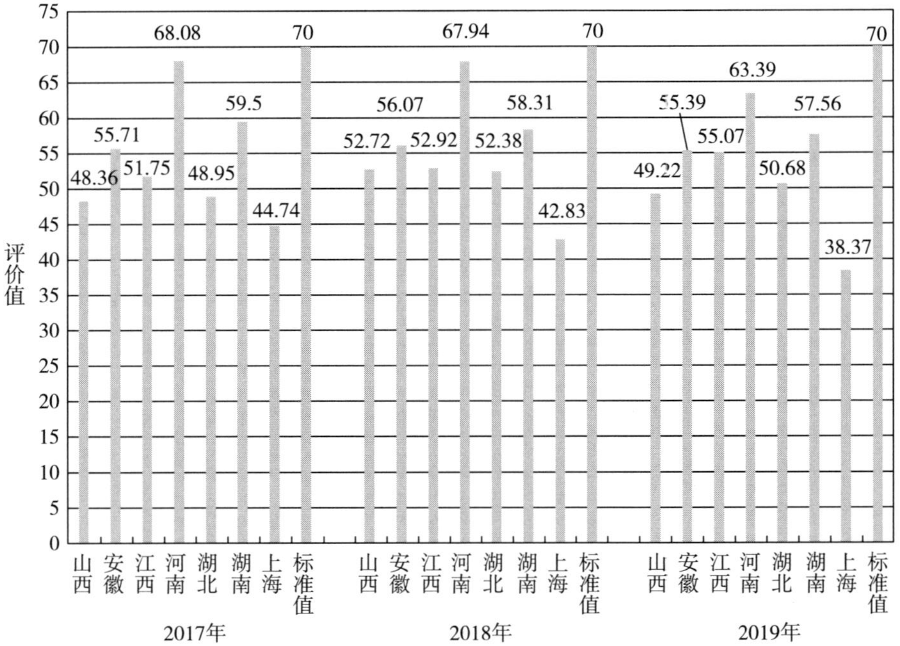

图 5－14　2017～2019 年中部六省及上海市 T12 指标评价值

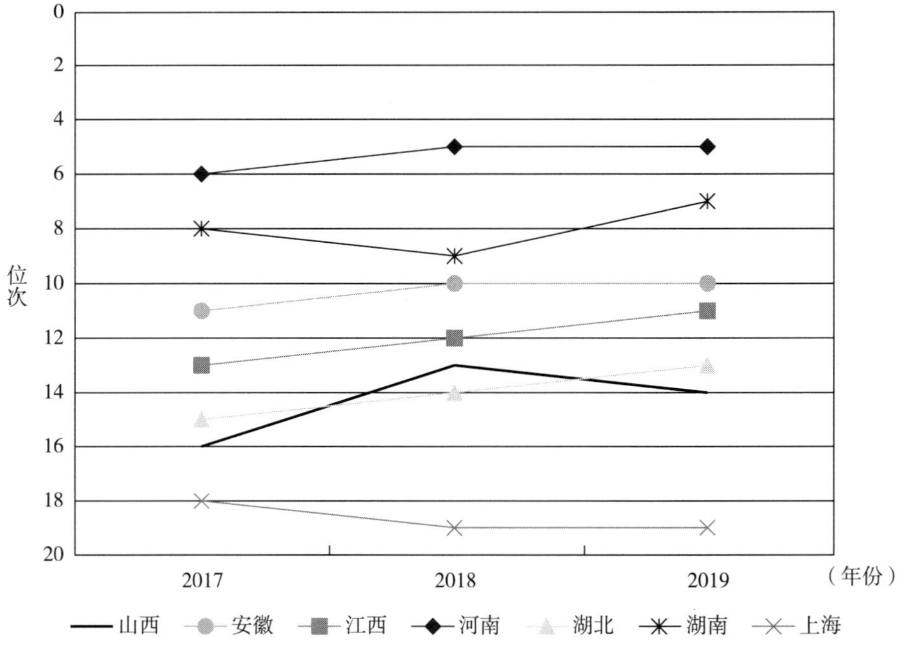

图 5－15　2017～2019 年中部六省及上海市 T12 指标位次

上海市的企业 R&D 研究人员占比指标值和山西省一样并未达到标准值，并且位次相差不大，甚至落后于山西省。而在近三年的总趋势里，上海市的排名及评价值在降低，山西省在提高，可能原因是上海市的全社会总的 R&D 研究人员数增长速度超过企业 R&D 研究人员数，导致其比重值相对下降，而山西省因为其总的 R&D 研究人员数相对较少，而企业研究人员数在数量上远不如上海市的情况下，比重值却可以超过上海市，并且位次超过上海市。因此在评价指标时，不仅要注意比重值，还要去看该指标的实际意义以及内涵。

5.4.3　区域 R&D 经费支出与 GDP 比值（T21）

通过图 5－16，显而易见的是在 2010～2017 年，山西省的 R&D 经费支出与 GDP 比值指标值和位次均呈现波状上升趋势，由于山西省的 GDP 在逐渐增长，我们不难发现，山西省在 R&D 经费的投入也在逐年增加，增加速度整体快于 GDP 增长速度，所以其比重相对增加，体现了山西省对科技投入的强度增加。但是其比重在 0.86～1.19 波动，数值较小，虽然 R&D 经费支出占地方财政支出比重在不断增加，即山西省对科技投入的强度增加，但是整体依旧位于较低水平。而在近三年，山西省的该指标评价值位次均在下降，可能原因是，虽然山西省也在增加 R&D 经费支出，但是相对于 GDP 的增长而言相对较慢，因此导致其比重下降，位次下降。

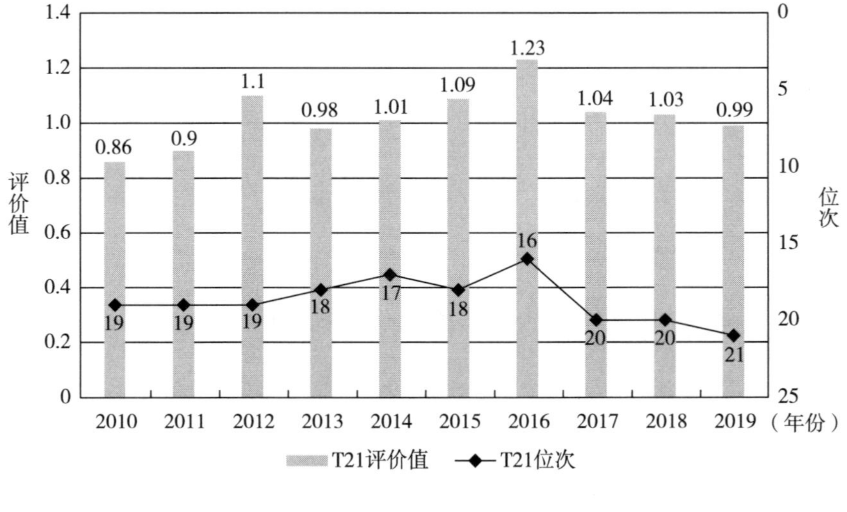

图 5－16　2010～2019 年山西省 T21 指标评价值及位次

通过中部六省的对比，显而易见的是山西省近三年的指标评价值最低，且逐年下降（见图5-17、表5-9和图5-18）。中部六省的GDP均在逐年提高，并且湖北省和河南省的GDP位于前列，其R&D研究经费支出比重大且逐年升高，说明在其经济高速发展的同时，湖北省和河南省也在不断地加强其R&D经费支出，经费支出更多而且增长速度更快，因此其指标值较大且逐年提升。山西省和江西省在2017年时指标值相同，但在随后的两年里，江西省在发展经济的同时加强R&D经费研发支出，其指标值和位次获得显著提升。山西省相对落后，因此我们在注重经济发展的同时，不仅要关注R&D经费支出的增加，更要注意经费支出增加速度的提高，即其比重的相对提高。

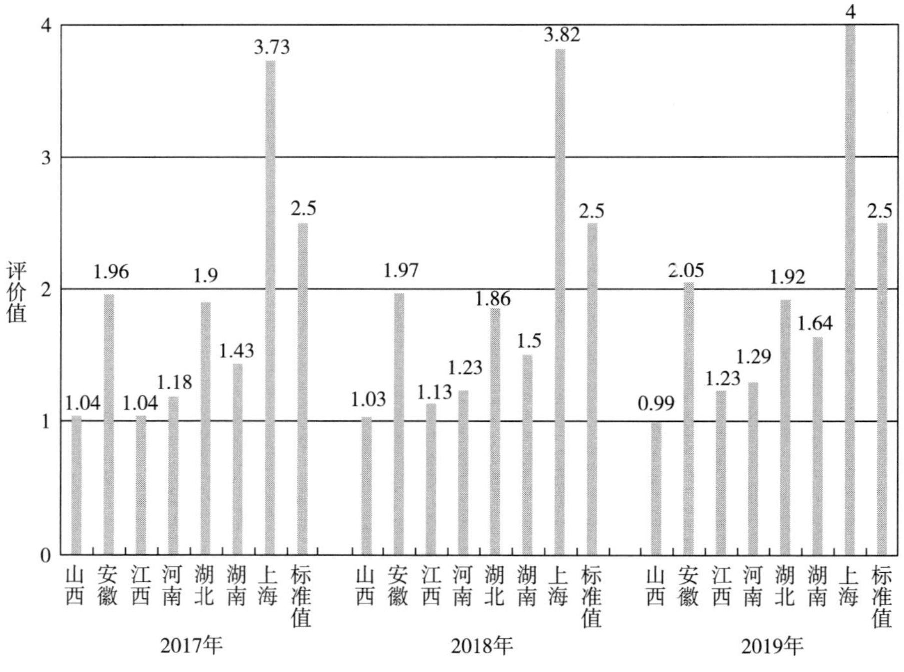

图5-17 2017~2019年中部六省及上海市T21指标评价值

表5-9 2017~2019年中部六省及上海市T21指标位次

省份	2017年	2018年	2019年
山西省	20	20	21
安徽省	9	9	9
江西省	21	19	18

续表

省份	2017 年	2018 年	2019 年
河南省	18	16	16
湖北省	10	10	10
湖南省	14	14	15
上海市	2	2	2

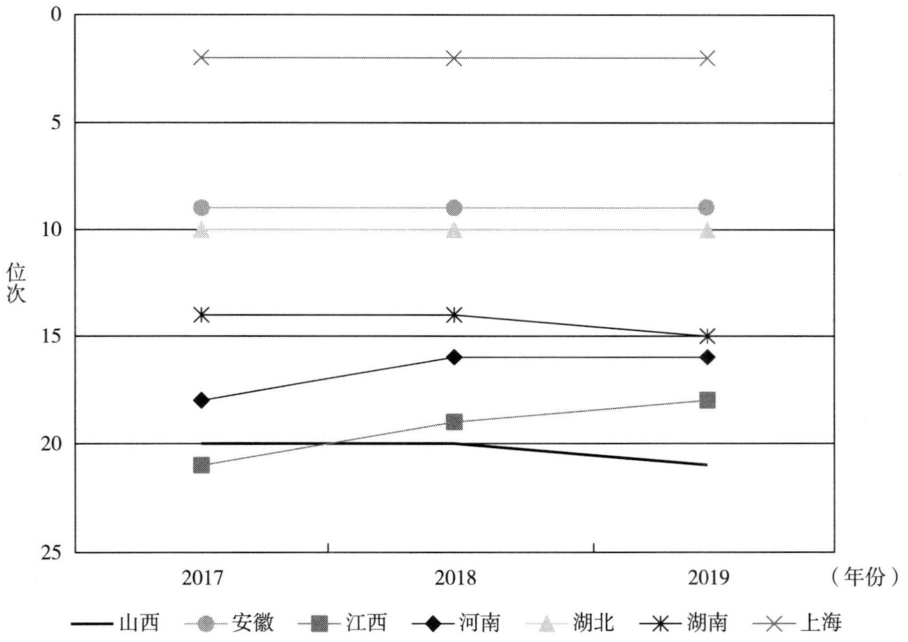

图 5－18　2017～2019 年中部六省及上海市 T21 指标位次

通过图 5－17 和图 5－18 可知，上海市近三年 R&D 经费支出与 GDP 比值评价值为山西省的 3～4 倍，而上海市作为我国经济中心，GDP 也远高于山西省，反映出山西省的 R&D 经费支出相比 GDP 而言更低，导致该指标值过低，排名落后。

5.4.4　地方财政科技支出占地方财政支出比重（T22）

通过近十年山西省的数据变化（见图 5－19），山西省的地方财政科技支出占地方财政支出的比重整体处于全国中游水平。而在 2010～2013 年，山西省的该指标评价值连续下降，位次随之下降，体现了山西省对于科技的投入比重降低，重视度降低。2013 年之后，评价值和位次同步提高，提升水平比较快，反映出山西省加强了科技投入。

在 2017 ~2019 年，山西省的指标值波动的幅度较小，但是位次波动比较大，尤其 2019 年提升的位次显著，可能原因是山西省在加大科技投入的同时，其增长速度超过其相邻位次省份。

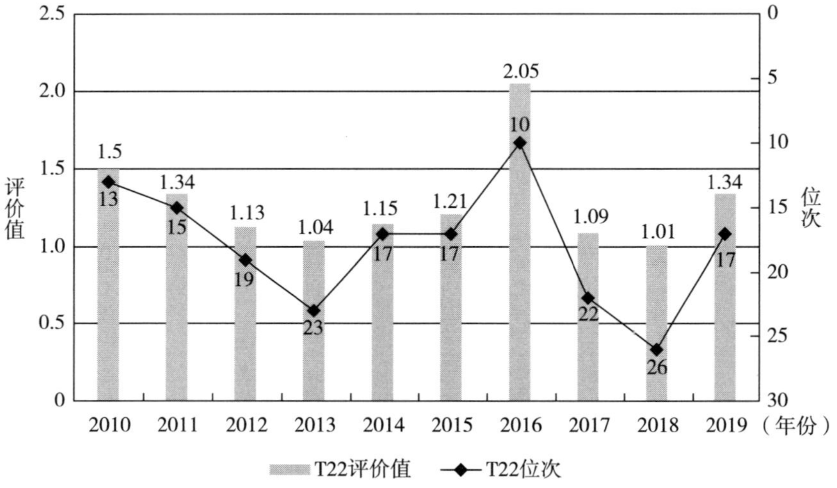

图 5 –19　2010 ~2019 年山西省 T22 指标评价值及位次

通过中部六省近三年数据对比（见表 5 –10、图 5 –20），显而易见的是，山西省的该指标值位于最低水平。山西省的财政支出较低，财政科技支出占财政支出的比重也低，说明山西省的经济发展落后导致山西省对科技投入的支出不到位。而在 2019 年，山西省评价值的提高，使山西省的位次提升超过了湖南省，说明其加强了在科技方面的支出，并且提高了重视度。

表 5 –10　2017 ~2019 年中部六省及上海市 T22 指标位次

省份	2017 年	2018 年	2019 年
山西省	22	26	17
安徽省	7	3	4
江西省	11	11	9
河南省	18	17	14

续表

省份	2017 年	2018 年	2019 年
湖北省	8	8	8
湖南省	21	22	18
上海市	3	2	3

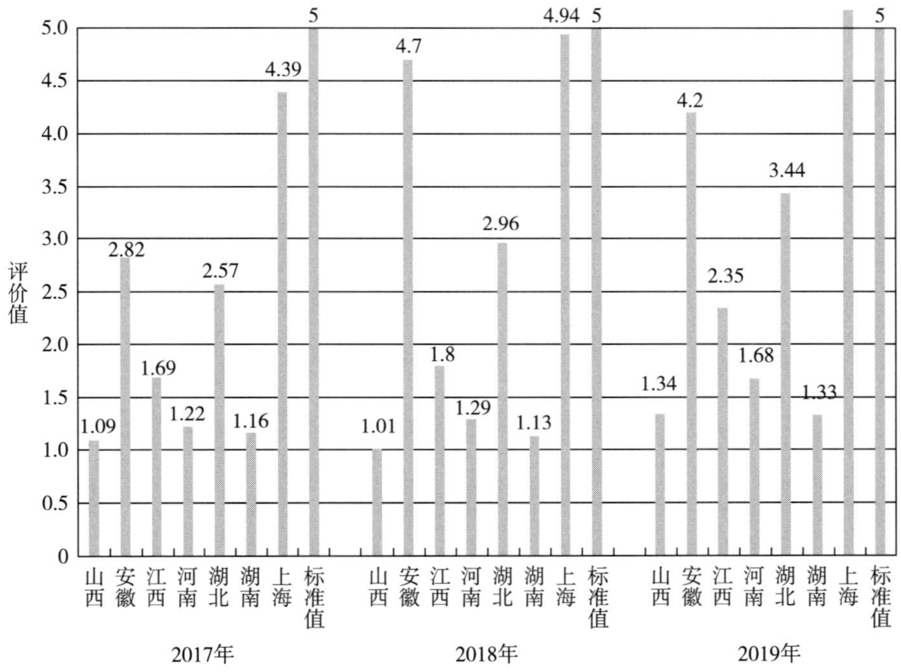

图 5－20　2017～2019 年中部六省及上海市 T22 指标评价值

由图 5－21 可知，地方财政科技支出占地方财政支出比重的标准值为 5，上海市未达到标准值，但是名次居于全国第三，说明全国整体财政方面对于科技的投入有待提高，对山西省而言，财政支出远小于上海市，地方财政科技支出占地方财政支出的比重也不足上海市的 1/4，反映了山西省和上海市的差距，不仅在于省市经济发展差异，更在于对科技创新的投入力度和重视程度。

5.4.5　企业 R&D 经费支出占主营业务收入比重（T23）

如图 5－22 所示，山西省近十年企业 R&D 经费支出占主营业务收入比重指标评价值波动较为明显，位次在中游水平徘徊不前，其中 2012 年比重评价值增

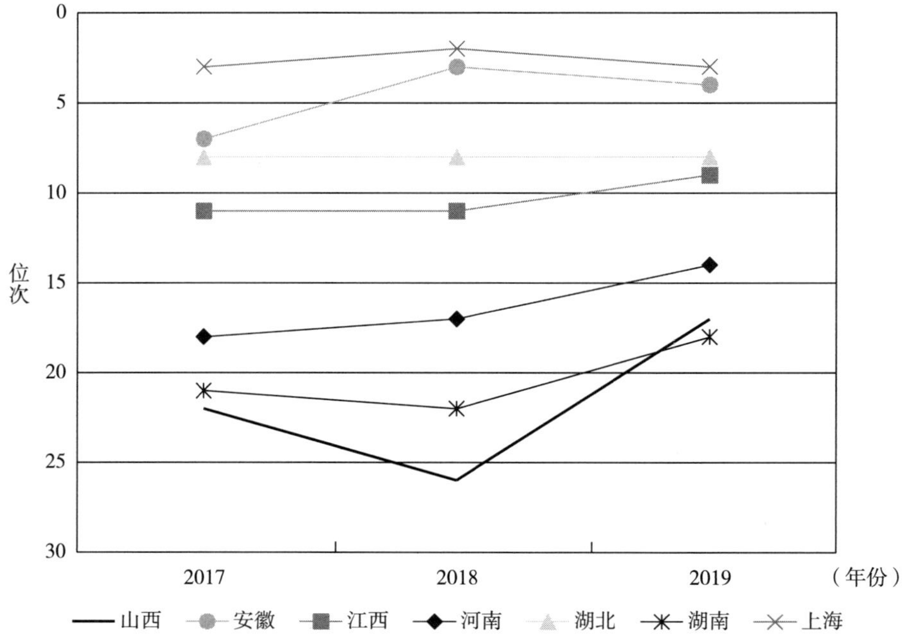

图 5－21　2017～2019 年中部六省及上海市 T22 指标位次

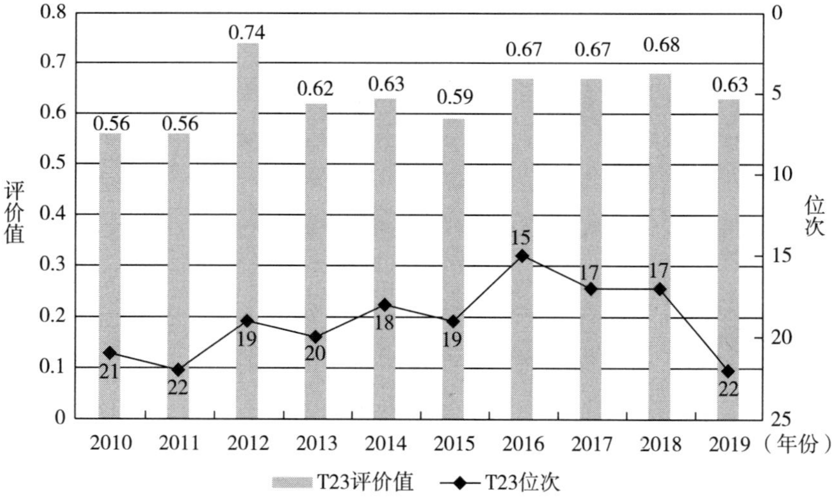

图 5－22　2010～2019 年山西省 T23 指标评价值及位次

加显著，位次相应提高，但提高位次不显著，可能原因是相邻省份也在同步提高。

2017 ~ 2019 年，山西省该指标值相对稳定，但在 2019 年下降了 5 个位次，主要原因就是山西省的评价值没有提高，而位次相邻省份的评价值却在提高，使山西省的位次相对下降。

通过中部六省的数据的对比（见图 5 – 23 和表 5 – 11），我们可以看到山西省的评价值和位次都在中部六省的水平中处于中游，位于其后的是河南省和江西省，说明山西省的企业在科技投入方面相对较为重视；但在 2019 年，山西省的指标值下降，位于其后的河南省和江西省指标值提高，使江西省赶超山西省，且河南省和山西省差距不大，说明山西省 2019 年在企业投入方面没有提高重视从而导致落后。

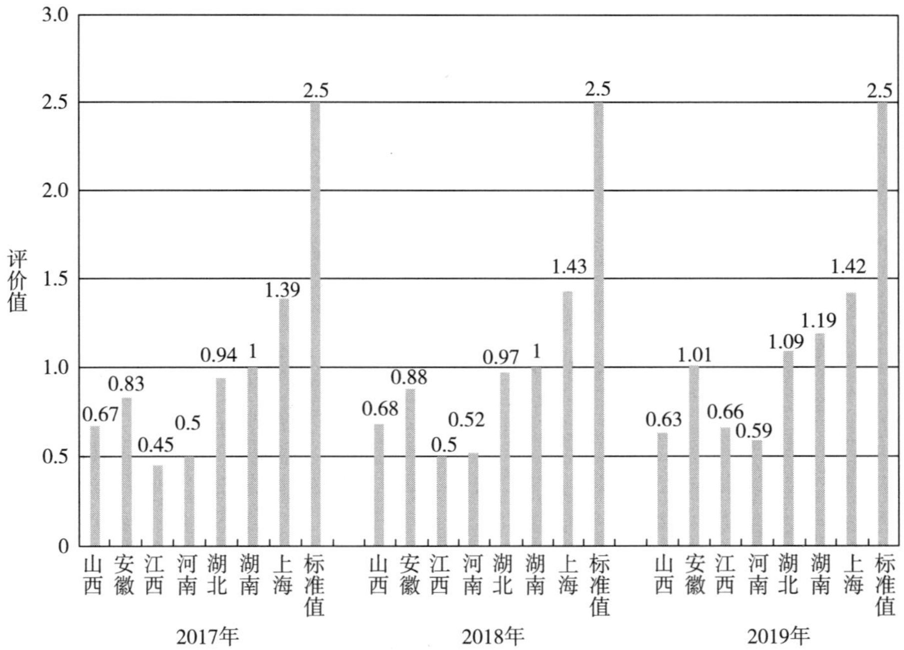

图 5 – 23　2017 ~ 2019 年中部六省及上海市 T23 指标评价值

表 5 – 11　2017 ~ 2019 年中部六省及上海市 T23 指标位次

省份	2017 年	2018 年	2019 年
山西省	17	17	22
安徽省	13	12	12
江西省	26	25	21

续表

省份	2017 年	2018 年	2019 年
河南省	24	23	24
湖北省	9	9	11
湖南省	7	8	8
上海市	1	2	3

企业 R&D 经费支出占主营业务收入比重的评价标准值设为 2.5，根据图 5－24可知，上海作为名列前茅的省份，评价值仅为标准值的一半，说明全国的整体水平有待提高。而山西省相对于上海市而言，评价值差距较大，并且逐年差距增大，因此企业在经济发展的同时也应该增加科技投入。

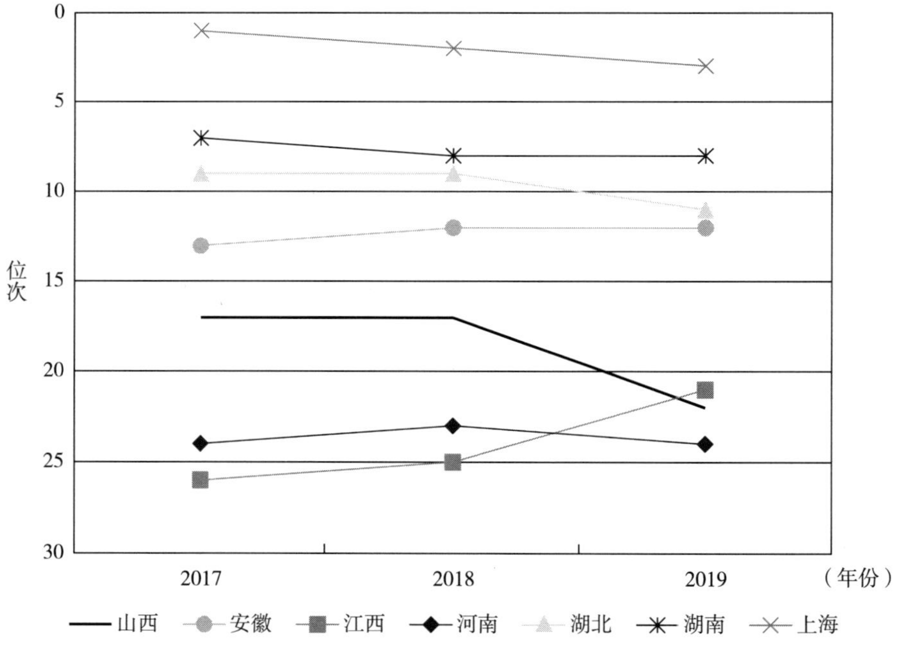

图 5－24　2017～2019 年中部六省及上海市 T23 指标位次

5.4.6　企业技术获取和技术改造经费支出占企业主营业务收入比重（T24）

如图 5－25 所示，2010～2013 年企业技术引进和消化吸收经费支出占主营业务收入比重的指标评价值稳步上升，且位次提升显著，尤其 2013 年，其位次名列前茅，说明山西省的企业重视企业创新能力和创新投入，因此其指标值和位次均显著提升。在 2014 年的评价体系中，该指标名称更改为企业技术获取和技术改造经费支出占企业主营业务收入比重，其整体的评价值和位次位于全国上游水平，且其指标值和位次均在提高，说明企业在获得更好的经济发展的同时也在重视科技投入和科技创新。2017 ~ 2019 年，该指标值下降非常明显，相应的位次也大幅度下降，反映了其企业在科技创新方面，对于全国而言，水平下降。

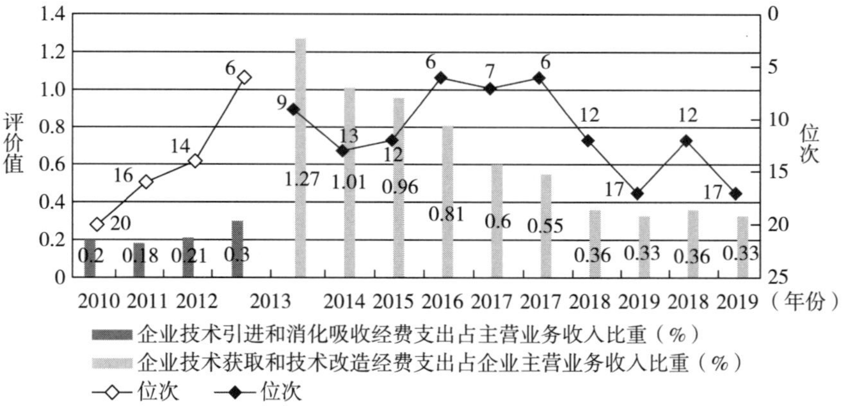

图 5 - 25 2010 ~ 2019 年山西省企业技术引进和获取经费支出占主营业务收入比重评价值及位次

通过图 5 - 26、表 5 - 12 和图 5 - 27 可知，与中部六省相比，山西省的该指标评价值和位次都居于上游水平，排在中部六省里的第二，但其评价值逐年下降，使安徽省赶超山西省。山西省的该指标位次较前的主要原因可能是山西省企业的主营业务收入相对其他省没有优势，但山西省的企业相对重视其科技投入，因此虽然科技投入的绝对值不如其他省份，但是比重的评价值和位次优于其他省份。

表 5 - 12 2017 ~ 2019 年中部六省及上海市企业技术引进和获取经费支出占主营业务收入比重位次

省份	2017 年	2018 年	2019 年
山西省	17	17	22
安徽省	13	12	12

续表

省份	2017 年	2018 年	2019 年
江西省	26	25	21
河南省	24	23	24
湖北省	9	9	11
湖南省	7	8	8
上海市	5	1	1

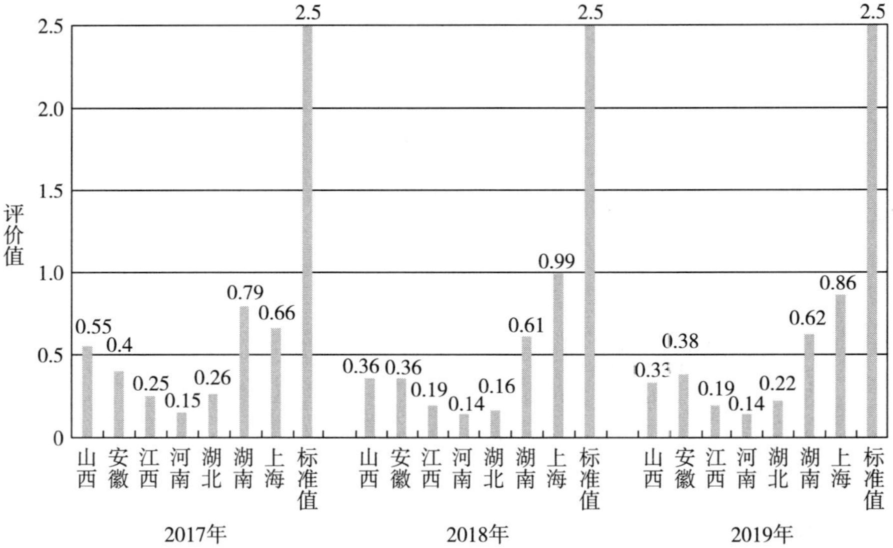

图 5－26　2017～2019 年中部六省及上海市企业技术引进和获取经费支出占主营业务收入比重评价值

企业技术引进和消化吸收经费支出占主营业务收入比重的标准值是 2.5，而上海排名第一，距离标准值还有一定差距，体现整体距离目标水平提升空间较大。山西省该指标和上海市的差距相对其他指标而言较小，可能原因是其企业主营业务收入远不如上海的企业主营业务收入，因此在该指标的比重评价值上显得差距较小。

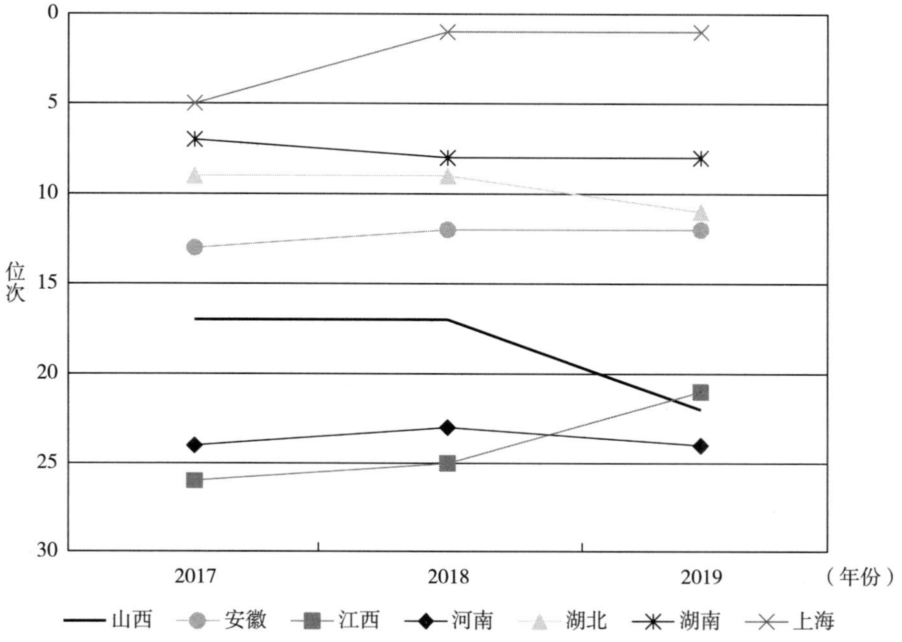

图 5－27　2017～2019 年中部六省及上海市企业技术引进和获取经费支出占主营业务收入比重位次

5.5　需要重点关注的指标

5.5.1　企业 R&D 研究人员占比（T12）

企业 R&D 研究人员占比指标在所有指标中表现较好，排名居于前列，但近三年位次下降，应在保持其指标优势的基础上乘胜追击，加强对该指标的重视，扩大地方财政科技支出，加大其在地方财政支出的比重，以带动山西省综合科技水平的提升。

5.5.2　区域 R&D 经费支出与 GDP 比值（T21）

区域 R&D 经费支出与 GDP 比值指标在所有指标中表现较为落后，在全国省市排名中始终位于下游水平，该指标潜力较大，我们应当加大区域 R&D 经费支出以促进区域科技创新，带动地区生产总值的增加，从而形成良性循环，更好地促进科技创新。

5.5.3　地方财政科技支出占地方财政支出比重（T22）

地方财政科技支出占地方财政支出比重指标近十年波动较大，最高位次为第10名，最低位次为第26名，并且该指标近三年位次逐年下降，下降的幅度过大，因此我们应当发挥好政府在科技创新中的主体作用，加大对科技投入的财政拨款，进一步提高并稳定地方财政科技支出占地方财政支出比重，进一步带动全社会的经济发展。

2010～2019年山西省各指标位次变化如图5－28所示。

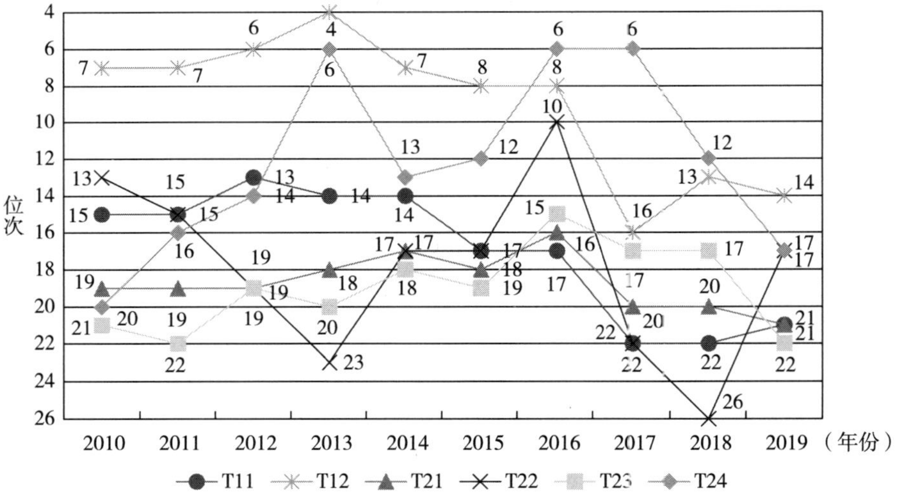

图5－28　2010～2019年山西省各指标位次变化

5.6　本章小结

本章首先对科技活动投入的各个指标进行了解释说明，接着描述了各指标评价值及位次的动态变化，依据2010～2019年的《中国区域科技创新评价报告》，从一级指标、二级指标和三级指标三个层次，将2010～2019年山西省的科技活动投入指标纵向对比，与中部六省、上海市和全国标准值的科技活动投入指标横向对比。通过探寻一级、二级、三级指标之间的关系，我们不难发现：山西省的科技创新投入水平位于中游水平且难以提升，主要在于其科技活动人力投入的优势下降，且科技活动财力投入不足，始终处于全国下游水平。因此，我们应当发挥政府在科技创新活动中的带头作用和企业在科技创新活动中的主体作用，保持科技活动人力投入优势，通过不断加强财力投入，从而提高山西省的科技活动投入总体水平。

第 6 章　山西省科技活动产出动态变化指标研究

科技投入的根本目的是创造更多的科技成果，因此，对科技产出的追踪是衡量一个地区科技发展政策实施效果的最终评判依据。同时科技活动产出也是对区域科技创新水平最为直接的体现之一，所谓科技活动产出是指通过科技活动所产生的各种形式的成果，是科学研究的最终目的，反映了区域科技实力，包括直接产出和间接产出两部分。

6.1　科技活动产出指标内涵及动态变化

对一级指标科技活动产出进行分析研究，有助于从大类中把握山西省的科技活动发展状况。科技活动产出分为直接产出和间接产出：直接产出是指知识性产出，即科技活动产出水平，即论文、课题研究和实用技术的产出水平；间接产出是指科技成果转化的结果，即技术成果的市场化程度，反映技术成果在国内和国外间的流动状况。

通过对科技活动产出这一一级指标的动态变化研究，分析山西省近十年的科技活动产出能力及排名情况，并对比分析中部六省及上海市近三年内在科技活动产出方面的差距，通过横、纵两方面的对比，分析山西省确切的科技活动产出的能力和变化趋势（见表 6－1）。

6.1.1　指标内涵

直接产出主要的分析对象是科技论文与专利产出，分别通过万人科技论文数、

表 6－1 科技活动产出评价指标

一级指标	二级指标	三级指标	单位	标准值
科技活动产出（C）	科技活动产出水平（C1）	万人科技论文数（C11）	篇/万人	10
		获国家级科技成果奖系数（C12）	项当量/万人	5
		万人专利发明拥有量（C13）	件/万人	5.5
	科技成果市场化（C2）	万人输出技术成交额（C21）	万元/万人	200
		万元生产总值技术国际收入（C22）	美元万元	10

获国家级科技成果奖系数、万人发明专利拥有量来衡量。间接产出理论上是涵盖科技活动的经济效益与社会效益，但鉴于社会效益表现为由于科技成果的推广与应用所带来的社会生活水平的提高及社会意识形态的变化，通过万人输出技术成交额、万元生产总值技术国际收入来加以度量。

6.1.2 指标动态变化

根据《全国科技进步统计监测报告》（2010～2014 年）、《中国区域科技进步评价报告》（2015 年）和《中国区域科技创新评价报告》（2016～2019 年），本章收集了山西省科技活动产出的一级指标、二级指标和三级指标的相关数据，并对数据做了描述性统计分析，由表 6－2 可知，从 2010 年到 2019 年，一级指标科技活动产出（C）的评价值最小值是 2011 年的 17，最大值是 2019 年的 40.17，标准差较大，为 7.71，最高排位为 2015 年的第 18 位，最低排位为 2010 年的第 30 位，排位变动的标准差相对而言较大，为 4.13，说明山西省科技活动产出的发展水平不稳定，但是近几年发展呈现上升趋势。二级指标科技活动产出水平（C1）的评价值最低为 2015 年的 17.52，最高为 2019 年的 33.27，评价值的标准差较大；排位最高位为 2015 年的全国第 20 位，最低排位为 2010 年、2011 年的第 29 位，而且排名标准差为 2.62，说明山西省的科技活动产出水平的变动较大，位于中上游水平。科技成果市场化（C2）的评价值最低为 2010 年的 7.09，最高值为 2019 年的 50.51，而最高排位为 2015 年、2016 年及 2017 年的第 17 位，最低排位为 2010 年的第 29 位，排位变动的幅度较大，为 3.76，说明山西省科技成果市场化逐年提升且波动较大。

三级指标中，万人科技论文数（C11）、万人专利发明拥有量（C13）的评价值和排位的变动水平均较低，整体处于全国中等水平，较为稳定且呈上升趋势。获国家级科技成果奖系数（C12）的评价值变动较小，但位次波动较大，说明在山西省相较于相邻省份产出水平提升较慢。万人输出技术成交额（C21）的评价值变动较大，但位次基本稳定，表明山西省在万人输出技术成交额上重视程度有所提升，但其他省份也在不断提升，导致位次并没有显著提升。万元生产总值技术国际收入（C22）的评价值变化幅度比较大，且逐年不增反降，位次也未有提升。

表 6-2　2010～2019 年山西省科技活动产出指标描述性统计分析

指标	评价值				位次			
	最小值	最大值	平均值	标准差	最高排位	最低排位	平均值	标准差
C	17	40.17	25.35	7.71	18	30	22.90	4.13
C1	17.52	33.27	25.34	4.71	20	29	25.50	2.62
C2	7.09	50.51	26.33	14.09	17	29	21.20	3.76
C11	1.39	1.91	1.68	0.20	23	30	25.00	2.45
C12	0.55	2.51	1.43	0.56	8	29	20.90	7.57
C13	0.69	3.27	1.63	0.82	13	20	17.50	2.25
C21	25.29	256.06	99.98	68.90	17	22	19.10	1.81
C22	0.1	8.07	1.98	2.97	15	29	26.10	4.04

6.2　科技活动产出一级指标研究

从横向分析近十年山西省科技活动产出变化来看，山西省的科技活动产出稳步提高，在 2019 年时科技活动产出已经达到了 40.17，全国排名第 19 位，同比为历史时期的最高值。说明科技创新已经显著地提高了山西省的科技活动产出能力，科技促进科技活动产出水平正在稳步提升，但是科技活动产出的平均增长率不高，说明近年来科技活动产出的增长率不够高。从纵向的地区数据排位分析，山西省的科技活动产出稳步提高，山西省科技活动产出的排名虽逐年上升但增长率较低，在近三年的省份对比中可以发现：2019 年上海市科技活动产出高达 100，历史同期第一，在国家规划的中部六省的对比中，河南省科技活动产出为 34.03，湖北省科技活动产出为 67.75，安徽省科技活动产出为 54.81，湖南省科技活动产出为 58.22，江西省科技活动产出为 33.26。上述数据说明虽然山西省的科技活动产出在逐年递增，排名也有了较为微小的进步，但是相较于中部其他省份依旧存在劣势，全省的科技活动产出能力略低于其他邻省的发展水平（见图 6－1 至图 6－3）。

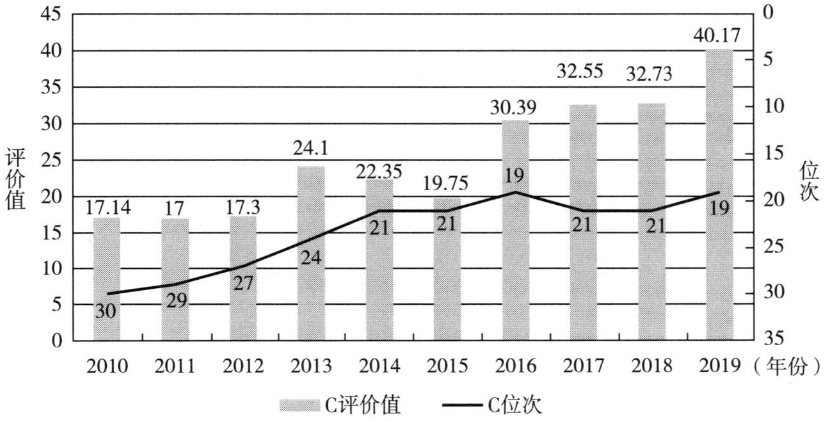

图 6－1　2010～2019 年山西省 C 评价值及位次变化情况

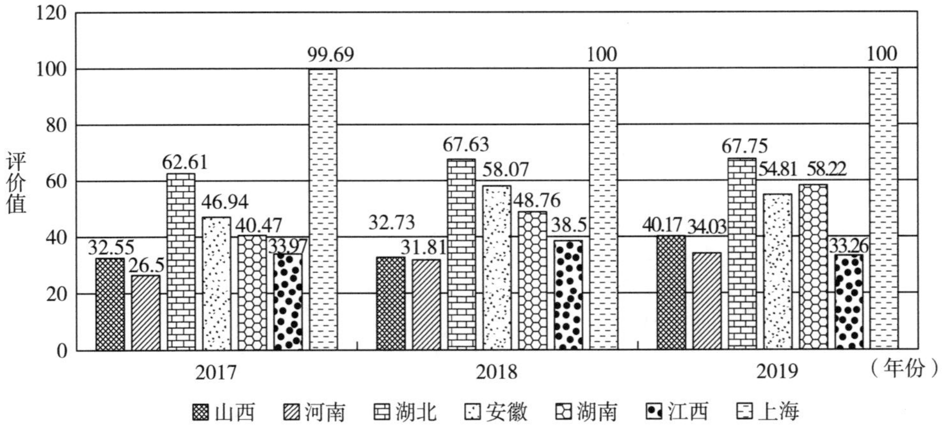

图 6－2　2017～2019 年中部六省及上海市 C 指标评价值

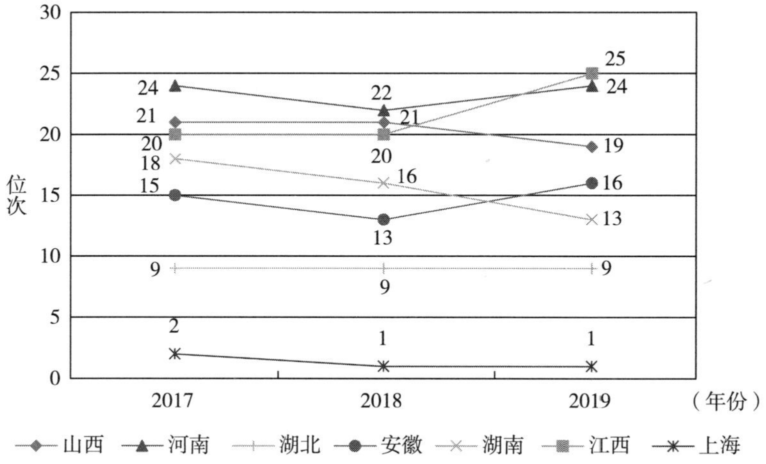

图 6-3　2017~2019 年中部六省及上海市 C 指标位次

表 6-3　2017~2019 年中部六省及上海市 C 指标位次

年份	山西省	河南省	湖北省	安徽省	湖南省	江西省	上海市
2017	21	24	9	15	18	20	2
2018	21	22	9	13	16	20	1
2019	19	24	9	16	13	25	1

6.3　科技活动产出二级指标研究

对科技活动产出进行细分，由此产生两个科技活动产出的二级指标。对二级指标的进一步研究是对山西省当前科技活动产出的进一步剖析，有助于对山西省科技活动产出能力不足问题进行解决。

6.3.1　科技活动产出水平指标及动态变化

科技活动产出水平是衡量科技活动产出的指标之一，它通过万人科技论文数、获国家级科技成果奖系数与万人发明专利拥有量这三个三级指标来衡量。对科技活动产出水平进行分析，有助于细化科技活动产出现状，将科技活动产出存在的问题进行进一步剖析，直至找出关键点。对科技活动产出水平动态变化的研究主要是通过横向分析山西省近十年的科技活动产出水平、排名以及纵向对比近三年中部六省、上海市的科技活动产出水平，深入了解当前山西省科技活动产出现状形成原因，为提升科技活动产出提供基础。

6.3.1.1　科技活动产出水平指标

科技活动产出水平作为科技活动产出的二级指标之一，对它的研究使对科技活动产出这一指标有了更为细致的分析，它主要通过万人科技论文数、获国家级科技成果奖系数与万人发明专利拥有量这三个指标来衡量。

6.3.1.2　科技活动产出水平动态变化

对近十年山西省科技活动产出水平变化进行横向分析，山西省的科技活动产出水平总体上稳步提高，在 2019 年的科技活动产出水平已经达到了 33.27，表明科技创新对山西省的科技活动产出水平具有一定的提升作用，科技创新促进科技活动产出水平正在稳步提升，但是近三年来科技活动产出水平的平均增长率很低，说明近年来科技活动产出水平的增长率不够，山西省的科技活动产出水平存在一定问题。从纵向的地区数据排位分析来看，虽然山西省的科技活动产出水平总体稳步提高，但是山西省科技活动产出水平的排名却增减交替，尤其是在近三年的省份间对比中，山西省科技活动产出水平存在重大问题（见表 6－4）。2019 年上海市科技活动产出水平高达 100，历史同期第一，在国家规划的中部六省的对比中，河南省科技活动产出水平为 43.25，湖北省科技活动产出水平为 38.51，安徽省科技活动产出水平为 56.57，湖南省科技活动产出水平为 62.33，江西省科技活动产出水平为 21.19。同时，近三年来山西省科技活动产出水平排名一直处于下游，以上数据均说明山西省在科技活动产出水平方面存在的问题较大，相对应的该指标所对应的三级指标值得重点关注，这对于提升山西省科技活动产出具有重要作用（见图 6－4 至图 6－6）。

表 6－4　2017～2019 年中部六省及上海市 C1 指标位次

省份	山西省	河南省	湖北省	安徽省	湖南省	江西省	上海市
2017	24	21	7	17	18	23	2
2018	27	20	6	10	15	23	1
2019	26	21	25	16	12	30	1

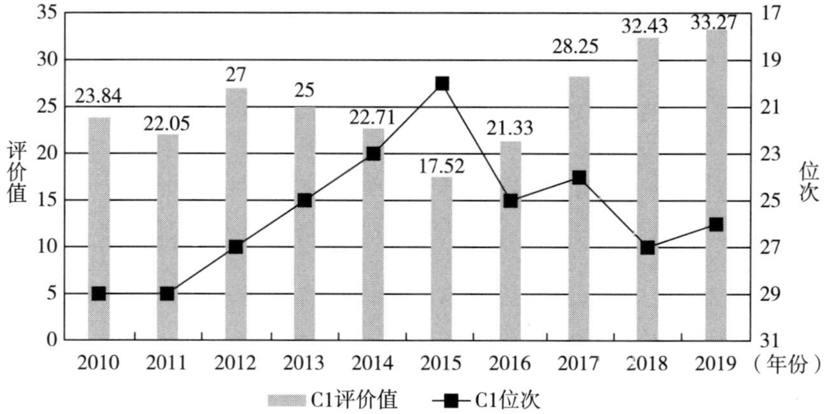

图 6－4　2010～2019 年山西省 C1 评价值及位次变化情况

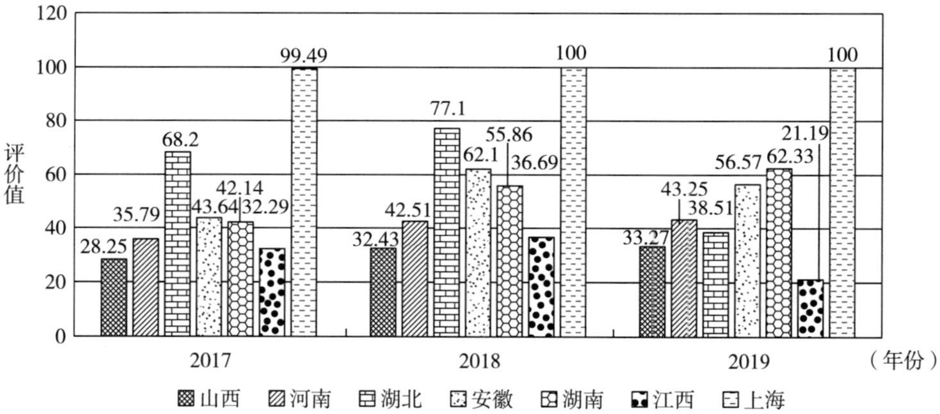

图 6－5　2017～2019 年中部六省及上海市 C1 指标评价值

6.3.2　科技成果市场化指标及动态变化

科技成果市场化是衡量科技活动产出的指标之一，它通过输出技术成交额和万元生产总值技术国际收入来加以度量。对科技成果市场化进行分析，有助于细化科技活动产出现状，将科技活动产出存在的问题进行进一步剖析，直至找出关键点。对科技成果市场化动态变化的研究主要是通过对横向分析山西省近十年的科技成果市场化、排名以及纵向对比近三年中部六省、上海市的科技成果市场化，深入了解当前山西省科技活动产出现状形成的原因，为提升科技活动产出提供基础。

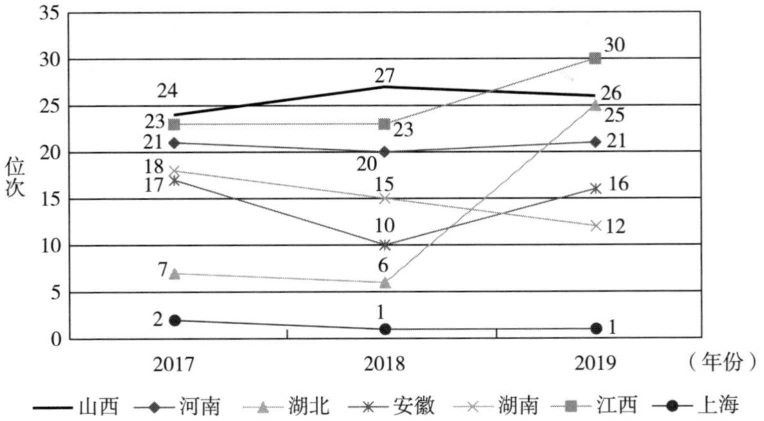

图 6-6　2017~2019 年中部六省及上海市 C1 指标位次

6.3.2.1　科技成果市场化指标

科技成果市场化作为科技活动产出的二级指标之一，对它的研究使对科技活动产出这一指标有了更为细致的分析，它主要通过输出技术成交额和万元生产总值技术国际收入这两个指标来衡量。

6.3.2.2　科技成果市场化指标动态变化

首先横向分析近十年山西省科技成果市场化变化情况，山西省的科技成果市场化有了大幅度提高，但近三年提升幅度较小，在 2019 年科技成果市场化已经达到了 50.51，说明科技创新对于山西省的科技成果市场化有较大促进作用，科技促进科技成果市场化水平正在稳步提升。从纵向的地区数据排位进行分析，虽然山西省的科技成果市场化大幅度提高，但是其科技成果市场化的排名却提升缓慢，近年来也有排名下降的情况（见表 6-5）。2019 年上海市科技成果市场化高达 100，历史同期第一，在国家规划的中部六省的对比中，河南省科技成果市场化为 20.20，湖北省科技成果市场化为 53.59，安徽省科技成果市场化为 52.17，湖南省科技成果市场化为 52.05，江西省科技成果市场化为 51.36，在近三年省份排名的对比中山西省处于下游水平，其科技成果市场化水平不高，亟须改善。上述数据说明虽然山西省在科技成果市场化上总体上在提升，但是其科技成果市场化水平依旧远远不及其他邻省的发展水平（见图 6-7 至图 6-9）。

表 6-5 2017~2019 年中部六省及上海市 C2 指标位次

省份	山西省	河南省	湖北省	安徽省	湖南省	江西省	上海市
2017	17	27	12	14	19	20	1
2018	21	25	12	15	19	18	1
2019	20	28	11	14	15	17	1

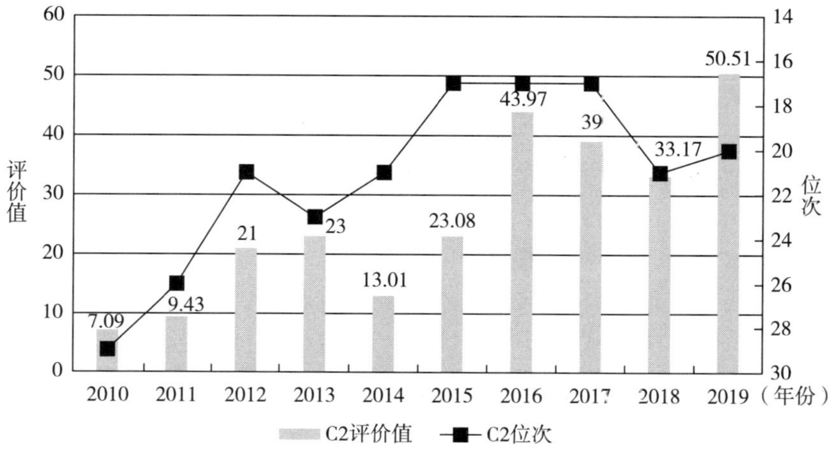

图 6-7 2010~2019 年山西省 C2 评价值及排名变化情况

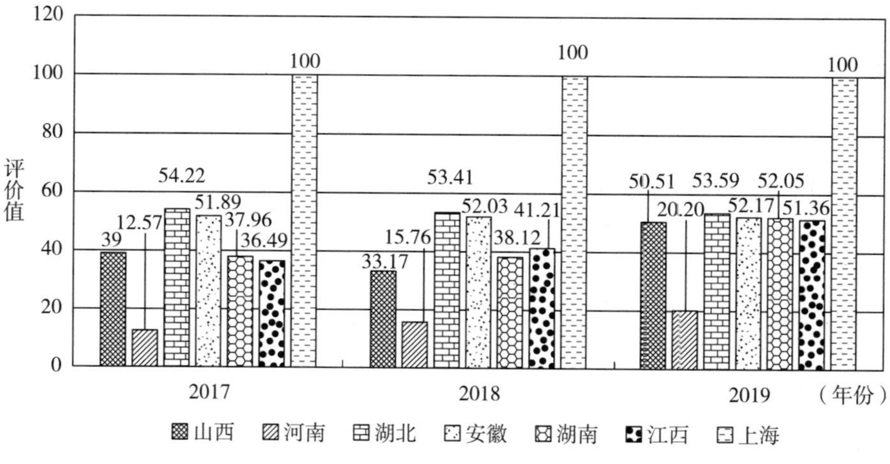

图 6-8 2017~2019 年中部六省及上海市 C2 指标评价值

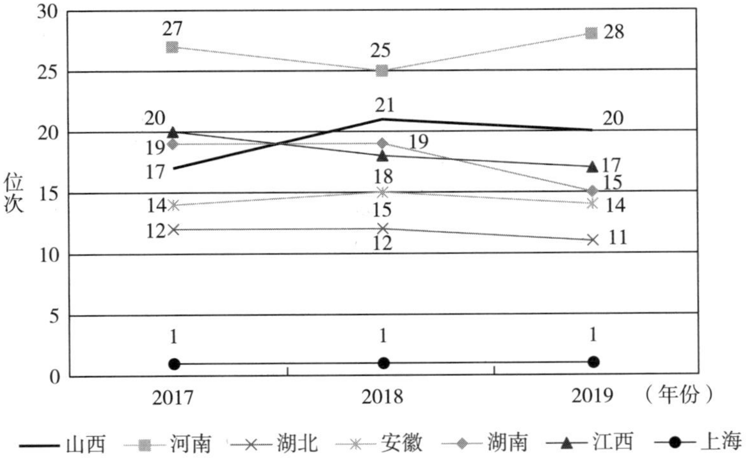

图 6－9　2017～2019 年中部六省及上海市 C2 指标位次

6.4　科技活动产出三级指标研究

科技活动产出三级指标主要包括万人科技论文数、获国家级科技成果奖系数、万人发明专利拥有量、万人输出技术成交额和万元生产总值技术国际收入。其中万人科技论文数、获国家级科技成果奖系数与万人发明专利拥有量，用来衡量科技活动产出水平；万人输出技术成交额和万元生产总值技术国际收入则用以衡量科技成果市场化。对这五个三级指标进行研究能使当前山西省科技活动产出现状的形成原因更细化，推动当前科技活动产出问题的进一步解决。

6.4.1　万人科技论文数指标及动态变化

6.4.1.1　万人科技论文数指标

科技论文数是由国外主要检索工具 SCI 收录的我国科技论文数和中国科学技术信息研究所从国家期刊管理部门批准正式出版、公开发行的刊物中选作统计源的期刊刊载的学术论文进行统计而得出的加权平均数。据测算，近年来我国科技论文规模有较大幅度增长，经测算将评价标准确定为 10 篇/万人。

6.4.1.2　万人科技论文数动态变化

首先对万人科技论文数进行横向分析，由于该指标在近十年内发生变动，因此对此分段对比，在对比中发现，山西省大致以小幅度增长变动，增长幅度较小，且一直低于全国平均水平，距全国平均水平有较大差距，至2019年山西省万人科技论文数为1.83，远低于全国平均水平，并且山西省万人科技论文数的排名情况与该指标的变动基本保持一致，处于小幅度提升状态，波动较小。其次，在纵向对比中部六省及上海市的万人科技论文数中，以2019年为基准，上海市以13.87高居榜首，在全国范围内位列第二。河南省万人科技论文数为1.58，湖北省万人科技论文数为4.30，安徽省万人科技论文数为1.86，湖南省万人科技论文数为2.03，江西省万人科技论文数为1.35。在纵向对比中发现，山西省在万人科技论文数方面保持中等水平，具有一定的发展优势但仍有很大的发展空间（见图6－10至图6－13、表6－6）。

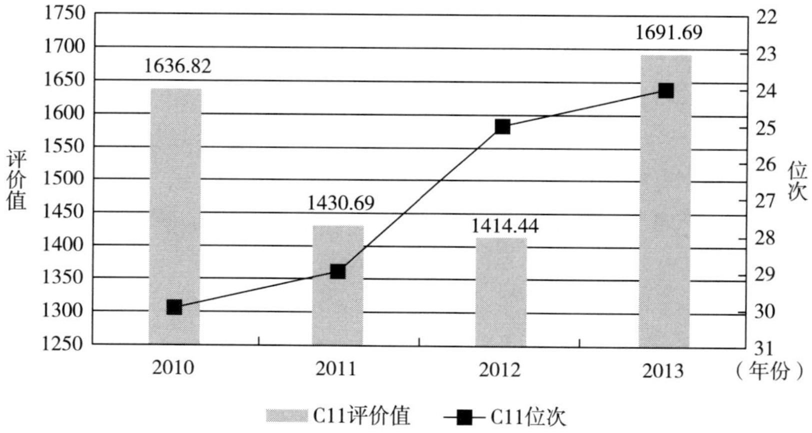

图6－10　2010～2013年山西省C11评价值及排名变化情况

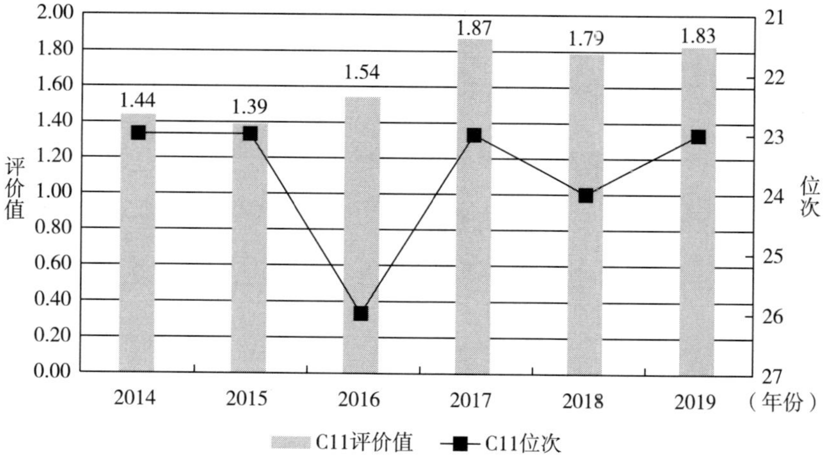

图6－11　2014～2019年山西省C11评价值及排名变化情况

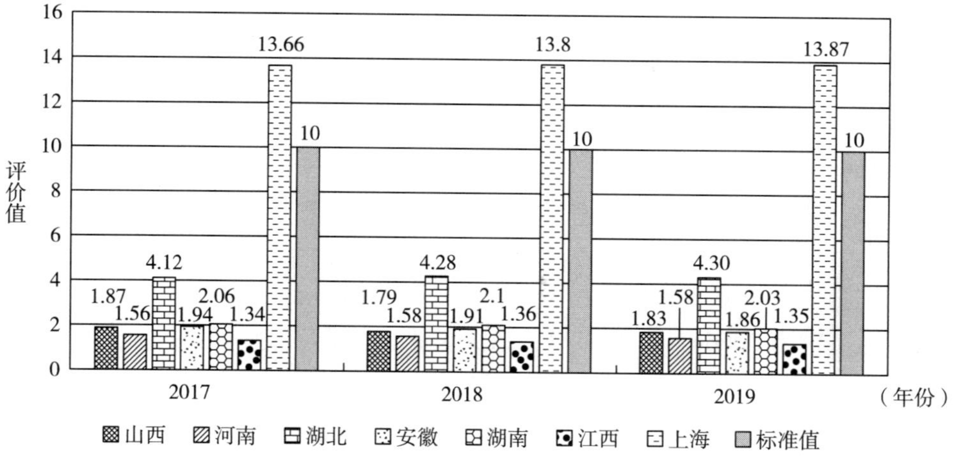

图 6-12 2017～2019 年中部六省及上海市 C11 指标评价值

表 6-6 2017～2019 年中部六省及上海市 C11 指标位次

省份	山西省	河南省	湖北省	安徽省	湖南省	江西省	上海市
2017	23	25	6	21	20	29	2
2018	24	25	6	21	20	29	2
2019	23	25	6	22	20	27	2

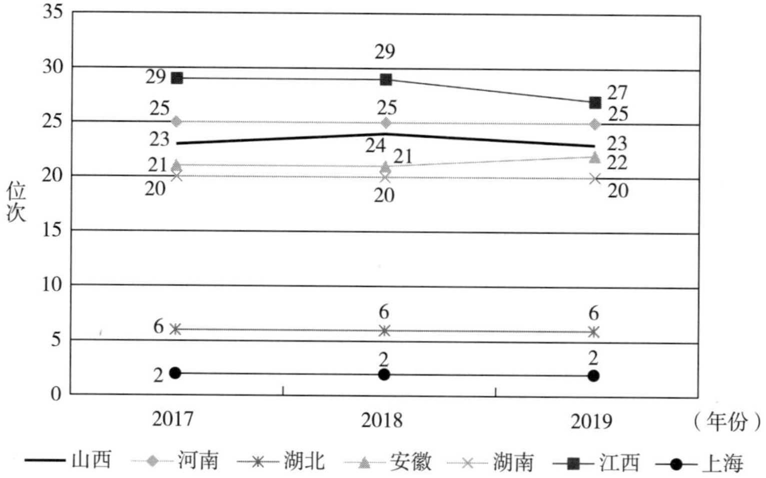

图 6-13 2017～2019 年中部六省及上海市 C11 指标位次

6.4.2 获国家级科技成果奖系数指标及动态变化

6.4.2.1 获国家级科技成果奖系数指标

国家级科技成果奖包括国家发明奖和国家科技进步奖。在计算系数时进行了以下技术处理。首先，确定各获奖地区在所获奖项中相对的重要性。其次，利用层次分析法计算各获奖地区在所获奖项中的参与系数，如某项奖的参与地区只有一个，则该地区的参与系数为1，某项奖的参与地区有两个，则它们的参与系数分别为0.6667和0.3333，依此类推。根据《全国科技进步统计监测报告》（2010～2014年）、《中国区域科技进步评价报告》（2015年）和《中国区域科技创新评价报告》（2016～2019年）参考各等级奖项所颁发的奖金金额（按2000年价计算）确定等级权重。再将参与系数与等级权重相乘，得到该单位地区某项奖的当量。最后，将该单位地区获得的各项奖的当量相加再除以该地区R&D活动人员数，即得到该地区获国家级科技成果奖系数。这样就可以从科技成果的角度反映各地区科技活动直接产出的数量与质量。该项指标根据对发达地区水平测算后确定为5项当量/万人。

6.4.2.2 获国家级科技成果奖系数动态变化

从横向分析近十年山西省获国家级科技成果奖系数变化来看，山西省获国家级科技成果奖系数波动较大，大致处于下降发展状态，在2019年山西省获国家级科技成果奖系数跌至0.55，这说明科技创新并未对山西省获国家级科技成果奖系数产生积极的正向影响，科技促进获国家级科技成果奖系数水平的作用受限，这也是导致山西省科技活动产出水平较低的一个重要原因。从纵向的地区数据排位分析，山西省获国家级科技成果奖系数的排名也在逐年下降，2019年我国获国家级科技成果奖系数平均水平为5，上海市获国家级科技成果奖系数高达11.09，在国家规划的中部六省的对比中，河南省获国家级科技成果奖系数为3.70，湖北省获国家级科技成果奖系数为6.49，安徽省获国家级科技成果奖系数为2.28，湖南省获国家级科技成果奖系数为3.93，江西省获国家级科技成果奖系数为0.31。而且，纵观近三年该七省市的获国家级科技成果奖系数对比情况，山西省均位处最低，以上数据表明山西省在获国家级科技成果奖系数方面问题严重，对于该省的二级指标科技活动产出水平和一级指标科技活动产出影响较大，值得特别关注和重视（见图6－14至图6－16、表6－7）。

6.4.3 万人发明专利拥有量指标及动态变化

6.4.3.1 万人发明专利拥有量指标

专利的数量是反映一国或一个地区科技活动质量的重要指标，发明专利的数量又是其中更为重要的指标。测度发明专利水平的指标可分为发明专利授权数和发明专利拥有量。前者反映的是一定时期（通常为一年）发明专利产生的数量；后者反映的是在某一时点上发明专利的存量。我国创新国家的目标是发明专利拥有量3.3件/万人，国内发达地区已经普遍超过这一标准。综合各地区水平，将评价标准确定为万人发明专利拥有量5.5件/万人。

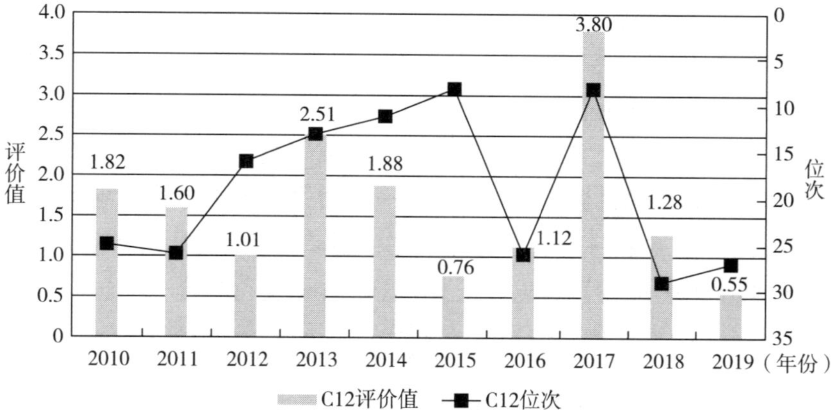

图6-14 2010~2019年山西省C12评价值及排名变化情况

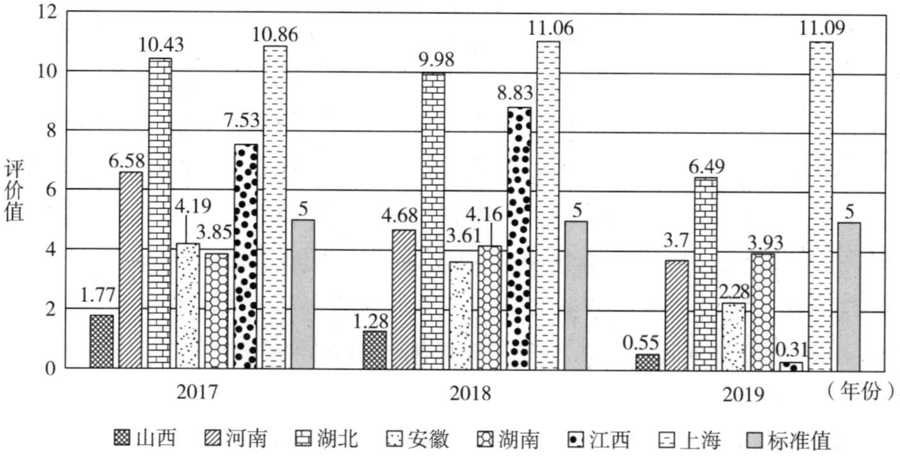

图6-15 2017~2019年中部六省及上海市C12指标评价值

表 6-7 2017~2019 年中部六省及上海市 C12 指标位次

省份	山西省	河南省	湖北省	安徽省	湖南省	江西省	上海市
2017	28	12	9	15	18	11	8
2018	29	12	7	18	14	8	6
2019	27	12	6	21	10	29	3

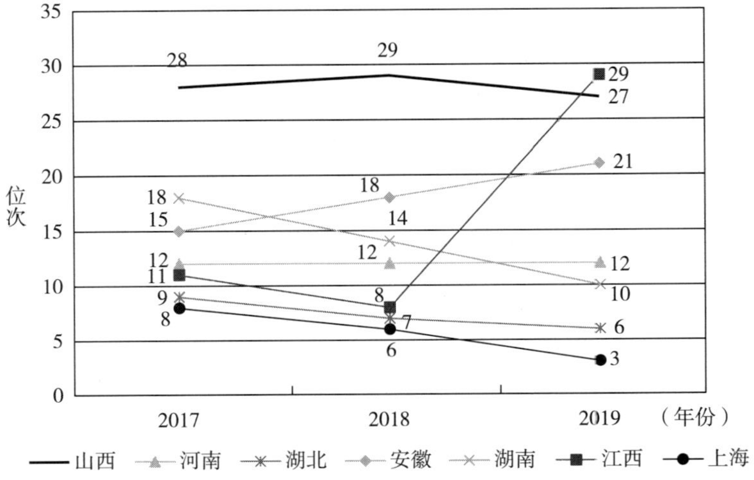

图 6-16 2017~2019 年中部六省及上海市 C12 指标位次

6.4.3.2 万人发明专利拥有量动态变化

首先横向分析近十年山西省万人发明专利拥有量的变化，山西省的万人发明专利拥有量在稳步提高，在 2019 年万人发明专利拥有量已经达到了 3.27，达到历史时期的最高值，说明科技创新已经显著地提高了山西省的万人发明专利拥有量水平，科技的促进作用正在稳步提升，但是近十年山西省在万人发明专利拥有量的排名却平缓下降，这意味着虽然该指标在不断提升，但相对于其他省份，该指标的增长率较低，该增长率未能带动此项排名。纵向对地区数据排位进行分析，虽然山西省的万人发明专利拥有量稳步提高，但是山西省在省份间的对比数据中并未有明显提升，2019 年我国万人发明专利拥有量平均水平为 5.50，上海市万人发明专利拥有量高达 43.62，在国家规划的中部六省的对比中，河南省万人发明专利拥有量为 3.14，湖北省万人发明专利拥有量为 7.05，安徽省万人发明专利拥有量为 8.01，湖南省万人发明专利拥有量为 5.29，江西省万人发明专利拥有量为 2.00。上述数据均说明山西省在万人发明专利拥有量上逐年增减持续处于中下游水平，在该指标持续增长的同时山西省该指标的排名不升反降，山西省应更为重视万人发明专利拥有量的提升，扩大该指标的增长率，以此达到提升科技活动产出水平进而提升山西省科技活动产出（见图6－17至图6－19、表6－8）。

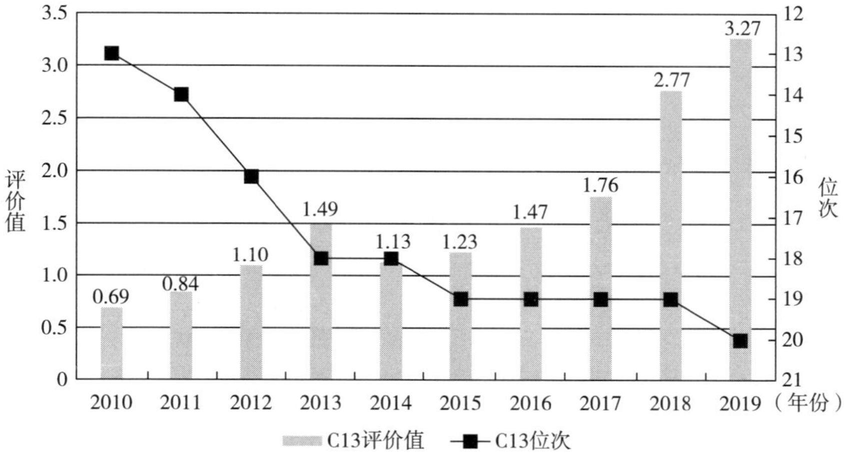

图6－17　2010～2019年山西省C13评价值及排名变化情况

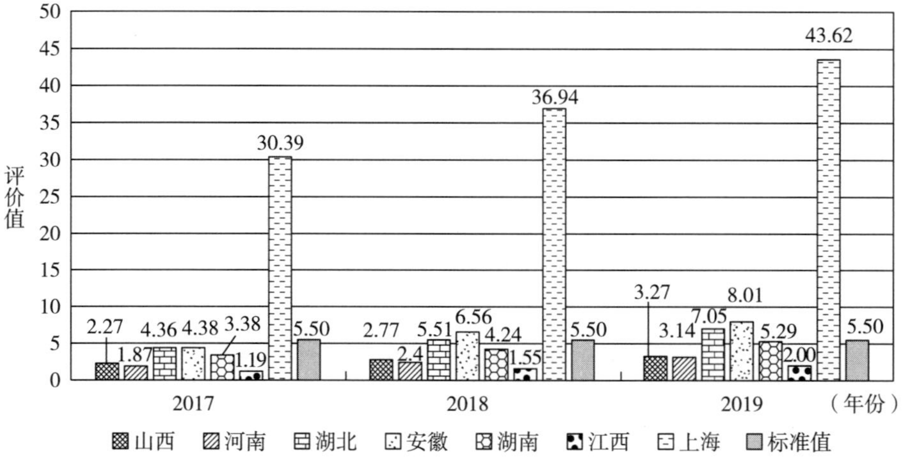

图6－18　2017～2019年中部六省及上海市C13指标评价值

表 6－8　2017～2019 年中部六省及上海市 C13 指标位次

省份	山西省	河南省	湖北省	安徽省	湖南省	江西省	上海市
2017	19	21	13	12	16	29	2
2018	19	22	13	8	15	29	2
2019	20	21	13	9	15	29	2

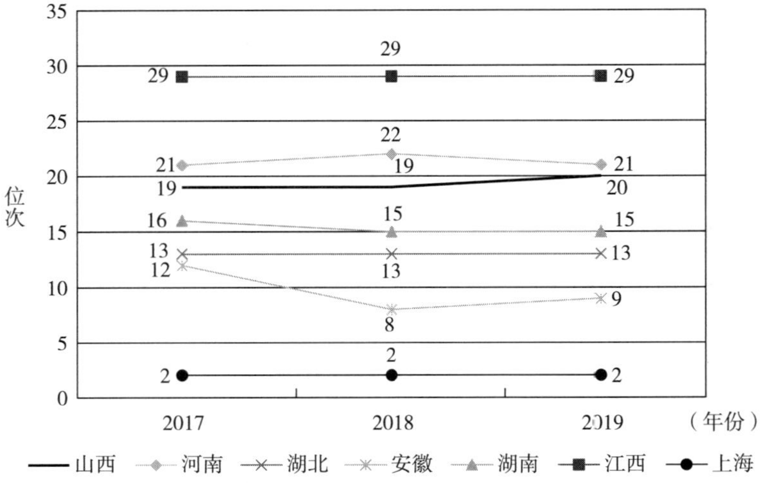

图 6－19　2017～2019 年中部六省及上海市 C13 指标位次

6.4.4　万人输出技术成交额指标及动态变化

6.4.4.1　万人输出技术成交额指标

技术市场的发展和技术成果交易的繁荣，对技术成果迅速转化为生产力具有十分重要的作用。该指标评价标准是根据近年来沿海发达地区技术市场输出技术成交额的平均水平，确定为 200 万元/万人。

6.4.4.2　万人输出技术成交额动态变化

首先横向分析近十年山西省万人输出技术成交额，山西省的万人输出技术成交额基本处于稳步提升状态，在 2019 年的时候万人输出技术成交额已经达到了 256.06，同比历史时期为最高值，说明科技创新已经显著地提高了山西省的万人输出技术成交额，科技促进万人输出技术成交额也在稳步提升，但是近年来万人输出技术成交额排名波动较小，由此可见万人输出技术成交额的增长率较低，并未能通过万人输出技术成交额的提高推动排名的大幅上升。其次由纵向的地区数据对比分析中发现，虽然山西省的万人输出技术成交额稳步提高，但是相较于其他省份该指标仍处于中下游，2019年我国万人输出技术成交额平均水平为200，上海市万人输出技术成交额高达3230.09，在国家规划的中部六省的对比中，河南省万人输出技术成交额为78.20，湖北省万人输出技术成交额为1574.15，安徽省万人输出技术成交额为376.79，湖南省万人输出技术成交额为280.06，江西省万人输出技术成交额为198.68。上述数据说明虽然山西省万人输出技术成交额逐年递增，但是由于山西省的先天性地理条件的劣势和科技化水平的不足，全省万人输出技术成交额与全国平均水平和其他邻省的发展水平仍有较大差距（见图6－20至图6－22、表6－9）。

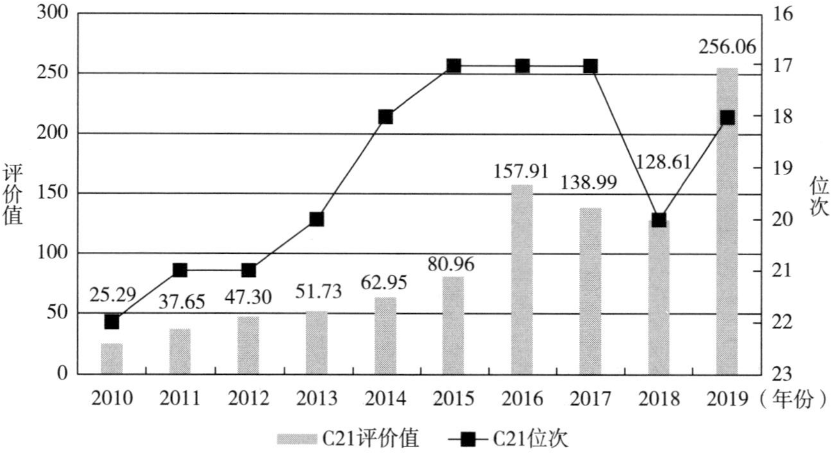

图6－20　2010～2019年山西省C21评价值及排名变化情况

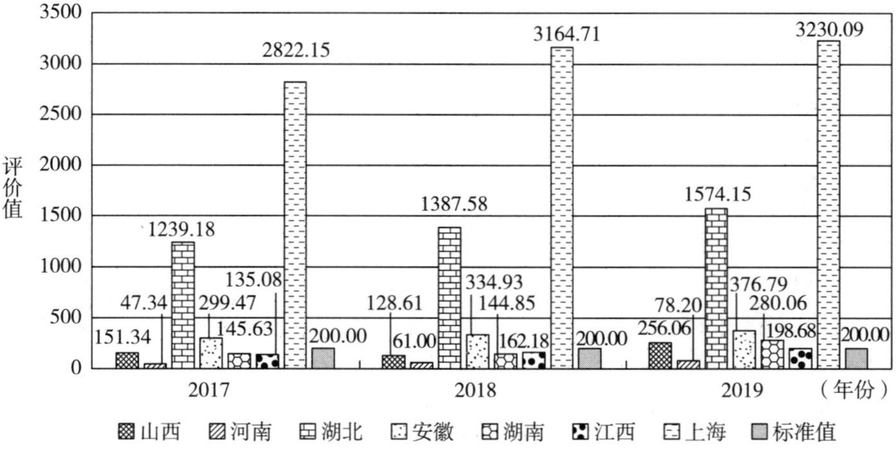

图6－21　2017～2019年中部六省及上海市C21指标评价值

表 6－9　2017～2019 年中部六省及上海市 C21 指标位次

省份	山西省	河南省	湖北省	安徽省	湖南省	江西省	上海市
2017	17	27	5	14	18	19	3
2018	20	25	5	17	19	18	3
2019	18	28	5	16	17	19	3

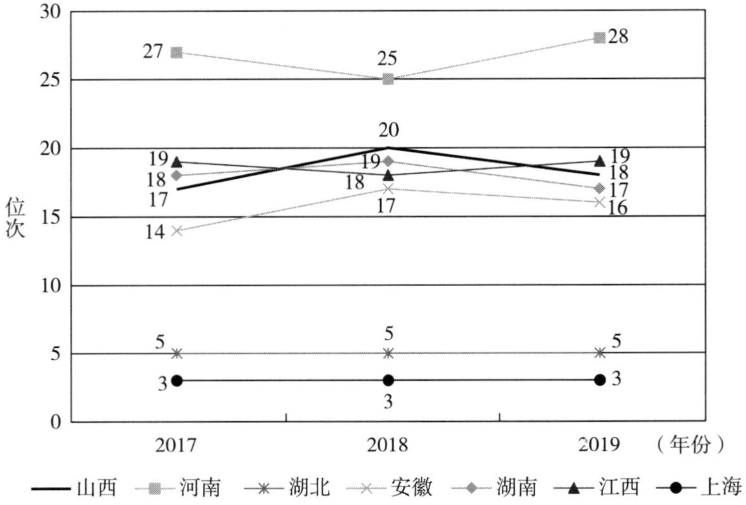

图 6－22　2017～2019 年中部六省及上海市 C21 指标位次

6.4.5　万元生产总值技术国际收入指标及动态变化

6.4.5.1　万元生产总值技术国际收入指标

技术国际收入主要指的是通过向他国转让专利、非专利发明、商标等知识产权、提供 R&D 服务和其他技术服务而获得的收入。评价标准按近年来在这一指标上表现较好的京、沪、粤三地的平均水平确定为 10 美元/万元。

6.4.5.2　万元生产总值技术国际收入动态变化

首先横向分析近十年山西省的万元生产总值技术国际收入变化情况，山西省的万元生产总值技术国际收入逐年波动，有增有减，但是在 2019 年万元生产总值技术国际收入达到了 0.10，几乎为历史最低值，并且山西省万元生产总值技术国际收入排名也在波动中呈下降趋势。其次，在纵向对比中发现，2019 年我国万元生产总值技术国际收入平均水平为 10，上海市万元生产总值技术国际收入高达 50.98，历史同期第一，在国家规划的中部六省的对比中，河南省万元生产总值技术国际收入为 0. 13，湖北省万元生产总值技术国际收入为 0. 72，安徽省万元生产总值技术国际收入为 0. 43，湖南省万元生产总值技术国际收入为 0. 41，江西省万元生产总值技术国际收入为 0. 34。上述数据说明山西省在科技促进万元生产总值技术国际收入方面存在不足，且全省的万元生产总值技术国际收入远远不及全国平均水平和其他邻省的发展水平（见图 6 – 23 至图 6 – 25、表 6 – 10）。

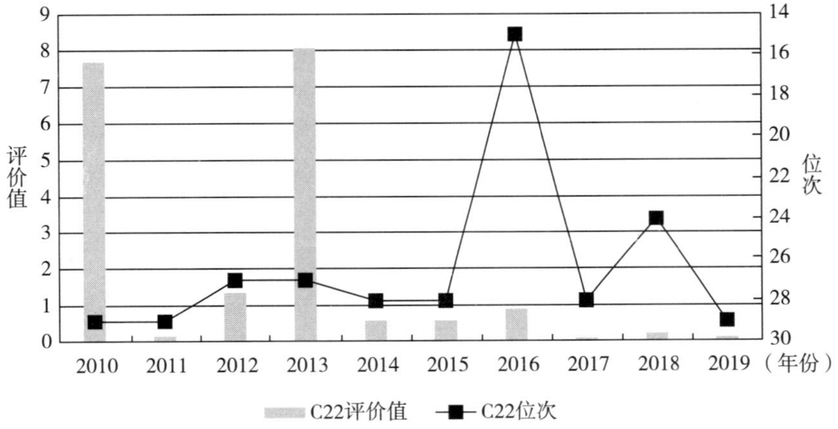

图 6 – 23　2010 ~ 2019 年山西省 C22 评价值及排名变化情况

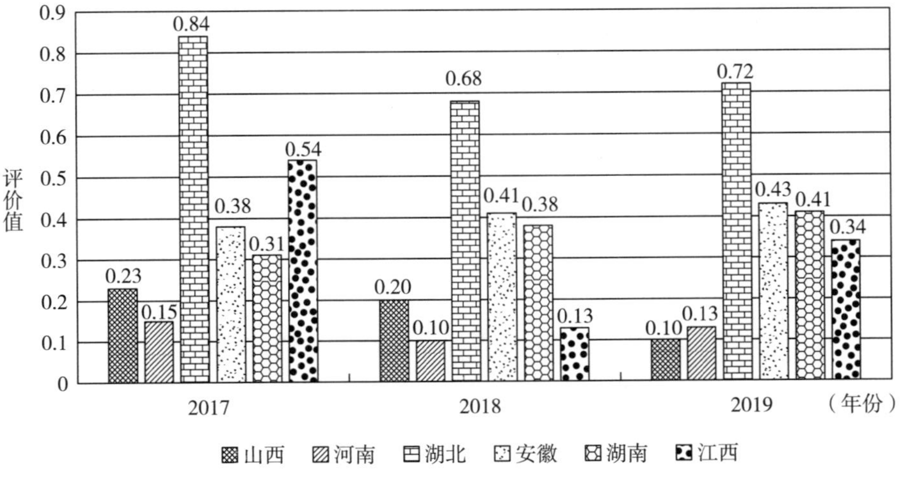

图 6 – 24　2017 ~ 2019 年中部六省 C22 指标评价值

注：本指标未对比上海市数据。

表 6-10　2017~2019 年中部六省 C22 指标位次

省份	山西省	河南省	湖北省	安徽省	湖南省	江西省
2017	25	29	14	19	22	16
2018	24	27	15	19	20	26
2019	29	26	14	18	19	21

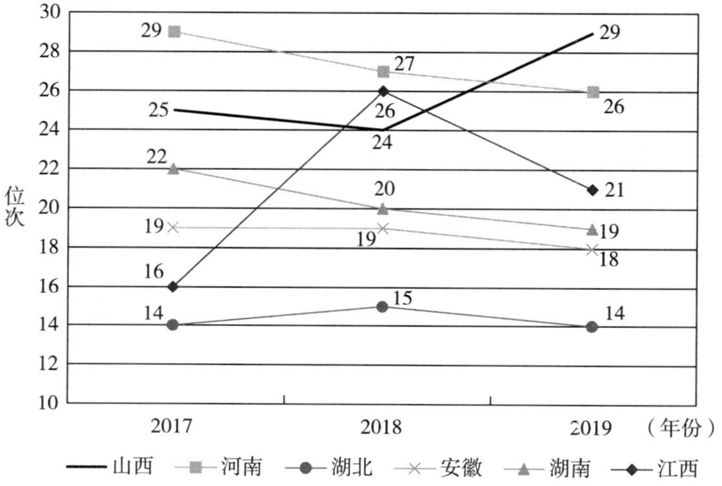

图 6-25　2017~2019 年中部六省 C22 指标位次

6.5　需要重点关注的指标

近年来，随着各省对科技创新重视程度的提升，科技创新投入产出评价值都有了很大程度的提高，山西省也是如此。但是，伴随着各项指标评价值的较大幅度提升，山西省各指标的排名并未发生相应的变化，有些甚至发生反向变动。根据以上内容的分析，在将科技创新产出这一一级指标细分后发现，首先，影响科技创新产出排名提升的主要由于两个指标的大幅度波动，即获国家科技成果奖系数和万元生产总值技术国际收入。这两个指标在近年来评价值发生波动幅度不大，甚至存在大幅度下降的情况，在稳步甚至大幅度提升各指标评价值的国内大环境下，山西省不进反退，势必带来该项指标排名的大幅度波动甚至大幅度下降，最终致使山西省的科技活动产出下降，影响山西省的科技活动产出排名情况。

“研究与试验发展经费支出占国内生产总值比重”是衡量科技创新能力的传统指标，但仅局限于科技创新投入，无法反映科技创新产出情况。但是在“十二五”规划纲要中明确提出的专利指标，正是衡量科技创新产出的一个重要指标，即万人发明专利拥有量，这一指标的提出丰富和完善了科技创新能力指标体系，有效实现了专利数量指标与专利质量指标的统一，投入指标和产出指标的结合，有效克服了科技创新指标的单一和失真。同时，“十二五”规划纲要中专利指标的提出，反映出我国在今后将更加注重科技创新投入的产出绩效。

然而，在对山西省近十年万人发明专利拥有量的分析中发现，山西省的万人发明专利拥有量在稳步提高，2019 年万人发明专利拥有量已经达到了 3.27，同比历史时期为最高值，该指标排名却平缓下降，这意味着虽然该指标在不断提升，但相对于其他省份，该指标的增长率较低，未能带动此项排名。这表明，山西省相较于其他省份对于万人发明专利拥有量指标的重视程度不足，仍有待加强。

6.6　本章小结

科技投入的根本目的在于创造更多的科技成果，因此，对科技产出的追踪是衡量一个地区科技发展政策实施效果的最终评判依据。同时科技活动产出也是对区域科技创新水平最为直接的体现。本章对科技活动产出这一指标进行了动态变化研究，分析山西省近十年的科技活动产出能力及排名情况，并对比分析中部六省及上海市近三年在科技活动产出方面的差距，通过横、纵两方面的对比，分析山西省确切的科技活动产出的能力和变化趋势。

在对科技创新产出指标进行细化分析中，发现近年来山西省科技创新产出虽然不断提升，但排名变动较小，基本稳定，这就表明山西省当前的产出水平仍有很大的提升空间，在经过深入分析科技创新产出的二级指标和三级指标后发现，获国家级科技成果奖系数、万人输出技术成交额及万元生产总值技术国际收入这三个指标问题较大，虽然数值在波动中递增，但反映在排位上却是递减的。这表明当前虽然科技创新产出在绝对值上有进步，但相对进步值却很微弱，在与其他省份的相对增加值中不占优势，导致排名并没有提升，甚至出现下降趋势。基于此，山西省应在不断扩大科技创新产出的相对值上加大力度，不仅要重视绝对值的增量，更要考虑不断提升科技创新产出的相对值；不仅要考虑各指标的增量，更要考虑增速。

第7章　山西省高新技术产业化动态变化指标研究

7.1　高新技术产业化的发展介绍

高新技术产业化是高新技术创新成果商品化、市场化的过程，是一个从创新成果到形成一定规模商品生产的转化过程。经过这一过程，高新技术成果才有可能在国民经济的相关领域得到日益广泛的应用，并形成一定经济规模的产品。高新技术产业带动结构调整和经济持续快速增长已成为全世界经济发展的大趋势和新潮流，是一个国家或地区核心竞争力的重要标志。

近年来，山西高新技术产业经过多年发展，已具备良好的发展基础。截止到2019年，全国169家国家级高新区中，山西省有两家，即太原高新区和长治高新区，太原高新区建区时间较早，为1991年；长治高新区建区时间较迟，为2015年，但是近几年来，在山西省委、省政府等各政府部门的正确领导和大力支持下，高新区坚持以“发展高科技，实现产业化”为宗旨，以市场为导向，以体制创新、机制创新、技术创新和高新技术产业化为重点，以招商引资为龙头，不断优化投资环境，实现了较快速度的发展。根据《国家高新区创新能力评价报告》，近三年来，示范区高新技术企业增长488家，同比增长118%；现有高新技术企业902家，占全省的36%；主板上市公司6家，占全省37家的16%；“新三板”上市公司29家，占全省83家的35%；同时山西省高新区在2018年认定的高新技术企业数量达318家，占工商注册企业总数比例在20%以上，比2017年增长11.3%，完成的技术合同交易额达1.3亿元，高新区企业R&D投入增加值比例为5.7%，高新区企业单位增加值中劳动者报酬所占比重超过高新区整体平均值（39.3%），而且已经形成了以电子信息、生物医药、新材料、光机电一体化与先进制造技术、环保、节能与新能源等为主体的高新技术产业群。

高新技术产业的持续、快速发展，已成为山西产业结构优化升级和经济增长的重要推动力。作为全省高新技术产业的集聚区，高新区理应成为发展循环经济的先导区、示范区，充分发挥智力、人才、体制机制、创新等方面的优势，以企业为主体、园区为平台，为山西省科技创新发展提供强有力的支撑。

7.2 高新技术产业化指标内涵及动态变化

科技创新活动通过科技成果的转化而形成生产力，最为突出的表现即为高新技术产业化，根据《中国区域科技创新评价报告》创建的科技创新评价指标体系可知，一级指标“高新技术产业化”包括两个二级指标，即高新技术产业化水平和高新技术产业化效益，并且，在每个二级指标下面，均有可以衡量该指标的三级指标，具体如表7-1所示。

表7-1 高新技术产业化评价指标

一级指标	二级指标	三级指标	单位	标准值
高新技术产业化（G）	高新技术产业化水平（G1）	高新技术主营业务收入占工业营业收入比重（G11）	%	30
		知识密集型服务业增加值占生产总值比重（G12）	%	30
		高技术产品出口额占商品出口额比重（G13）	%	40
		新产品销售收入占主营业务收入比重（G14）	%	40
	高新技术产业化效益（G2）	高技术产业劳动生产率（G21）	万元/人	120
		高技术产业利润率（G22）	%	15
		知识密集型服务业劳动生产率（G23）	万元/人	60

7.2.1 指标内涵

1971年美国国家科学院在出版的《技术与国际贸易》一书中提到了高技术，书中将“二战”以来由技术革新所引发产生的产业都称为“新技术产业”。随着新技术的不断更新，研究领域又出现了“高技术”和“高技术产业”的提法。高技术是一个动态、发展的概念，目前国内学者对高技术的定义众说纷纭，主要论点是：“高技术是当代的先进技术，泛指两次世界大战以来建立在自然科学最新发展基础上的计算机技术、原子能技术、航空航天技术、新材料、海洋技术、生物技术这六大领域的技术。”但是对于每一技术领域，各国的研究水平差异很大，因而凡属于这些领域的技术只要在本国领先，均可称为该国的高技术。

高技术产业由于其带动性和渗透力较强，因此对区域科技创新和区域经济发展都有着重中之重的影响，是地方经济发展的重要组成部分。英国政府在撒切尔执政期间首次将其列入国家发展纲要。对于高技术产业的界定标准一直较多，《技术和国家贸易》一书中提出“高技术产业”概念，指出高技术产业是用当代尖端技术生产高技术产品的产业群；在《高技术的五国比较》一书中，美国学者纳尔逊指出“所谓高技术产业，是指那些投入大量资金用于开发研究，以速度发展较快的科技进步为标志的产业”。目前国际上大多采用经济合作与发展组织的定义，即高技术产业是指研发支出占产值比例比各产业平均水平要高的产业。国家、地区和企业之间的竞争已经逐渐转移到高技术竞争力和具有技术研发能力的科技人才的竞争上，因此，各个国家和地区都把发展高技术和高技术产业作为经济发展的战略重点和维护经济安全的重要保证。

高新技术产业化是科学技术水平和生产效益一体化的总体现，换一种说法就是高新技术产业化可用高新技术产业化水平和高新技术产业化效益来衡量。高新技术产业化水平就是把高新技术批量地转化为商品或劳务形成新的产业，并迅速地、广泛地渗透到传统经济部门以提升技术水平的过程。高新技术产业化效益就是将知识与技术的创新，成功转化为企业的效益，主要用来衡量高新技术产业的产出效率。

对高新技术产业化水平和高新技术产业化效益进行多指标监测是确定各地区高新技术产业发展水平的有效方式。在科技部发展规划司以及中国科学技术发展战略研究所对各地区科技创新统计监测和报告中，高新技术产业化水平指标可具体细分为如下四个三级指标：

（1）高新技术主营业务收入占工业营业收入比重：该指标反映了科技创新对产业结构的优化程度，高新技术主营业务收入是高新企业的主要收入来源，是企业经常性的、主要业务所产生的基本收入，如制造业的销售产品、非成品和提供工业性劳务作业的收入，商品流通企业的销售商品收入等。

（2）知识密集型服务业增加值占生产总值比重：该指标是反映区域现代化

经济的一个特征，也是衡量高新技术产业区是否持续健康稳定发展的一个重要指标。知识密集型服务业来源于《OECD科学技术和工业记分牌》，通过对标准和相关文献进行研究，在我国“十三五”规划中，将知识密集型服务业定义为我国国民经济行业分类（GB/T 47542011）中的信息传输、软件和信息技术服务业，金融业，租赁和商务服务业，科学研究和技术服务业。

（3）高技术产品出口额占商品出口额比重：该指标可以衡量一个区域的科技创新成果，还能衡量一个区域的科技创新质量。高技术产品是指研发年度经济支出占该制造业年附加值2.36%以上的产品。美国将高技术产品界定为十大类：生物技术产品、光电子产品、生命科学产品、计算机与电信产品、电子产品、计算机综合制造业产品、材料设计产品、航空航天产品、武器类产品和核技术产品。我国国家科技部于2006年制定颁布的《中国高技术产品出口目录》将高技术产品分为九大类：电子信息、软件、航空航天、光机电一体化、生物医药和机械医疗、新材料、新能源和节能产品、环境保护与地球海洋、现代农业。高技术产品的出口可以衡量一个国家或地区的技术实力、经济实力和出口竞争力。

（4）新产品销售收入占主营业务收入比重：区域科技创新的最终目的是提高地区的经济发展水平，而新产品销售收入占主营业务收入比重反映了将区域创新的技术有效性转化成为经济有效性的效率，也可以反映我国工业企业采用新技术原理、新设计构思研制、生产的全新产品或者结构、材质、工艺等某一方面比原有产品有明显改进，从而显著提高了产品使用性能或者扩大了使用功能的产品对主营业务收入的影响。

高新技术产业化效益指标可具体细分为如下三个三级指标：

（1）高技术产业劳动生产率：该指标为高新技术产业主营业务收入与高新技术产业就业人员之比，反映了高新技术产业劳动投入、产出能力和生产效益之间的关系，是高新技术产业生产效率的体现。

（2）高新技术产业利润率：该指标是所有企业追求的目标，是指高技术产业利润总额与高技术产业主营业务收入的比率，是反映高技术产业经济效益的重要指标。

（3）知识密集型服务业劳动生产率：该指标为知识密集型服务业增加值与知识密集型服务业就业人员之比，反映了知识密集型服务业劳动投入与产出之间的关系。

7.2.2 指标动态变化

根据《全国科技进步统计监测报告》（2010～2014年）、《中国区域科技进步评价报告》（2015年）和《中国区域科技创新评价报告》（2016～2019年），本章收集了山西省高新技术产业化的一级指标、二级指标和三级指标的相关数据。由于山西省高新技术产业化的个别指标在2017年前后的评价标准不一，故以2017年为时间界限分别做描述性统计分析，具体情况如表7－2和表7－3所示。

由表7－2可知，从2010年到2017年，一级指标高新技术产业化（G）的评价值最小值是2011年的24.26，最大值是2017年的43.48，标准差相对较小，为6.59，最高位次为2017年，最低位次为2010年、2011年、2012年和2014年，为31位，位次变动的标准差相对而言较小，为2.07，说明山西省的高新技术产业的发展水平相对稳定，而且随着时间推移，发展越来越好。二级指标高新技术产业化水平（G1）的评价值最低为2011年的12.57，最高为2017年的40.60，最高位次为2017年的全国第13位，最低位次为2010年的28位，而且标准差均较大，说明山西省的高新技术产业化水平的变动也较大，发展不稳定。高新技术产业化效益（G2）的评价值最低为2015年的30.91，最高值为2014年的46.83，而最高位次和最低位次均为31位，处于全国下等水平，位次历年没有变动，说明山西省高新技术产业化效益在历年增长的趋势缓慢，经济效益产出水平相比全国水平较低，提升空间很大。

三级指标方面，高新技术主营业务收入占工业营业收入比重（G11）和新产品销售收入占主营业务收入比重（G14）的评价值和位次的变动水平均较低，整体处于全国中下等水平。知识密集型服务业增加值占生产总值比重（G12）的评价值变动幅度较小，标准差仅为1.86，但是位次的变动幅度较大，最高位次为2017年的第9位，最低位次为2012年的第27位，说明虽然山西省的知识密集型服务业增加值的水平变化不大，但是由于相邻省份的知识密集型服务业增加值的不稳定，使山西省的知识密集型服务业增加值占生产总值比重该指标的位次上升。高技术产品出口额占商品出口额比重（G13）的评价值和位次的标准差较大，说明山西省的高技术产品出口额受到经济环境、科技环境等影响，出口额度不稳定，而且排名最高位是2017年的第9位，排名最低位为2010年的第25位，位次变动较大，而且不断提升。高技术产业劳动生产率（G21）的评价值和位次的变动水平较为稳定，但是整体水平较低，发展空间还很大，说明山西省在高新技术劳动力投入和产出效益方面，需要投入更多的管理。高新技术产业利润率（G22）和知识密集型服务业劳动生产率（G23）的评价值和位次的标准差都相对而言较高，说明山西省的高新技术产业化效益的增长水平不稳定，其中G22的最高位次为2011年的第10位，最低位次为2017年的第30位，表明山西省的高新技术产业利润率水平相比较其他相邻身份而言，出现下降；G23 的最高位次为 2017 年的第 17 位，最低位次为 2012 年的 31 位，表明山西省的知识密集型服务业劳动生产率相较其他相邻省份，在不断提升。

表 7－2　2010～2017 年山西省高新技术产业化指标描述性统计分析

指标	评价值				排位			
	最小值	最大值	平均值	标准差	最高排位	最低排位	平均值	标准差
G	24. 26	43. 48	30. 76	6. 59	26	31	29. 38	2. 07
G1	12. 57	40. 60	23. 25	10. 78	13	28	21. 38	4. 98
G2	30. 91	46. 83	38. 27	5. 49	31	31	31. 00	0. 00
G11	1. 80	5. 17	2. 54	1. 20	24	30	27. 00	1. 60
G12	6. 25	11. 70	8. 35	1. 86	9	27	19. 75	5. 87
G13	2. 77	33. 11	15. 82	12. 02	9	25	15. 25	5. 01
G14	5. 12	8. 03	6. 38	1. 26	22	28	24. 00	1. 93
G21	5. 32	12. 59	7. 68	2. 45	30	31	30. 50	0. 53
G22	17. 57	37. 71	29. 56	8. 43	10	30	17. 88	8. 11
G23	7. 69	31. 51	16. 36	8. 59	17	31	26. 25	4. 13

由表 7－3 可知，从 2017 年到 2019 年，一级指标高新技术产业化（G）的评价值的标准差相对较大，为 4. 03，位次逐年递增，说明山西省的高新技术产业的发展水平随着时间推移，不断提高。二级指标高新技术产业化水平（G1）的评价值和位次在 2017～2019 年变化幅度较小，相比之前 2010～2017 年较大的变化幅度，说明山西省的高新技术产业化水平的变动由前几年的波动发展，到后几年趋于稳定，而且位次水平不断提高。高新技术产业化效益（G2）的评价值相较于其他指标的变动幅度较大，而最高位次和最低位次相差 2 位，而且处于全国下等水平，说明山西省高新技术产业化效益在历年增长的趋势缓慢，经济效益产出水平相比全国水平较低，提升空间很大。

表7-3 2017~2019年山西省高新技术产业化指标描述性统计分析

指标	评价值				排位			
	最小值	最大值	平均值	标准差	最高排位	最低排位	平均值	标准差
G	54.20	61.37	58.85	4.03	16	20	17.67	2.08
G1	47.37	51.67	50.18	2.44	10	12	11.33	1.15
G2	61.02	71.06	67.12	5.36	26	28	27.00	1.00
G11	8.14	8.36	8.27	0.11	20	23	21.33	1.53
G12	15.11	16.18	15.56	0.56	7	10	8.33	1.53
G13	34.62	50.22	42.60	7.81	5	9	7.00	2.00
G14	5.52	8.65	7.24	1.59	20	24	21.33	2.31
G21	17.30	18.39	17.94	0.57	27	29	27.67	1.15
G22	4.72	6.34	5.38	0.85	19	29	25.67	5.77
G23	52.57	59.94	56.91	3.86	12	14	13.00	1.00

三级指标方面，高新技术主营业务收入占工业营业收入比重（G11）和知识密集型服务业增加值占生产总值比重（G12）的评价值和位次变动幅度都较小，而且处于全国中上水平，相比前几年的水平有了较大的提升。G13（高技术产品出口额占商品出口额比重）的评价值和位次的标准差较大，说明山西省的高技术产品出口额持续受到经济环境、科技环境等的影响，出口额度不稳定。新产品销售收入占主营业务收入比重（G14）的评价值变动水平较为稳定，但是位次变化较大，最高位次是2017年的第20位，最低位次是2018年和2019年的第24位，整体水平较低，发展空间还很大。高技术产业劳动生产率（G21）、高新技术产业利润率（G22）和知识密集型服务业劳动生产率（G23）的评价值和位次的标准差都相对而言较低，说明山西省的高新技术产业化效益的增长水平在后续几年趋于稳定，但是G21的位次相对较低，处于下等水平，最低位次为2017年和2018年的第27位，最高位次为2019年的第29位，表明山西省的高技术产业增加值水平提升空间较大。

7.3 高新技术产业化一级指标和二级指标研究

高新技术产业化指数是由高新技术产业化水平和高新技术产业化效益综合加权得出，通过这两个具有因果联系的二级指标的表现，来寻找影响山西省高新技术产业化指数位次变化的因素。

7.3.1 高新技术产业化（G）动态变化研究

图7-1是2010~2019年山西省“高新技术产业化”的评价值和位次变化情况，为了深入了解山西省高新技术产业化的发展差距和不足，本章对比分析了中部六省、上海市和标准值的“高新技术产业化”评价值和位次水平，如图7-2和图7-3所示，另外，为了更加详细明确，利用表7-4来描述图7-3中位次数据。

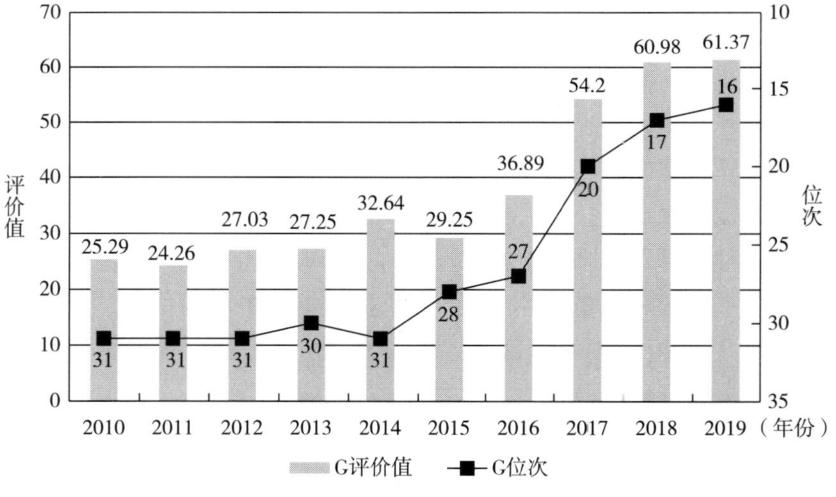

图7-1 2010~2019年山西省G指标评价值和位次变化情况

如图7-1中指数变化和排名情况所示，整体来看，山西省的高新技术产业化在逐步提升，而且位次在全国处于中等水平。根据具体年份分析，在“十一五”时期的“收官之年”——2010年的山西省高新技术产业化评价值和位次水平较低，说明山西省在2010年的高新技术产业化提升空间很大。在“十二五”期

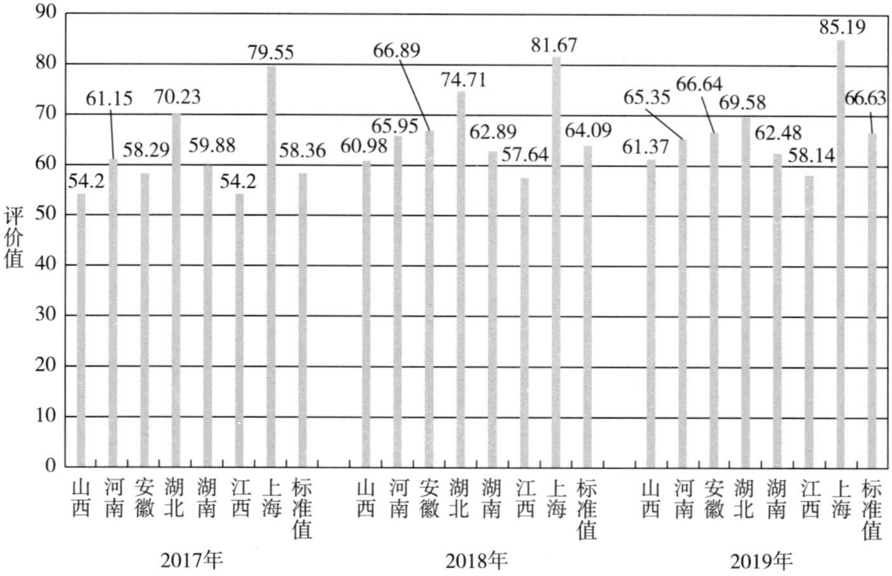

图 7－2　2017～2019 年中部六省及上海市 G 指标评价值

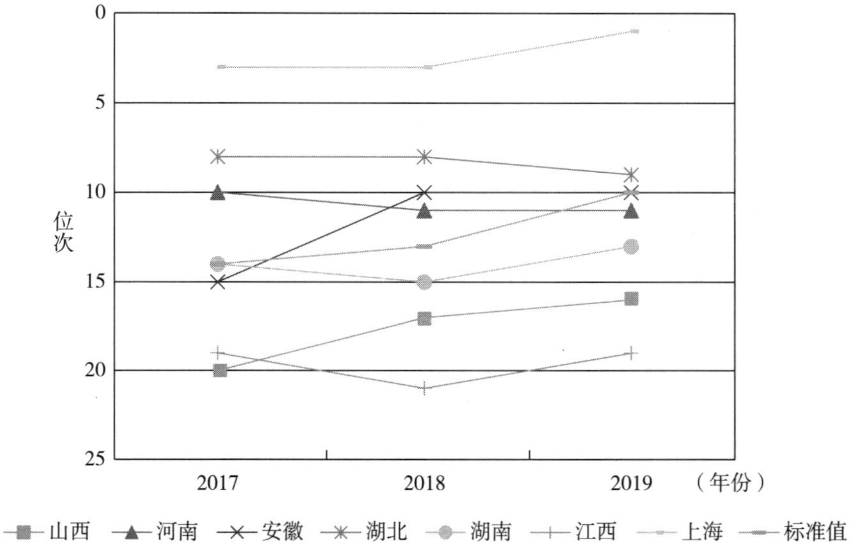

图 7－3　2017～2019 年中部六省及上海市 G 指标位次

表 7-4　2017~2019 年中部六省及上海市 G 指标位次

年份	山西省	河南省	安徽省	湖北省	湖南省	江西省	上海市	标准值
2017	20	10	15	8	14	19	3	14
2018	17	11	10	8	15	21	3	13
2019	16	11	10	9	13	19	1	10

间，山西省的高新技术产业化的变化波动较大，其中，2013~2014 年，山西省高新技术产业化的评价值上升，但是位次出现下降，2014 年比上年的位次下降了一位，说明虽然山西省高新技术产业化的评价值上升了，但是相邻省份上升得更快，所以出现位次下降的情况；2014~2015 年，高新技术产业化的指数下降，就排名而言，高新技术产业化排名上升了三位，说明 2015 年山西省高新技术产业化的评价值虽然有所下降，但是相邻省份下降得更快，所以山西省的位次出现上升。在“十三五”期间，山西省的高新技术产业化指数值和位次均是逐年递增的，说明山西省高新技术产业化相比较相邻省份有了明显的进步。

对比中部六省和上海市的发展情况，由图 7-2 和图 7-3 可知，山西省高新技术产业化与标准值、中部其他省和上海市相比，在 2017 年，山西省高新技术产业化的评价值处于标准值之下，虽然与江西省处于同等水平，但是位次却最低，而且山西省的高新技术产业化的评价值分别为上海市的 68%、河南省的 88%、安徽省的 92%、湖北省的 77%、湖南省的 90%。2018 年和 2019 年，山西省的高新技术产业化的评价值和位次都有所提升，在评价值和位次方面，都超过了江西省，而且高新技术产业化评价值分别占据上海市的 74% 和 72%，相比 2017 年占比上升，与中部发展最好的湖北省的高新技术产业化评价值相比，占到了湖北省的 81% 和 88%，占比同样提升，说明山西省的高新技术产业不断发展，与中部其余省份的差距，正在不断缩小。但是总体来说，山西省的高新技术产业化发展水平无论在评价值还是在全国排名上都与同期中部其他省份和经济发达的上海市具有一定的差距，山西省高新技术产业化还存在较大的进步空间。

7.3.2　高新技术产业化水平（G1）和高新技术产业化效益（G2）动态变化研究

对于二级指标——高新技术产业化水平（G1）和高新技术产业化效益（G2），其中，对于“高新技术产业化水平”的评价值和位次情况，由图 7-4、图 7-5、表 7-5 和图 7-6 可知，二级指标“高新技术产业化水平”与一级指标“高新技术产业化”的发展情况基本同步，说明高新技术产业化水平对高新技术产业化的发展影响较大，要注重提升高新技术产业化水平，以促进高新技术产业化的发展。

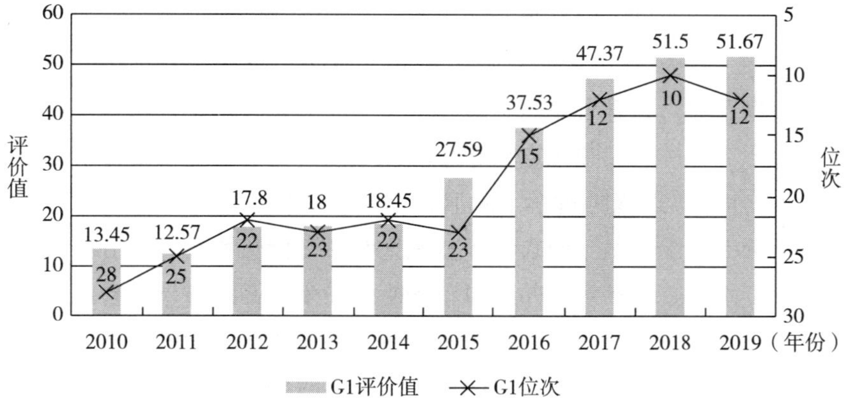

图 7－4　2010～2019 年山西省 G1 指标评价值和位次变化情况

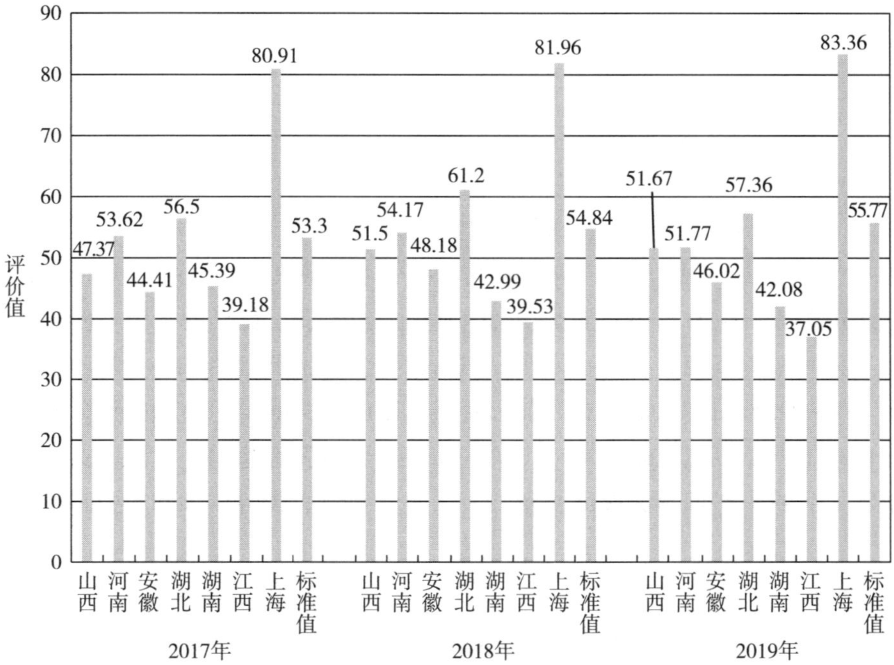

图 7－5　2017～2019 年中部六省及上海市 G1 指标评价值

表 7－5　2017～2019 年中部六省及上海市 G1 指标位次

年份	山西省	河南省	安徽省	湖北省	湖南省	江西省	上海市	标准值
2017	12	9	14	8	13	17	2	9
2018	10	9	13	8	15	17	2	8
2019	12	10	14	8	15	17	1	8

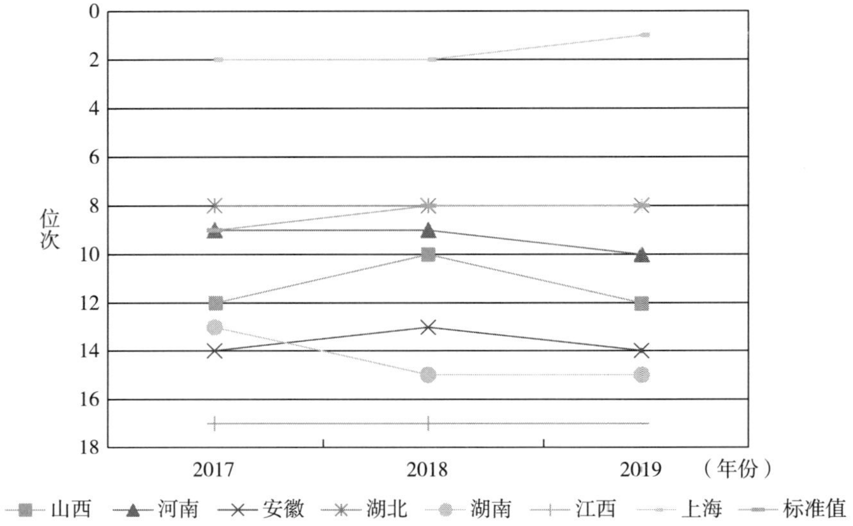

图 7－6　2017～2019 年中部六省及上海市 G1 指标位次

另一个二级指标“高新技术产业化效益”的评价值和位次情况如图 7－7、图 7－8、表 7－6 和图 7－9 所示，高新技术产业化效益的评价值在 2010～2016 年期间处于波动状态，但是位次却保持稳定状态，排在 31 位，位次靠后且一直未得到提升。2017～2019 年，山西省的高新技术产业化效益提高，位次也上升，根据图 7－8 和图 7－9 可以看出，山西省高新技术产业化效益与标准值、中部其他省份和上海市相比，评价值和位次都相对较差，而且中部省份的高新技术产业化效益整体发展趋势良好，甚至湖北省和安徽省在个别年份都超过上海市的高新技术产业化效益，但是，在 2017 年，山西省的高新技术产业化效益的评价值占湖北省的 72%，2018 年占到湖北省的 80%，2019 年占到安徽省的 81%，充分体现出山西省的高新技术产业化效益在近几年不断提升的趋势是不容忽视的。

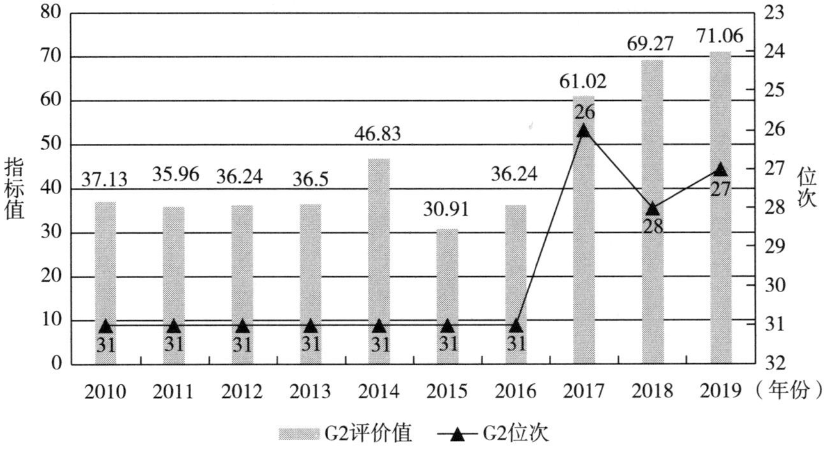

图7-7 2010~2019年山西省G2指标评价值和位次变化情况

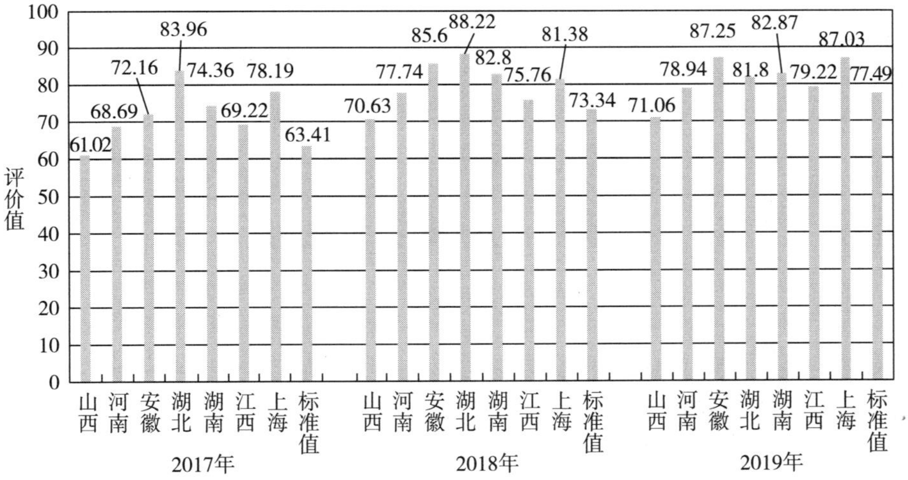

图7-8 2017~2019年中部六省及上海市G2指标评价值

表7-6 2017~2019年中部六省及上海市G2指标位次

年份	山西省	河南省	安徽省	湖北省	湖南省	江西省	上海市	标准值
2017	26	23	20	4	18	22	14	25
2018	29	19	11	4	16	22	17	25
2019	27	23	10	17	16	21	11	24

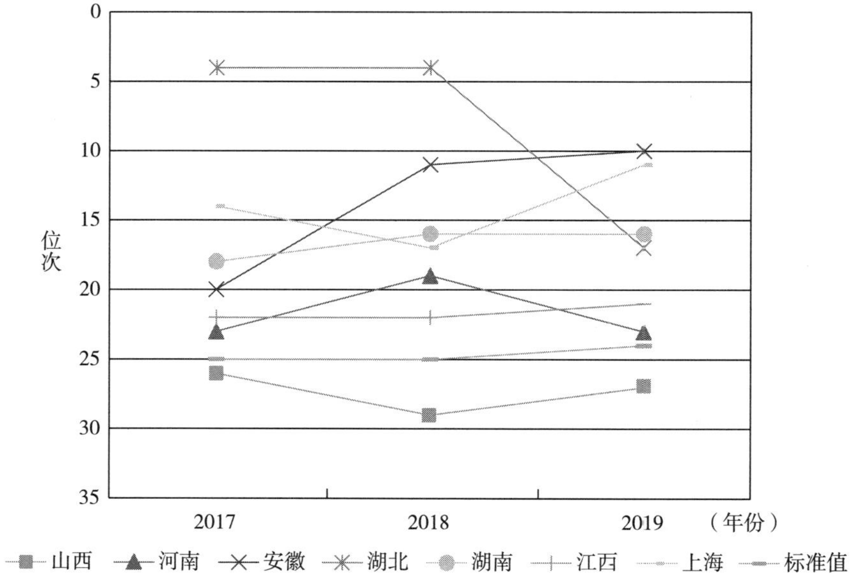

图 7－9　2017～2019 年中部六省及上海市 G2 指标位次

7.4　高新技术产业化三级指标研究

影响高新技术产业化水平指数的指标主要有高新技术主营业务收入占工业营业收入比重、知识密集型服务业增加值占生产总值比重、高技术产品出口额占商品出口额比重和新产品销售收入占主营业务收入比重这四项指标。影响高新技术产业化效益指数的指标主要有高技术产业劳动生产率、高技术产业利润率和知识密集型服务业劳动生产率这三项指标。下文将逐一对这七项指标的评价值和位次进行分析。

7.4.1　高新技术主营业务收入占工业营业收入比重（G11）

图 7－10 描述了 2010～2019 年山西省高新技术主营业务收入占工业营业收入比重的评价值和位次变化情况，图 7－11 和图 7－12 描述了 2017～2019 年中部六省和上海市与标准值的高新技术主营业务收入占工业营业收入比重的评价值和位次变化情况。

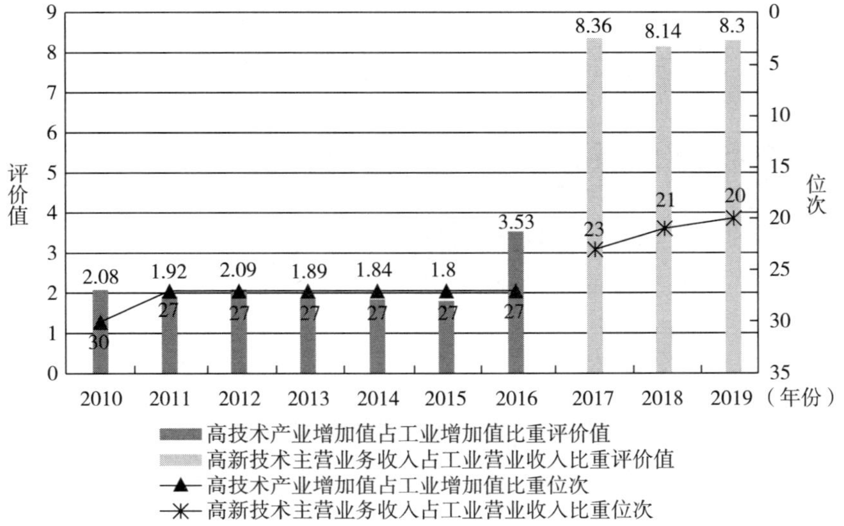

图7－10　2010～2019年山西省G11指标评价值和位次变化情况

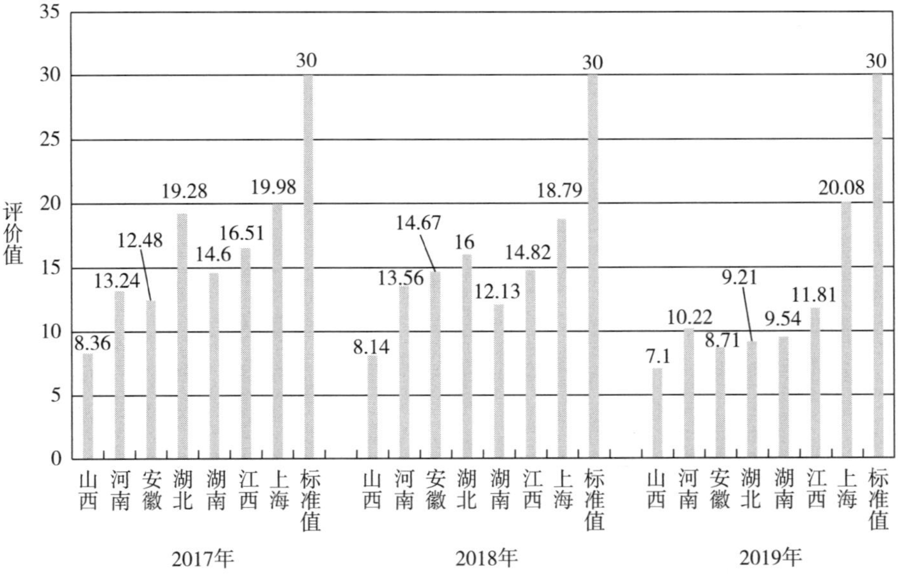

图7－11　2017～2019年中部六省及上海市G11指标评价值

由此可知，从2010年至2016年，山西省的高新技术产业增加值占工业增加值比重的评价值和位次的变化基本同步，其中，2011～2015年G11的评价值和位次均处于平稳发展状态，但是2016年，高新技术产业增加值相较于上年提高1.73，但是位次却没有提升，说明山西省的高新技术产业增加值只是在山西省的年份内增加，但是相比较于其他省份却没有优势。2017～2019年，G11的评价值出现较小的波动，位次也处于上升趋势，2019年相比2017年的位次，上升了三名，另外，通过图7－11和图7－12可知，2017～2019年，山西省的G11评价值和位次处于标准值、中部其他省份和上海市的后面，而之所以2019年山西省的位次有所上升，是因为其他相邻省份的高新技术主营业务收入占工业营业收入比重相比山西省，下降得更快。

表7－7　2017～2019年中部六省及上海市G11指标位次

年份	山西省	河南省	安徽省	湖北省	湖南省	江西省	上海市	标准值
2017	23	15	17	7	11	10	6	22
2018	21	15	12	9	18	10	7	16
2019	20	13	18	17	16	8	6	17

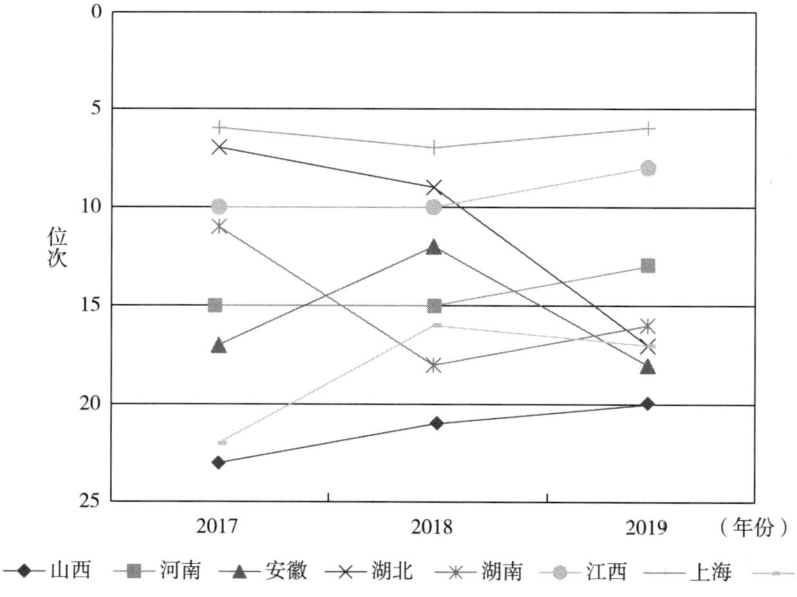

图7－12　2017～2019年中部六省及上海市G11指标位次

7.4.2　知识密集型服务业增加值占生产总值比重（G12）

由图7－13可知，山西省的知识密集型服务业增加值，在2010～2016年期间，评价值和位次波动上升，说明山西省的知识密集型服务业有了明显的进步。2017～2019年，山西省的知识密集型服务业的评价值出现波动，先上升后下降，但是位次却持续下降，2019年的位次相较2017年的位次，下降了三名，根据图7－14、表7－8和图7－15可知，山西省的知识密集型服务业增加值的评价值和位次居中部六省首位，远远超过了标准值，而且评价值占上海市G12的50%左右，说明山西省的知识密集型服务业的发展加快，在中部六省的发展水平属于较高水平，而且与发达地区的发展水平差距缩小。

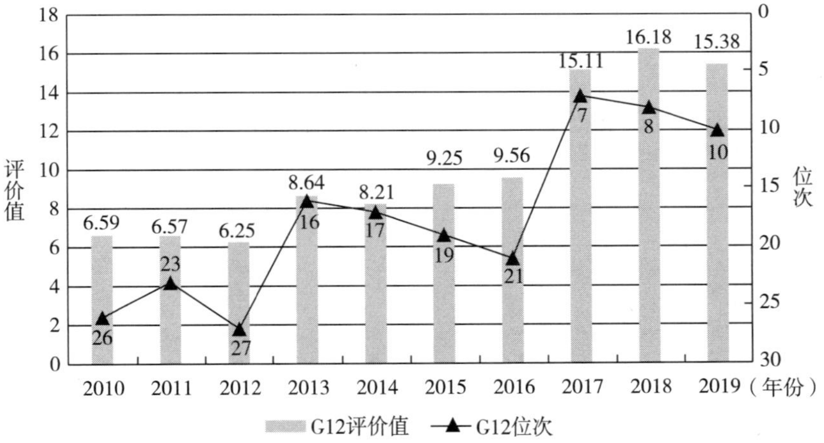

图7－13　2010～2019年山西省G12指标评价值和位次变化情况

表7－8　2017～2019年中部六省及上海市G12指标位次

年份	山西省	河南省	安徽省	湖北省	湖南省	江西省	上海市	标准值
2017	7	26	18	15	27	25	2	17
2018	8	26	20	13	27	28	2	18
2019	10	29	24	13	28	30	2	10

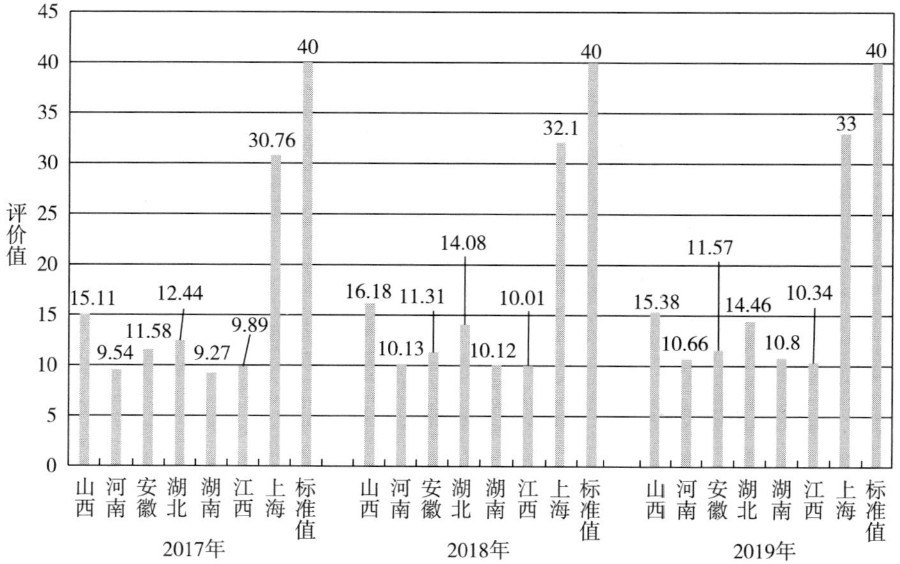

图 7－14　2017～2019 年中部六省及上海市 G12 指标评价值

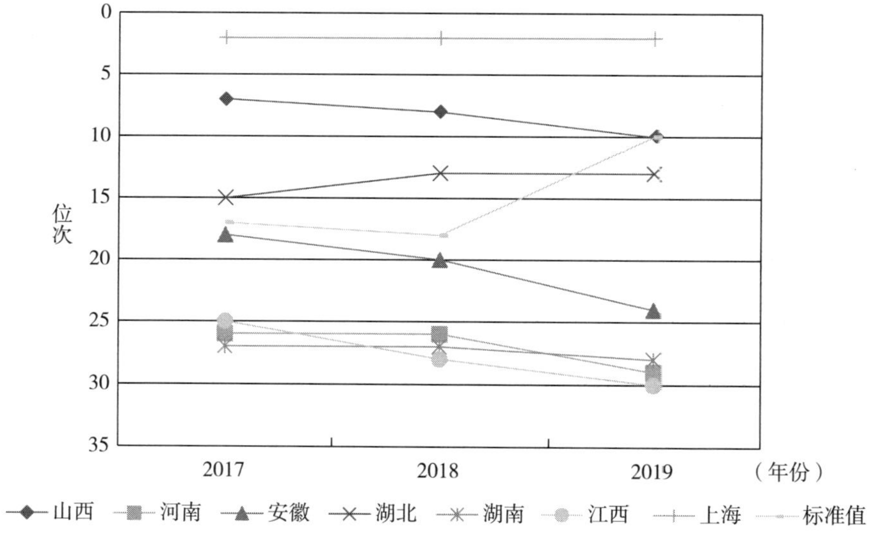

图 7－15　2017～2019 年中部六省及上海市 G12 指标位次

7.4.3　高技术产品出口额占商品出口额比重（G13）

由图 7－16 可知，山西省的高技术产品出口额的年均增速很快，占商品出口额的比重也逐渐增大，在2010～2016年期间，山西省的高技术产品出口额占商品出口额比重评价值和位次波动上升，其中2010～2012年的高技术产品出口额占商品出口额比重评价值和位次提高速度最快，究其原因，可能得益于“十一五”期间山西省的对外开放政策的完善以及对外出口产业领域的增多等，如山西省政府颁布的《关于进一步扩大对外开放的决定》，提出要实现全方位、多层次、宽领域的对外开放，优化进出口结构等。2017～2019年，山西省G13的评价值和位次同步变化，在2018年，G13的评价值最高为50.22，位次也在近几年中最靠前，为第五名，从图7－17、表7－9和图7－18可知，山西省的高技术产品出口额占商品出口额比重评价值和位次在中部六省中，排在第二名，仅次于河南省，远远超过标准值，并且在2018年，山西省的高技术产品出口额占商品出口额比重评价值和位次赶超了上海市，说明山西省在“十一五”“十二五”“十三五”期间，山西省颁布的主动扩大开放领域、技术贸易等方面的政策有了显著成效。

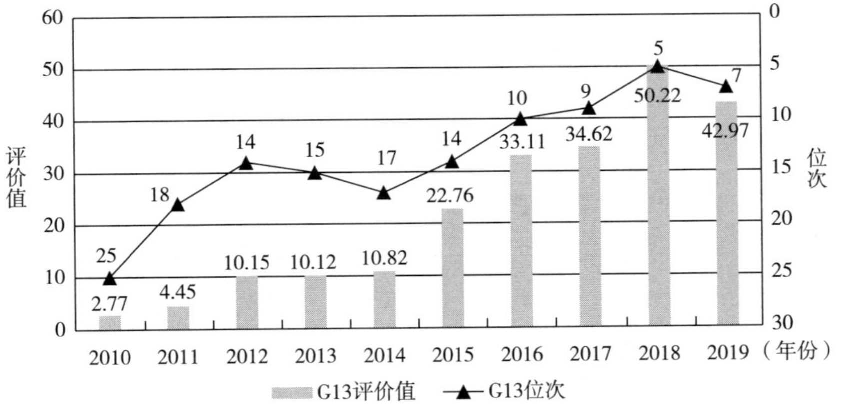

图7－16　2010～2019年山西省G13指标评价值和位次变化情况

表7－9　2017～2019年中部六省及上海市G13指标位次

年份	山西省	河南省	安徽省	湖北省	湖南省	江西省	上海市	标准值
2017	9	3	14	11	15	17	6	17
2018	5	3	15	8	16	17	6	18
2019	7	4	14	9	15	18	5	7

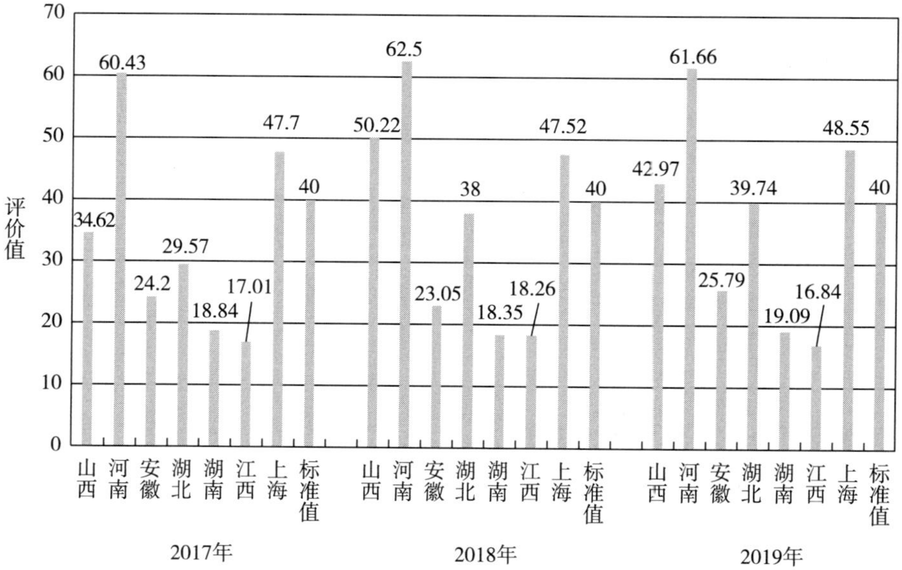

图 7-17　2017~2019 年中部六省及上海市 G13 指标评价值

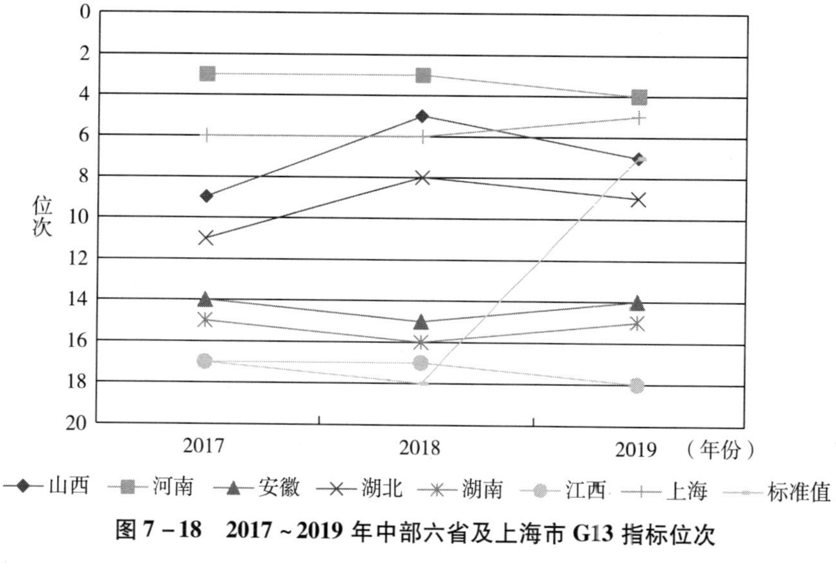

图 7-18　2017~2019 年中部六省及上海市 G13 指标位次

7.4.4　新产品销售收入占主营业务收入比重（G14）

由图 7-19 可知，山西省的新产品销售收入占主营业务收入比重的评价值和位次在 2010~2019 年处于较低水平，在 2010~2016 年，山西省 G14 的评价值和位次的变化是同步的，其中在 2012 ~ 2013 年，G14 的评价值和位次都出现大幅度的降低，位次下降了四名。由图 7 - 20、表 7 - 10 和图 7 - 21 可知，2017 ~ 2019 年，山西省的 G14 评价值和位次是中部六省的最低水平，距离全国标准值还有较大差距，并且评价值仅相当于同期上海评价值的 40% 左右，尚不足上海市的一半，但比较接近河南省和安徽省的评价值和位次排名。由此可见，与经济发达区域相比，山西省高技术产业的生产经营状况还存在一定的赶超空间。

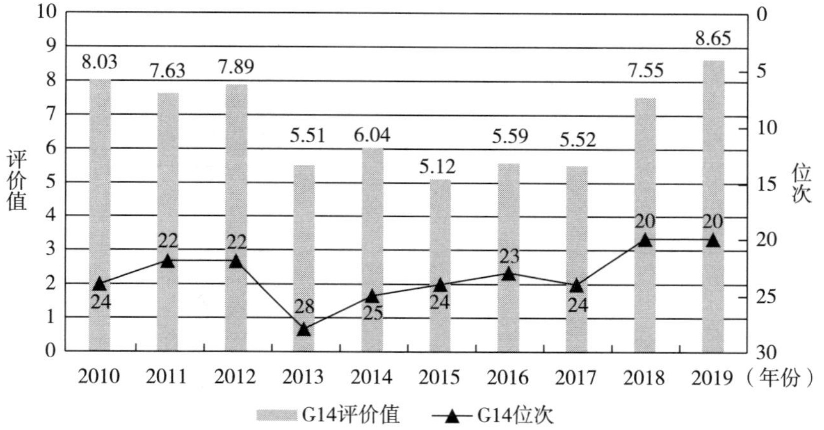

图 7 - 19　2010 ~ 2019 年山西省 G14 指标评价值和位次变化情况

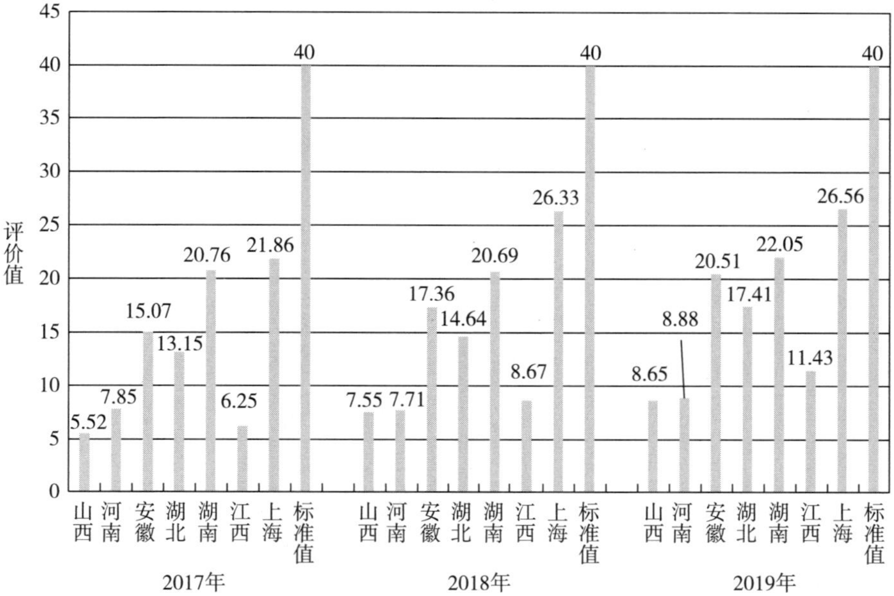

图 7 - 20　2017 ~ 2019 年中部六省及上海市 G14 指标评价值

表 7－10　2017～2019 年中部六省及上海市 G14 指标位次

年份	山西省	河南省	安徽省	湖北省	湖南省	江西省	上海市	标准值
2017	24	18	9	10	4	22	3	8
2018	20	18	9	11	7	16	2	9
2019	20	18	7	10	6	14	2	20

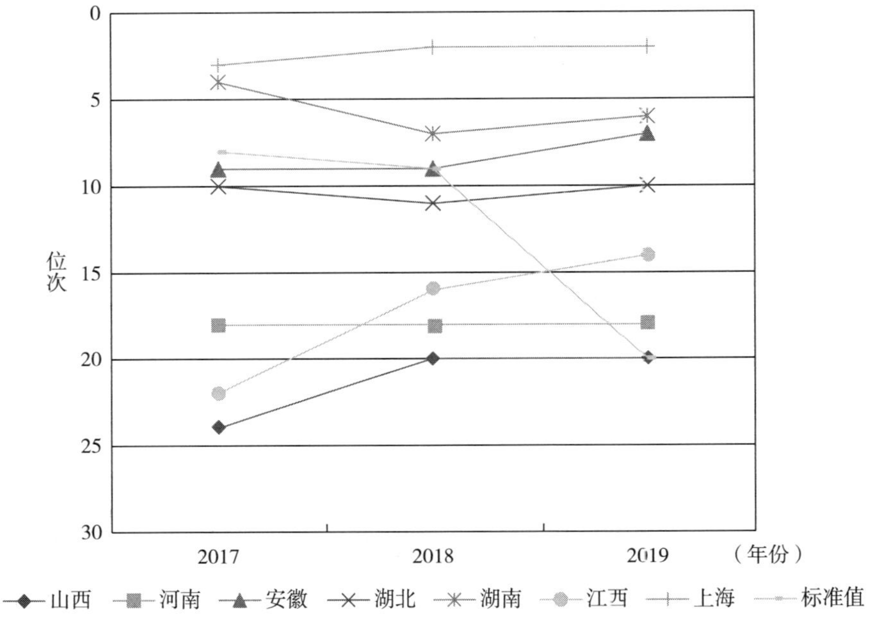

图 7－21　2017～2019 年中部六省及上海市 G14 指标位次

7.4.5　高技术产业劳动生产率（G21）

在高技术产业劳动生产率方面，由图 7－22 可知，山西省的高技术产业劳动生产率的评价值和位次均处于全国较低水平，2010～2016 年，G21 的评价值和位次没有同步变化，其中，2011 年和 2012 年评价值要低于 2014 年的评价值，但是 2011 年和 2012 年的位次却高于 2014 年的位次，说明山西省的高技术产业劳动生产率在 2011 年和 2012 年相比相邻省份退步是较慢的，从而使这两年的位次相对较高。在 2017～2019 年，对比图 7－23、表 7－11 和图 7－24 可知，山西省的优势不够明显，位次排名均较为靠后，相比中部其他省份，处于最低水平，虽然，2019 年的评价值相比 2017 年和 2018 年的评价值有了较大提高，但是由于中部其他省份和上海市的发展状况整体提高，故山西省的排名仍然靠后。

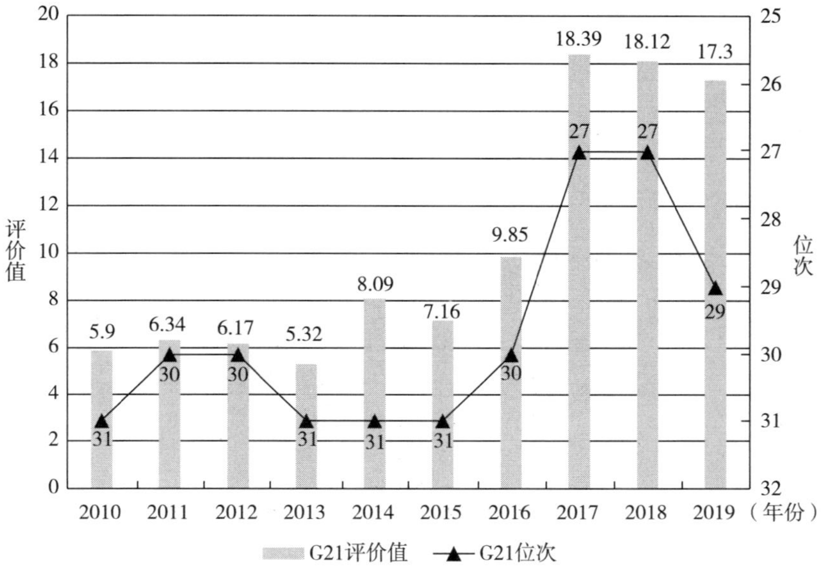

图7－22　2010～2019年山西省G21指标评价值和位次变化情况

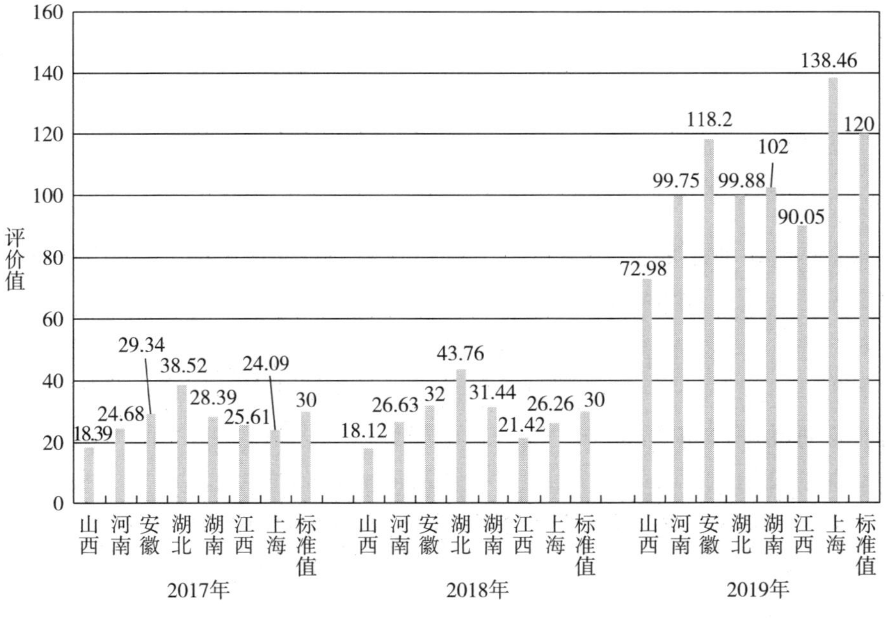

图7－23　2017～2019年中部六省及上海市G21指标评价值

表 7－11　2017～2019 年中部六省及上海市 G21 指标位次

年份	山西省	河南省	安徽省	湖北省	湖南省	江西省	上海市	标准值
2017	27	19	13	7	14	18	22	12
2018	29	19	11	5	12	25	20	10
2019	29	18	11	17	15	26	6	5

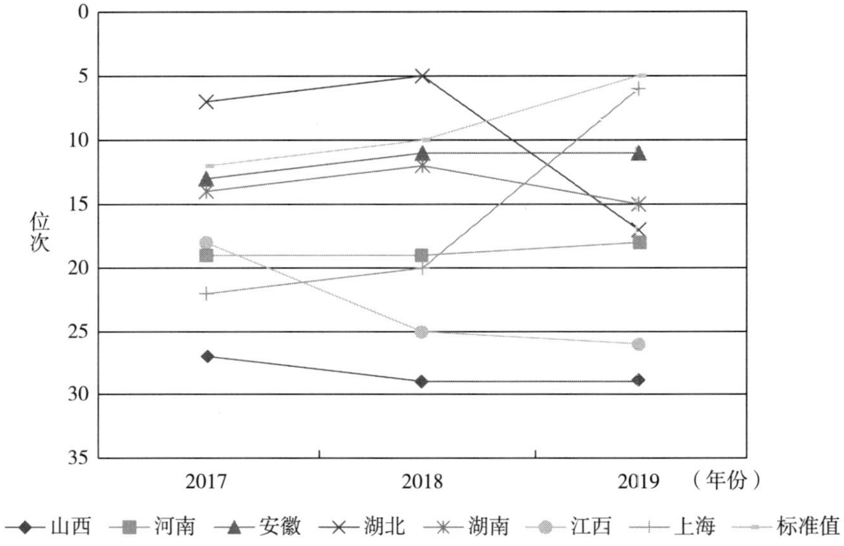

图 7－24　2017～2019 年中部六省及上海市 G21 指标位次

7.4.6　高技术产业利润率（G22）

在高技术产业利润率指标上，由图 7－25 可知，在 2010～2016 年，山西省的高技术产业增加值的评价值在 2015～2016 年相比 2010～2014 年的平均水平较低，但是排名却不断提升，说明山西省的高技术产业的经济效益相比其余相邻省份在不断提高。由图 7－26、表 7－12 和图 7－27 可知，在 2017～2019 年，山西省的 G22 评价值和位次在 2017 年，与中部其他省份和上海市相比，处于中上水平，而在 2018 年和 2019 年，山西省的 G22 评价值和位次出现下降，位次跌落在第 29 名，而 2017 年是第 19 名，下降了 10 名，说明山西省高技术产业发展缓慢，经济效益也相对降低，可能受到高新技术产业区自主创新能力的影响或者产业集聚的整体效益低下的影响。

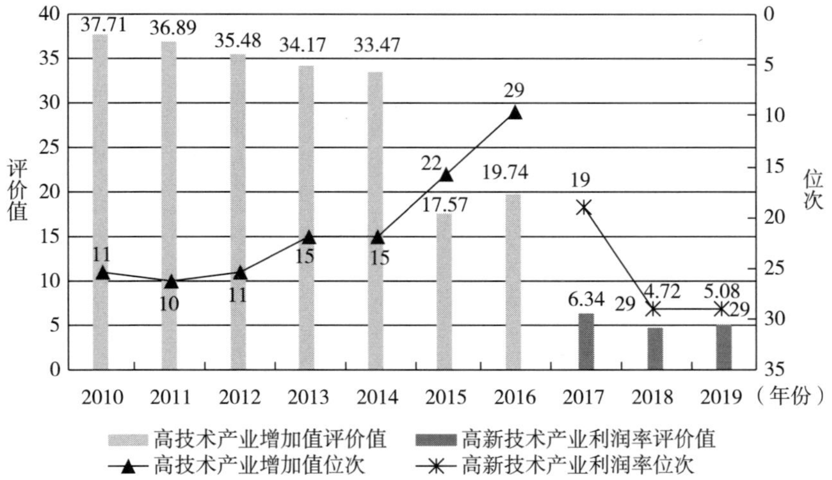

图7－25　2010～2019年山西省G22指标评价值和位次变化情况

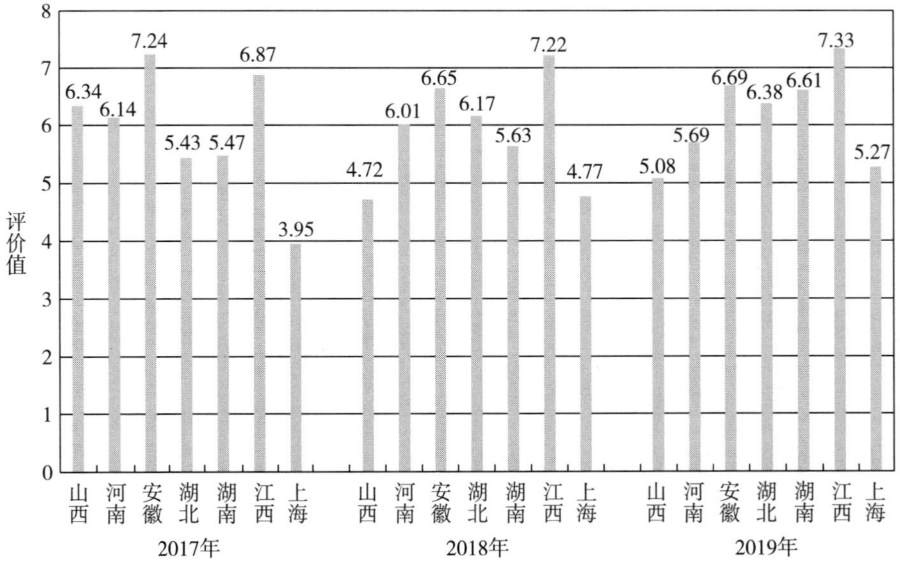

图7－26　2017～2019年中部六省及上海市G22指标评价值

表7－12　2017～2019年中部六省及上海市G22指标位次

年份	山西省	河南省	安徽省	湖北省	湖南省	江西省	上海市
2017	19	20	15	24	23	16	28
2018	29	24	20	23	26	16	28
2019	29	27	21	24	22	18	28

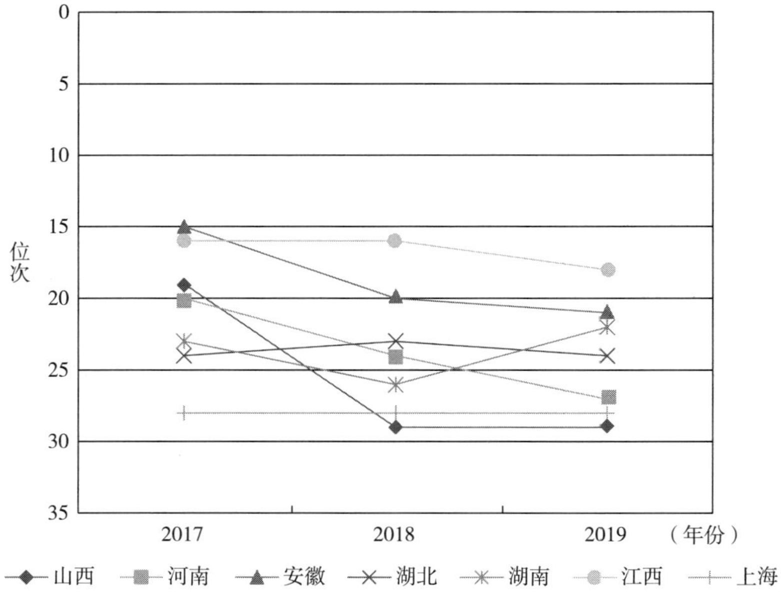

图 7－27　2017～2019 年中部六省及上海市 G22 指标位次

7.4.7　知识密集型服务业劳动生产率（G23）

在知识密集型服务业劳动生产率指标上，由图 7－28 可知，在 2010～2016 年，山西省的知识密集型服务业劳动生产率评价值和位次仍然处于全国中等偏下位置，而在 2017～2019 年，山西省的评价值和位次有了较大提升，由图 7－29、表 7－13 和图 7－30 可知，山西省的评价值占排名最高的湖北省的 82%左右，排名在中部六省靠前，而且与上海的评价值和位次基本持平，位次的提升很可能源于技术密集区、政府的牵头、发展战略的导向等因素，这些因素共同推动了山西省高技术服务业的发展与效率的提高。

表 7－13　2017～2019 年中部六省及上海市 G23 指标位次

年份	山西省	河南省	安徽省	湖北省	湖南省	江西省	上海市
2017	13	15	11	7	20	16	10
2018	12	20	16	7	19	14	9
2019	13	21	18	6	14	16	10

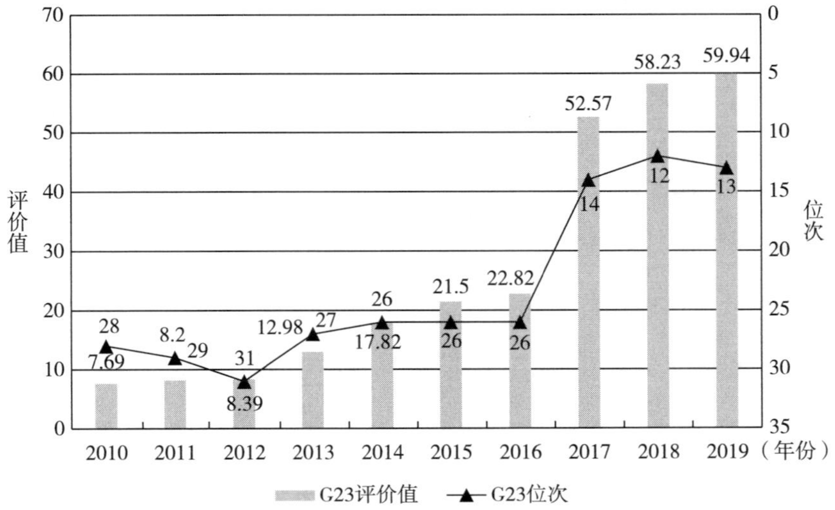

图 7－28　2010～2019 年山西省 G23 指标评价值和位次变化情况

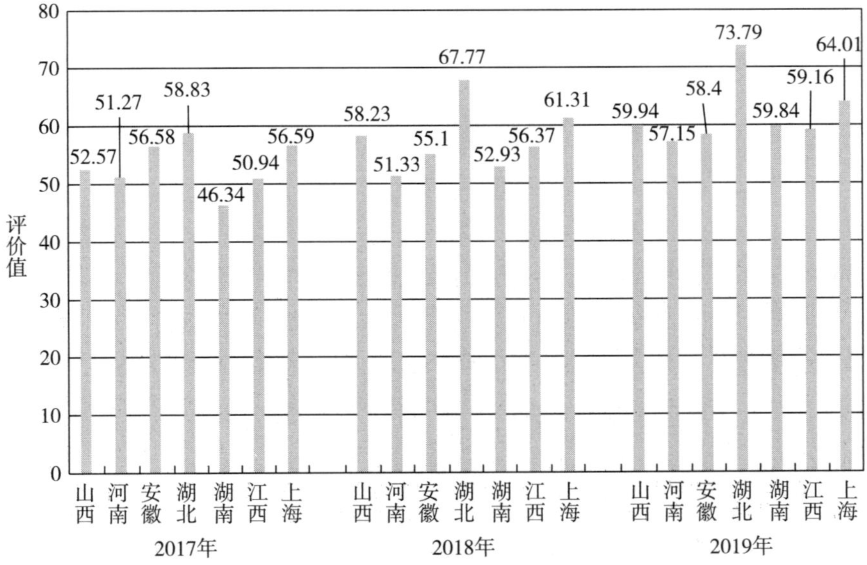

图 7－29　2017～2019 年中部六省及上海市 G23 指标评价值

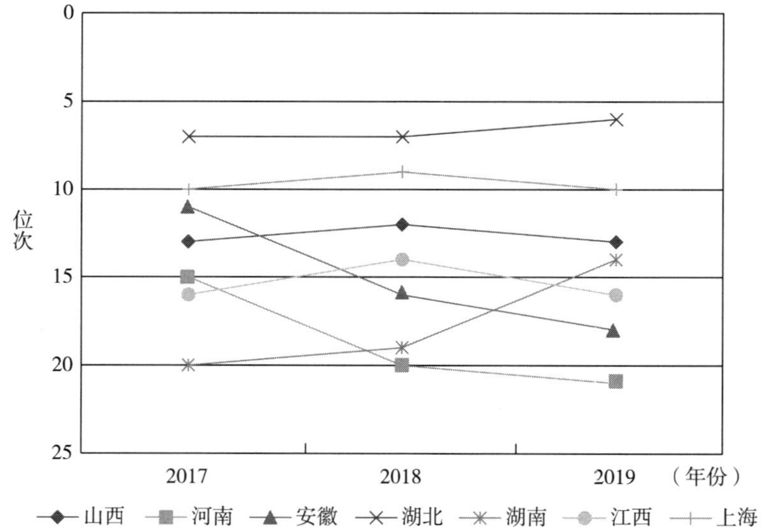

图 7-30　2017～2019 年中部六省及上海市 G23 指标位次

7.5　需要重点关注的指标

高新技术产业化的发展，与高新技术产业化水平和高新技术产业化效益息息相关，而高新技术产业化水平和效益与各相关三级指标的发展水平密不可分，因此，需要特别关注一些对高新技术产业化发展有着较大影响的特殊指标。

7.5.1　巩固“前沿型”指标（G13）

高技术产品出口额占商品出口额比重（G13）是需要重点巩固的指标。

山西省的“高新技术产业化水平”相比“高新技术产业化效益”的位次水平较高，高新技术产业化水平从 2016 年开始，位次逐渐上升到全国中上等水平，主要受益于“高技术产品出口额占商品出口额比重”指标的前沿型发展，G13 指标在 2010～2019 年，排名最高是第五名，2019 年位列全国第七名，不仅在中部六省中位次靠前，而且超越上海市的评价值水平。因此，对于“高技术产品出口额占商品出口额比重”这一指标，是需要重点关注的指标，而且在之后的发展过程中，需要继续保持这种优势。

7.5.2　提升“赶超型”指标（G22）

高技术产业利润率（G22）是需要重点提升的指标。

G22 指标在这 10 年期间，最高的排名是全国第十位，2019 年位次降到了第 29 名，另外，在 2010～2014 年，山西省该指标位次位于全国中上水平，但是在 2014 年之后，位次开始下降，并且波动较大，因此，该指标对于高新技术产业化效益的影响是不稳定的，同时具有较大的发展潜力，G22 表示高新技术企业生产过程中新增加的价值水平，该指标在 2010～2019 年，全国的位次水平波动下降，说明山西省的高新技术产业化效益的水平相比其他相邻省份，是不稳定的，因此要在宏观上培育和发展高新技术产业化的市场体系和机制，从微观上积极筹划营销战略与策略，才能加快推动高新技术企业产品转化的路径，稳定高新技术产业化效益的水平。

因此，需要特别关注影响该指标的变动情况，虽然其未必能够推动山西省高新技术产业化效益的扩张，但它能够促使高新技术产业化效益向着最高水平的前沿面移动。

7.5.3　重视“滞后型”指标（G21）

高技术产业劳动生产率（G21）是需要长期重视和重点发展的指标。

高新技术产业化效益从 2010 年到 2019 年，一直处于全国位次的靠后水平，高新技术产业化效益是高新技术产业化的经济内涵，它要求对实用化后的产品能按商品的要求进行生产，以确保产品质量和可靠性，实现标准化、系列化，获取性能及价格上的优势并达到一定的市场占有率，从而取得较好的经济效益，是高新技术成果与资金、管理、市场多个环节的结合过程，高技术产业劳动生产率对其影响巨大。

G21 的全国位次水平基本一直处于全国最低水平，说明山西省高新技术产业的劳动投入和产出的资源配置水平较差。在高新技术产业化过程中，人力资本起到关键和核心作用，任何一个产业的发展，都是物质资本和人力资本共同作用的结果，而高新技术产业是知识技术密集型产业，决定高新技术产业化效益发展状况的最主要因素，就是人力资本的拥有情况以及潜力发挥的程度。因此，山西省在接下来的发展过程中，要注重对劳动投入的利用率，建立动态高新技术产业人员库，在人才环境、人才引进、人才管理等方面，采取多种措施吸引和稳定人才，同时营造优良的软硬环境，不断完善高新技术企业技术成果的转化机制，打开市场通道，优化劳动投入产出的资源配置效率。

7.6 本章小结

本章首先对山西省的高新技术产业化的发展情况作了阐述，接着详细介绍了“高技术”“高技术产业”“高新技术产业化”这几个相关名词，然后依据《全国科技进步统计监测报告》（2010～2014 年）、《中国区域科技进步评价报告》（2015 年）和《中国区域科技创新评价报告》（2016～2019 年），从一级指标、二级指标和三级指标三个层次，对山西省的高新技术产业化的发展进行了分析，并且通过比较分析中部六省、上海市和全国标准值之间的高新技术产业化的发展水平，来定位山西省高新技术产业化的发展情况。

从整体上看，山西省高新技术产业化处于全国中等水平，主要得益于高新技术产业化水平较高，但是也受到高新技术产业化效益的制约，继续探究三级指标，得出“前沿型”指标为高技术产品出口额占商品出口额比重（G13），“赶超型”指标为高技术产业利润率（G22），“滞后型”指标为高技术产业劳动生产率（G21），因此，要继续保持高技术产品出口额占商品出口额比重，大力提升高技术产业利润率，重点发展高技术产业劳动生产率，从而促进山西省的高新技术产业化发展进程，提升其位次。

第8章　山西省科技促进经济社会发展动态变化指标研究

科技创新的目的是促进经济发展和人民生活水平的提高，同时经济的良好发展意味着社会可以为多数人提供更为充足的物质财富。科技进步对经济社会的作用机制是一个十分复杂的问题，涉及社会形态、社会产生、生活方式等方面。[①] 科技进步通过提高生产力的水平来改变生产关系和社会形态，促进社会生产力发展，进而促进上层建筑的发展，这与评价社会进步的一般标准相吻合。[②] 根据历年《监测报告》和《评价报告》中的有关指标信息，从经济发展方式的改变、环境改善和社会信息化三个层面分析山西省科技促进经济社会发展的动态变化情况[③]，山西省各级指标如表8－1所示。

表8－1　科技促进经济社会发展评价指标

一级指标	二级指标	三级指标	单位	标准值
科技促进经济社会发展（S）	经济发展方式转变（S1）	劳动生产率（S11）	万元/人	8
		资本生产率（S12）	万元/万元	1
		综合能耗产出率（S13）	元/千克标准煤	42
		装备制造业区位熵（S14）	%	1

① 靳明，赵敏．科技发展对经济社会影响的评价指标体系［J］．科学·经济·社会，1994（2）：27－32.

② 唐鸿儒，邓琨．科技投入对兰州经济社会发展影响研究［J］．陇东学院报，2019，30（2）：139－144.

③ 周迪，程慧平．区域科技投入对经济社会发展水平的影响研究［J］．新疆财经大学学报，2012（2）：47－53.

续表

一级指标	二级指标	三级指标	单位	标准值
科技促进经济社会发展（S）	环境改善（S2）	环境质量指数（S21）	万元/人	—
		环境污染治理指数（S22）	%	—
	社会生活信息化（S3）	万人国际互联网上网人数（S31）	人/万人	10000
		百万居民计算机拥有量（S32）	台	—
		信息传输、软件和信息技术服务业增加值占生产总值比重（S33）	%	3.5
		电子商务消费占最终消费比重（S34）	%	70
		百人固定电话和移动电话数（S35）	台	—

注：其中，指标 S31 的数据统计年份为 2010 ~ 2019 年；S32 的数据统计年份为 2010 ~ 2014 年；S33 的数据统计年份为 2014 ~ 2019 年；S34 的数据统计年份为 2017 ~ 2019 年；S35 的数据统计年份为 2010 ~ 2013 年。

资料来源：《全国科技进步统计监测报告》（2010 ~ 2014 年）、《中国区域科技进步评价报告》（2015 年）和《中国区域科技创新评价报告》（2016 ~ 2019 年）。

8.1 科技促进经济发展动态变化指标内涵

8.1.1 劳动生产率（S11）

劳动生产率是指劳动者在一定时期内创造的劳动成果与其相适应的劳动消耗量的比值。劳动生产率水平可以用同一劳动在单位时间内生产某种产品的数量来表示，单位时间内生产的产品数量越多，劳动生产率就越高，就业人员劳动生产率反映的是劳动效率的提高，是生产总值与就业人员之比，按照 2010 年的评价标准设置为 8 万元/人。

8.1.2 资本生产率（S12）

资本生产率是资本投入与经济产出之间的定量关系，即生产总值与资本投入之比。反映资本投入的指标为固定资本形成存量净额，由各地区基年（1952 年）的固定资本形成存量净额、每年的固定资本形成和折旧额，用永续盘存法求得。通过对发达国家资本生产率的测算，虽然资本投入效益存在递减的规律，但人均生产总值在 1000 ~ 4000 美元的资本投入效益是在不断提高的。美国、英国等欧美国家资本生产率普遍较高，在20世纪70年代至90年代末的20多年时间内资本生产率基本保持在0.7～1（每1货币单位的固定资本存量可创造0.7～1货币单位的GDP）。而日本和“亚洲四小龙”大致在此指标上的范围是0.4～0.9。因此，本章选择取1作为评价标准。

8.1.3 综合能耗产出率（S13）

虽然山西省是一个煤炭大省，但是提高能源使用的效率对于经济转型具有十分重要的意义，科技创新则是重要手段。通过对发达国家在人均国内生产总值达到3000～4000美元时综合能耗产出率的测算，普遍达到6美元/千克标准煤的水平，换算为人民币，约合42元/千克标准煤。因此，以此作为评价标准。

8.1.4 装备制造业区位熵（S14）

装备制造业是为国民经济和国防建设提供生产技术装备的行业，是制造业的核心组成部分，也是国民经济发展特别是工业发展的基础。装备制造业增加值占工业增加值比重反映的是地区内装备制造业占本地区工业经济规模的份额，而装备制造业区位熵是将地区装备制造业所占比重放在全国角度进行判断，即地区装备制造业所占比重与全国装备制造业所占比重的比值。

8.1.5 环境质量指数（S21）

科技创新的最终目的是提高国民生活水平，改善国民生活环境。空气和水的质量是最为重要的方面之一。本评价体系根据国家“十二五”规划纲要中有关空气中二氧化硫排放量、水中化学需氧量排放量、空气达到二级以上天数（本章中使用的是按地区下辖的各地级市的常住人口加权计算的空气达到二级以上天数）等指标的规划目标，设计了反映环境改善结果的指标，即环境质量指数，计算公式为：环境质量指数＝空气达到二级以上天数占比×0.6＋废水中化学需氧量排放达标率×0.2＋二氧化硫排放达标率×0.2。

8.1.6 环境污染治理指数（S22）

环境污染治理体现为废水、废气和固体废物的治理。根据国家“十二五”规划纲要中有关目标，将反映这三方面治理效果的指标加权综合而形成环境治理指数，以反映各级政府的环境保护力度。环境污染治理指数的计算方法为：环境污染治理指数＝单位工业增加值用水量降低率×0.4＋废水中氨氮排放达标率×0.3＋固体废物综合治理率×0.3。

8.1.7 万人国际互联网上网人数（S31）

国际互联网的发展是科技发展直接的成果和体现。国际互联网上网人数采用的是工信部统计并公布的数据（原为国际互联网络用户数）。评价标准设定为5000人/万人，即基本上达到每户居民都可以“上网”的水平。

8.1.8 信息传输、软件和信息技术服务业增加值占生产总值比重（S33）

信息传输、软件和信息技术服务业作为信息产业的重要载体，是知识密集型服务业的重要组成部分。根据我国国民经济行业分类（GB/T 4754—2011）标准的界定，该行业主要包括三个部分：①电信、广播电视和卫星传输服务；②互联网和相关服务；③软件和信息技术服务。根据全国总体水平和发达地区水平，将信息传输、软件和信息技术服务业增加值占生产总值比重的评价标准确定为4%。

8.1.9 电子商务消费额占最终消费比重（S34）

科技会改变生活方式，互联网的普及促进电子商务的快速发展。电子商务的价值在于让消费者在网上购物、网上支付，节省了客户与企业的时间和空间，大大提高了交易效率，是对于工作忙碌的上班族的福音，为其节省了大量的宝贵时间，也可以体现出社会生活信息化水平。

8.1.10 经济发展方式转变（S1）

经济发展方式是一个综合二级指标，狭义上的解释为生产要素分配投入组合使用的方式。广义上定位为凡是有助于驱动经济增长的要素组合，均可以称为经济增长的一种方式。在本章中在2010～2015年用于衡量科技对于经济发展包括的三级指标有劳动生产率、资本生产率、综合能耗产出率，在2016年及以后在此基础上将装备制造业区位熵涉及在内，通过相应的权重赋权法得到综合指标。

8.1.11 环境改善（S2）

大数据、人工智能、地理信息技术等科技的发展，在防治土地退化、草原保护等生态治理工作中发挥了巨大的作用，能够帮助生态治理者更准确地理解生态环境状况，做出系统、科学的决策。在本报告使用环境质量指数和环境污染指数这两个三级指标来评价科技对于环境改善的情况。

8.1.12 社会生活信息化（S3）

信息化正在改变人们的衣、食、住、行。信息化的迅猛发展不断改变着人们的生活，深刻影响与人们生活息息相关的衣、食、住、行，随着社会生活模式的改变，衡量社会生活信息化的指标也在不断改变，在本章中，“十二五”规划阶段衡量指标包括万人国际互联网上网人数、百万居民计算机拥有量、百人固定电话和移动电话数。“十三五”规划阶段的衡量指标包括万人国际互联网上网人数，信息传输、软件和信息技术服务业增加值占生产总值比重，电子商务消费占最终消费比重。

8.2 科技促进经济发展指标动态变化

根据《全国科技进步统计监测报告》（2010～2014年）、《中国区域科技进步评价报告》（2015年）和《中国区域科技创新评价报告》（2016～2019年），本章收集了山西省科技促进经济发展的一级指标、二级指标和三级指标的相关数据。由于评价标准的不同，以2017年为时间界限分别做描述性统计分析，如表8－2和表8－3所示。在2010～2017年，一级指标科技促进经济发展（S）的评价值最小值是2012年的50.24，最大值是2017年的71.29，标准差较大，位次在全国范围最高出现在2014年，最低排位为2012年和2013年，为第18位，排位变动的标准差相对而言也是变化较大的。说明山西省在2010～2017年的科技促进经济发展整体波动较大，山西省科技促进经济社会发展水平不稳定；在2017～2019年，科技促进经济发展评价值均值为68.51，平均位次为第16位，在全国的位次中属于平均水平，说明山西省近三年科技促进经济发展评价值有显著的提高，但是在全国的位次基本没有发生变化。

表8－2 2010～2017年山西省科技促进经济社会发展指标描述性统计

指标	评价值				位次			
	最小值	最大值	平均值	标准差	最高排位	最低排位	平均值	标准差
S	50.24	71.29	61.24	7.08	12	18	16	7.19
S1	37.50	53.14	43.32	6.48	13	17	15	1.56
S2	65.74	85.63	75.70	5.93	7	27	22	6.32
S3	60.52	97.29	84.67	12.97	5	15	10	4.40

续表

指标	评价值				位次			
	最小值	最大值	平均值	标准差	最高排位	最低排位	平均值	标准差
S11	3.14	7.86	5.12	1.88	14	16	15	0.50
S12	0.27	0.50	0.38	0.09	7	20	12	4.59
S13	3.46	6.38	4.86	1.15	27	29	28	0.44
S14	22.24	27.03	24.30	3.39	22	24	23	0.71
S21	51.86	79.53	61.84	12.14	18	29	23	4.23
S22	72.53	92.38	79.45	7.36	6	28	19	6.48
S31	1126	5142	3348	1425	9	12	10	0.86
S32	13.20	45.88	23.27	11.77	14	17	15	1.03
S33	2.12	3.78	2.70	0.72	6	16	10	4.39
S35	54.62	81.36	71.00	10.96	12	19	16	2.68

注：S34 在 2017 年及之前报告中未出现。

表 8－3　2017～2019 年山西省科技促进经济社会发展指标描述性统计

指标	评价值				位次			
	最小值	最大值	平均值	标准差	最高排位	最低排位	平均值	标准差
S	65.68	72.42	68.51	3.49	15	17	16	1.00
S1	53.42	54.06	53.69	0.33	18	20	19	1.15
S2	71.41	80.42	76.42	4.75	21	27	23	3.06
S3	75.90	100	86.17	12.44	1	11	6	5.00
S11	7.86	9.07	8.46	0.61	15	19	17	2.08
S12	0.26	0.28	0.27	0.01	19	21	20	0.58
S13	6.38	7.26	6.89	0.45	27	27	27	0
S14	27.03	33.24	31.03	3.48	22	22	22	0
S21	33.90	42.67	39.32	4.74	13	29	22	8.33
S22	86.09	92.17	88.59	3.18	18	28	22	5.13
S31	5525	6123	5781	308.27	10	24	18	7.37
S33	3.66	4.06	3.91	0.22	5	6	5.6	0.58
S34	9.13	9.87	9.50	0.37	24	26	25	1.00

注：S32 和 S35 在 2017 年及之后报告中未使用。

8.3　科技促进经济发展二级指标研究

8.3.1　经济发展方式转变（S1）

从近十年经济发展方式转变评价值变化趋势分析，山西省经济发展方式转变评价值稳步提高，2019 年山西省经济发展方式转变评价值已经达到了 54.06，同比历史时期的最高值，说明科技创新已经显著改善了山西省的经济发展方式（见图 8－1 至图 8－3、表 8－4），由全国地区排位数据分析，从 2010 年的第 13 名下降到 2019 年的第 20 名，山西省的经济发展方式转变评价值稳步提高，但山西省经济发展方式转变评价值的排名却在逐年下降，说明相对于其他排位高的省份来说，山西省经济发展方式转变评价值的增速不高，经济发展方式转变还是处于相对不成熟阶段。相比于上海市经济发展方式转变评价值，2017～2019 年上海市经济发展方式转变评价值的平均值为 68.44，始终位列全国第二，而山西省仅为 53.69，说明山西省的经济发展方式转变评价值和发达地区存在明显的差距，而且差距在不断扩大，地理开放条件是制约山西省的经济发展方式转变评价值的

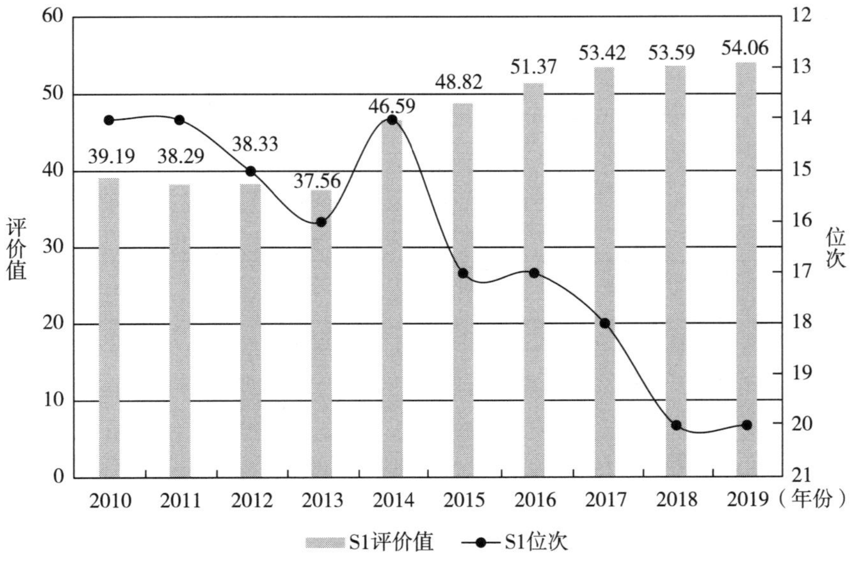

图 8－1　2010～2019 年山西省 S1 指标评价值及位次

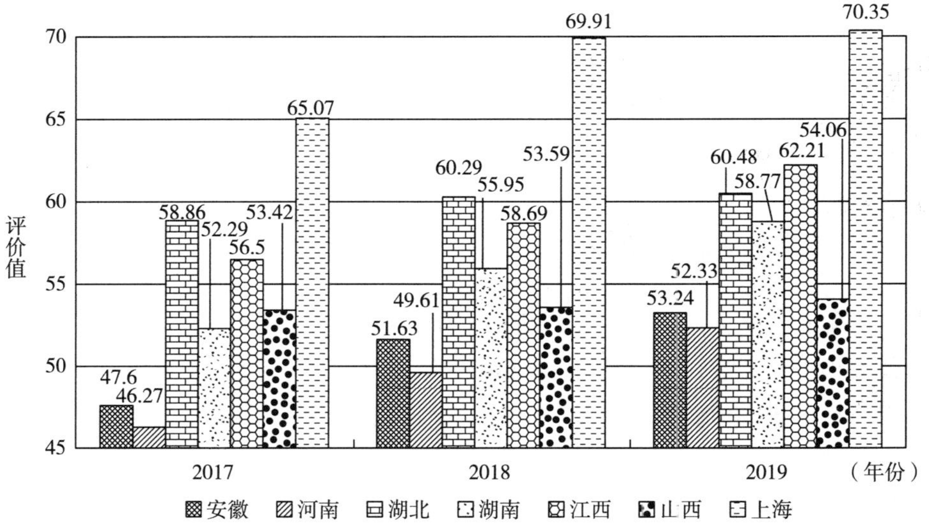

图 8－2　2017～2019 年中部六省及上海市 S1 指标评价值

表 8－4　2017～2019 年中部六省及上海市 S1 指标位次

年份	山西省	河南省	湖北省	江西省	安徽省	湖南省	上海市
2017	18	26	8	15	24	21	4
2018	20	24	10	13	21	18	2
2019	20	22	12	7	21	15	2

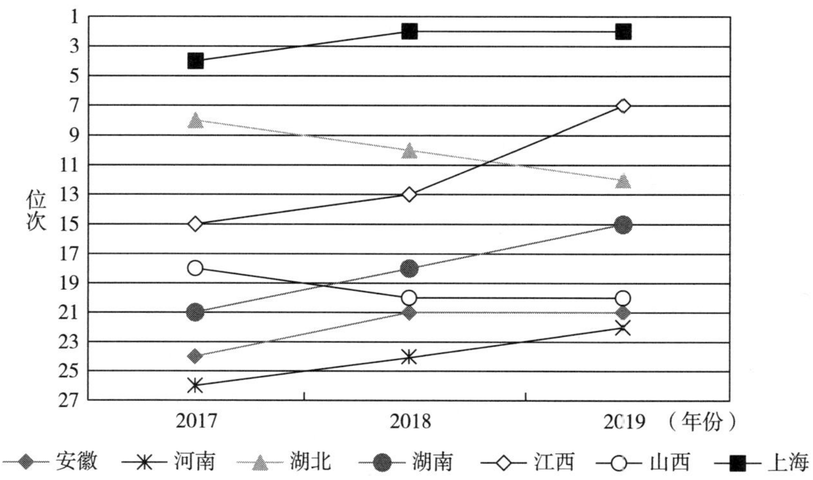

图 8－3　2017～2019 年中部六省及上海市 S1 指标位次

主要因素。相比于中部六省，山西省在2017～2019年的经济发展方式转变评价值平均排名位列第三，处于中等水平。但位次存在下降的趋势，而且经济发展方式转变评价值低于国家平均水平，说明山西省存在结构畸形，对外开放水平和其他五省存在差距。

8.3.2 环境改善（S2）

从近十年环境改善评价值变化趋势分析，山西省的环境改善评价值基本处于稳定平衡状态，山西省环境改善评价值均值为77.47，2013年达到历史时期的最高值（见图8－4），说明科技创新逐步改善了山西省环境改善转变评价值，山西省贯彻落实“依靠科技进步，发展煤矿经济，建设绿色矿山”理念，正确处理经济发展和矿山环境保护的关系，同时加大了对汾河两岸环境治理。如图8－5、表8－5和图8－6所示，从全国地区排位数据分析，名次处于全国的末位水平，虽然山西省的环境改善评价值稳步提高，但是山西省环境改善评价值的排名却在逐年下降，说明经济环境改善评价值在不断增加，但是相对于其他位次高的省份来说，山西省经济发展方式转变评价值的增速不高，环境改善还是处于相对不成熟阶段，最终导致名次的下降。在和上海市经济环境改善评价值的对比中，2017～2019年上海市环境改善评价值的平均值为85.61，名次处于前列，而山西省仅为76.63，说明相比于发达地区，山西省的环境改善评价值有着明显的差距，由于定位特殊，山西是全国最大的煤炭供应省份，粗放式经济发展模式必然会对环境造成负面影响。在中部六省的对比中，山西省在2017～2019年的环境改善评价

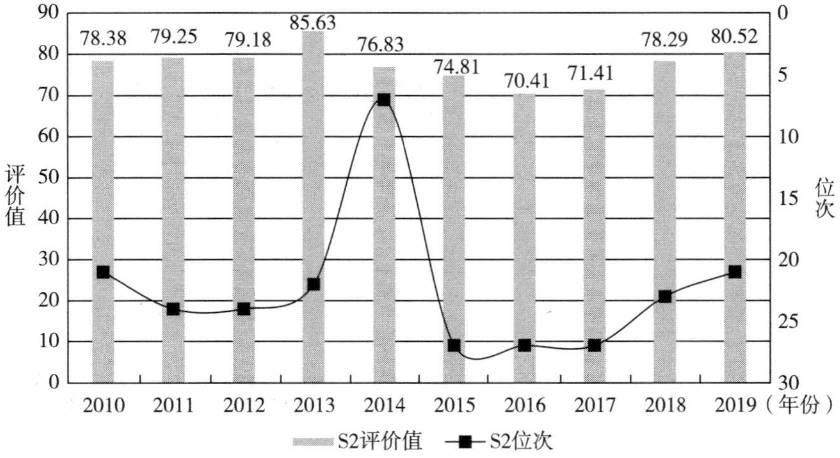

图8－4 2010～2019年山西省S2指标评价值及位次

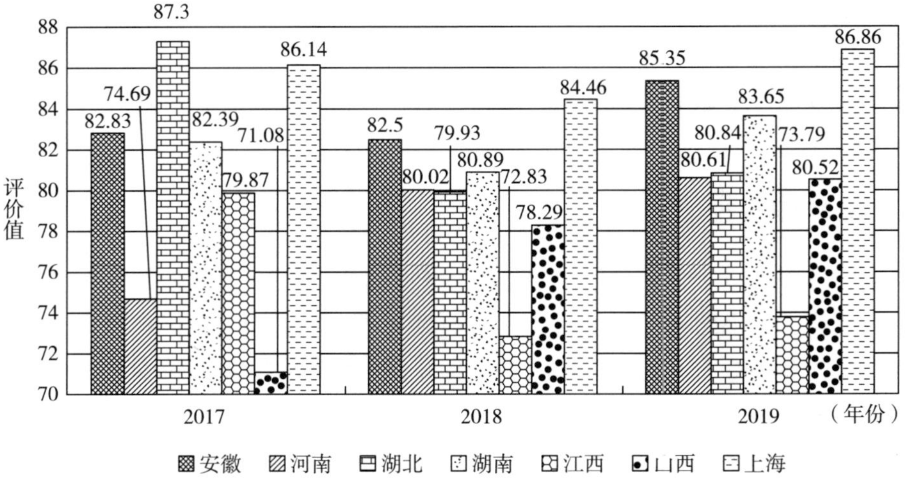

图 8－5　2017～2019 年中部六省及上海市 S2 指标评价值

表 8－5　2017～2019 年中部六省及上海市环境改善 S2 指标位次

年份	山西省	河南省	湖北省	江西省	安徽省	湖南省	上海市
2017	27	22	5	15	11	13	9
2018	23	17	18	28	9	13	5
2019	21	19	17	28	9	12	5

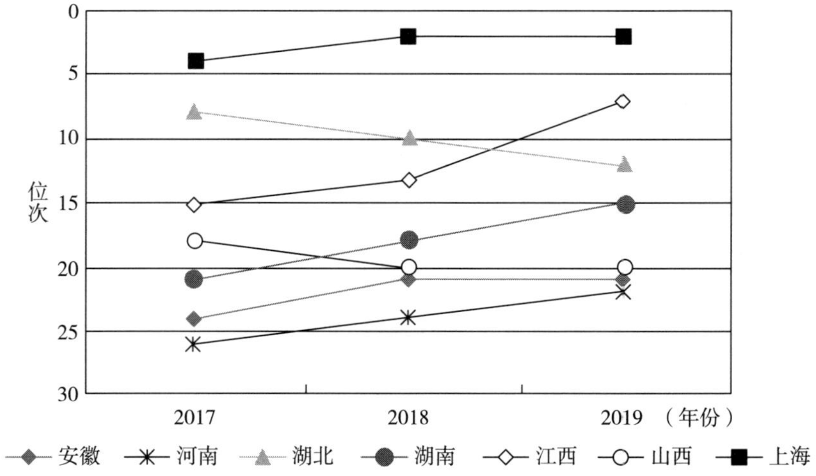

图 8－6　2017～2019 年中部六省及上海市 S2 指标评价值及位次

值排名位列第三，环境改善评价值低于经济发展方式转变评价值国家平均水平，相对于中部六省来说，山西省的环境改善评价值处于中等水平。

8.3.3　社会生活信息化（S3）

从山西省近十年社会生活信息化评价值变化趋势分析，2010～2013 年处于上升阶段，2015～2019 年呈现倒“U”形曲线，从整体分析，近十年山西省社会生活信息化评价值的平均值达到 86.27，从全国地区排位数据分析，从 2010 年的第 15 位上升到 2019 年的第 11 位，山西省的社会生活信息化评价值稳步提高，山西省社会生活信息化评价值的排名也在逐年上升，说明科技创新已经显著地改善了山西省社会生活信息化水平，得益于山西省发展信息化和工业化深度融合试验区和示范企业，加快信息技术在区域、行业、企业的示范作用，建立健全信息化和工业化融合水平评估体系，推行企业首席信息官制度，推进信息化与工业化深度融合，在煤炭、冶金、装备制造等传统行业推动信息技术集成应用和信息化科技工程建设。如图 8－7 至图 8－9 和表 8－6 所示，在和上海市社会生活信息化评价值对比中，2017～2019 年上海市社会生活信息化评价值的平均值为 100，始终位列全国第一，而山西省为 86.27，而且山西省的经济发展方式转变评价值和发达地区差距正在扩大。在和中部六省的其他省份对比中，山西省在 2017～2019 年的社会生活信息化评价值排名位列第二，相对于中部六省来说，山西省的社会生活信息化评价值处于较高水平，但是名次下降趋势明显，而且山西省社会生活信息化评价值也低于国家平均水平，山西省积极探索提高社会信息化的路径，但由于存在滞后效应，近几年社会生活信息化评价值较低。

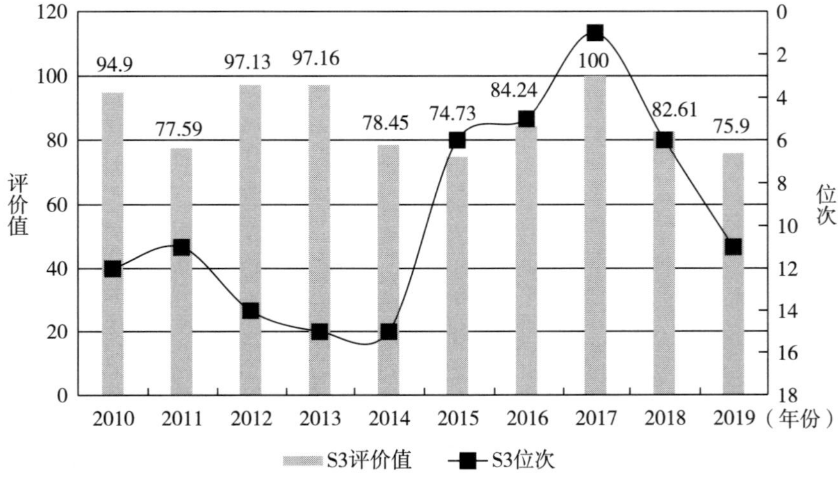

图 8－7　2010～2019 年山西省 S3 指标评价值及位次

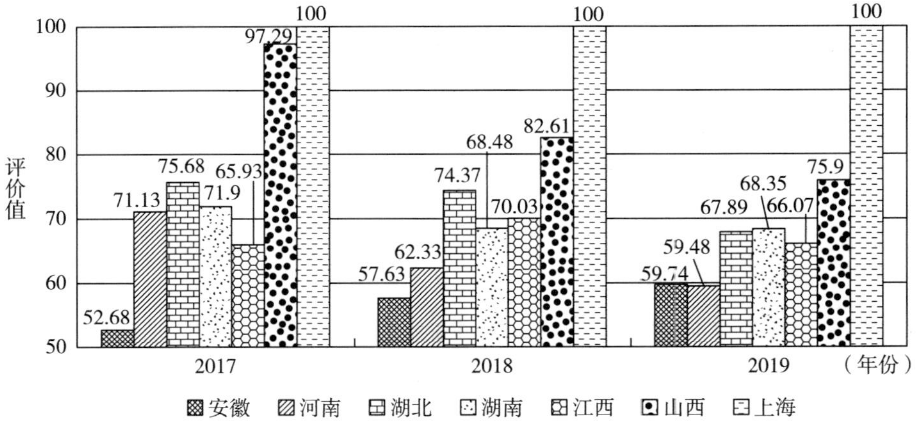

图 8－8　2017～2019 年中部六省及上海市 S3 指标评价值

表 8－6　2017～2019 年中部六省及上海市 S3 指标位次

年份	山西省	河南省	湖北省	江西省	安徽省	湖南省	上海市
2017	5	24	13	28	31	24	2
2018	6	29	13	18	30	21	1
2019	11	29	22	25	28	20	1

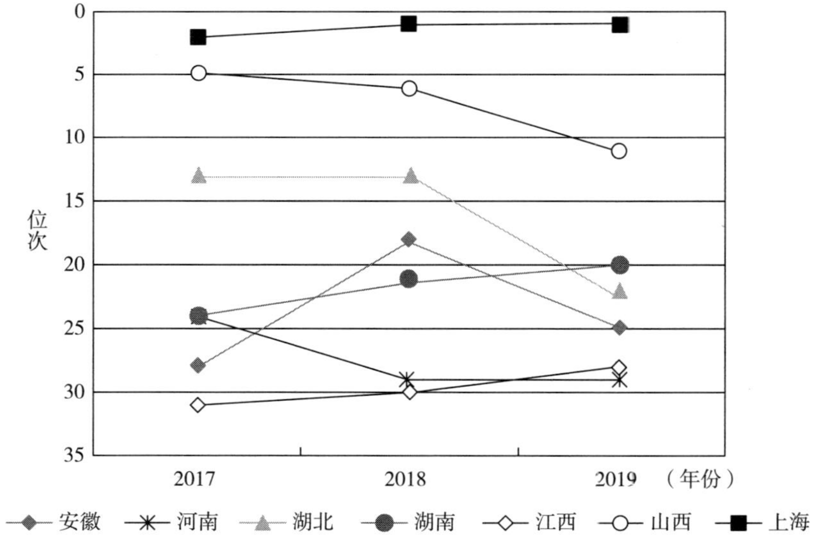

图 8－9　2017～2019 年中部六省及上海市 S3 指标位次

8.4　科技促进经济发展三级指标研究

8.4.1　劳动生产率（S11）

从近十年劳动生产率变化趋势分析，山西省劳动生产率稳步提高，2019 年山西省劳动生产率已经达到了 9.07 万元/人（见图 8－10），同比历史时期的最高值，说明科技创新已经显著提高山西省的劳动生产水平。如图 8－11、表 8－7 和图 8－12 所示，从全国地区位次数据看出，从 2010 年的第 15 位下降到 2019 年的第 17 位，虽然山西省劳动生产率稳步提高，但是山西省劳动生产率的排名却在逐年下降，说明虽然山西省生产率在不断提高，但是对原材料和动力燃料等利用程度较低，劳动生产率的增速不高。在和上海市劳动生产率对比中，2017～2019 年上海市劳动生产率平均值为 28.47 万元/人，始终位列全国第二，而山西省仅为 8.46 万元/人，说明相比于发达地区，山西省的劳动生产率有着明显的差距，而且差距在不断扩大。在和其他省份对比中，山西省在 2017～2019 年的劳动生产率排名位列第二位，但位次存在下降的趋势，劳动生产率高于国家平均水平，在中部六省处于中等水平。

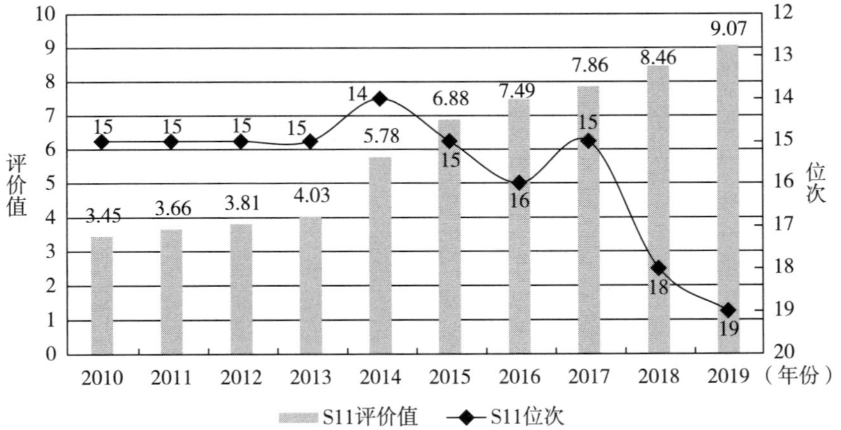

图 8－10　2010～2019 年山西省 S11 指标评价值及位次

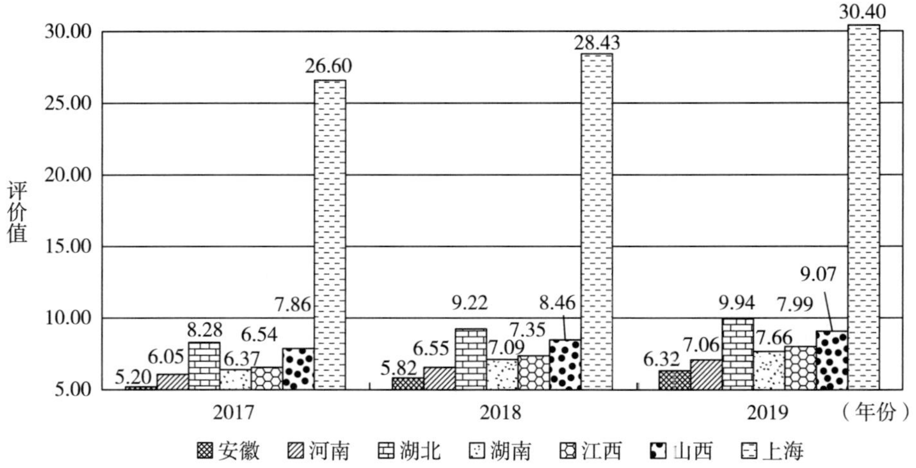

图 8－11　2017～2019 年中部六省及上海市 S11 指标评价值

表 8－7　2017～2019 年中部六省及上海市 S11 指标位次

年份	山西省	河南省	湖北省	江西省	安徽省	湖南省	上海市
2017	17	24	16	22	26	23	2
2018	18	24	15	22	26	23	2
2019	17	24	15	22	26	23	2

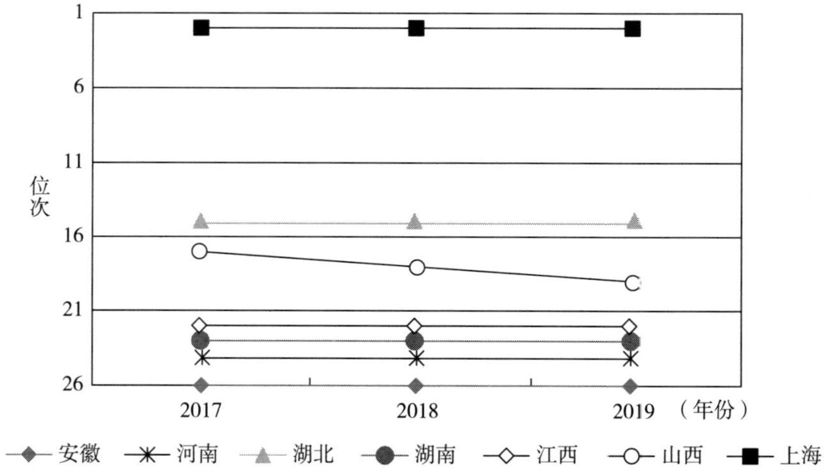

图 8－12　2017～2019 年中部六省及上海市 S11 指标位次

8.4.2　资本生产率（S12）

从近十年资本生产率变化趋势分析，山西省的资本生产率下降明显，2010年山西省资本生产率最高为0.48，2019年山西省资本生产率已经降低到0.27万元/万元（见图8－13），是近十年来的最低水平，年变化率始终处于负增长阶段，表明科技创新没有明显改善山西省资本生产率水平，存在体制改革不彻底、制度建设不完善、产业结构不合理等问题。如表8－8、图8－14和图8－15所示，从全国地区排位数据分析，从2010年的第8位下降到2019年的第20位。在和上海市资本生产率对比中，2017～2019年上海市资本生产率平均值为0.4万元/万元，始终位列全国第二，而山西省仅为0.27万元/万元，说明相比于发达地区，山西省资本生产率存在明显差距，而且差距在不断扩大。不仅如此，在和其他中部五省对比中，山西省在2017～2019年的资本生产率中部六省排名位列第五，位次存在下降的趋势，资本生产率低于全国的平均水平，山西省资本生产率水平在中部六省中处于较低水平。

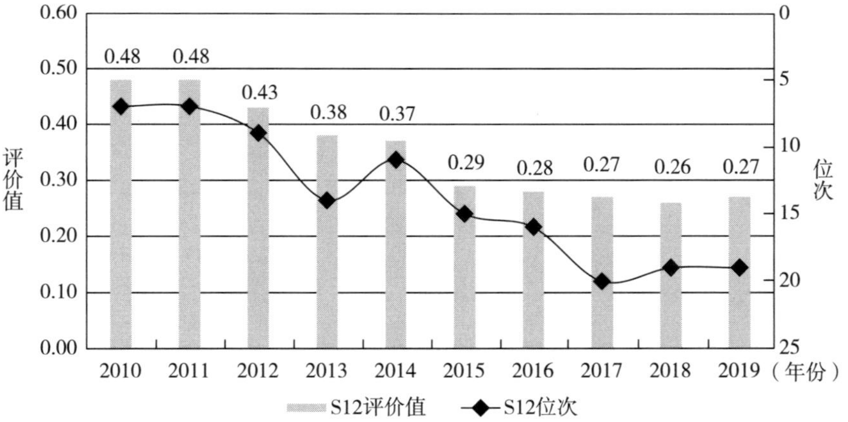

图8－13　2010～2019年山西省S12指标评价值及位次

表8－8　2017～2019年中部六省及上海市S12指标位次

年份	山西省	河南省	湖北省	江西省	安徽省	湖南省	上海市
2017	19	21	15	7	11	14	5
2018	19	21	16	9	11	15	5
2019	19	21	16	10	11	15	5

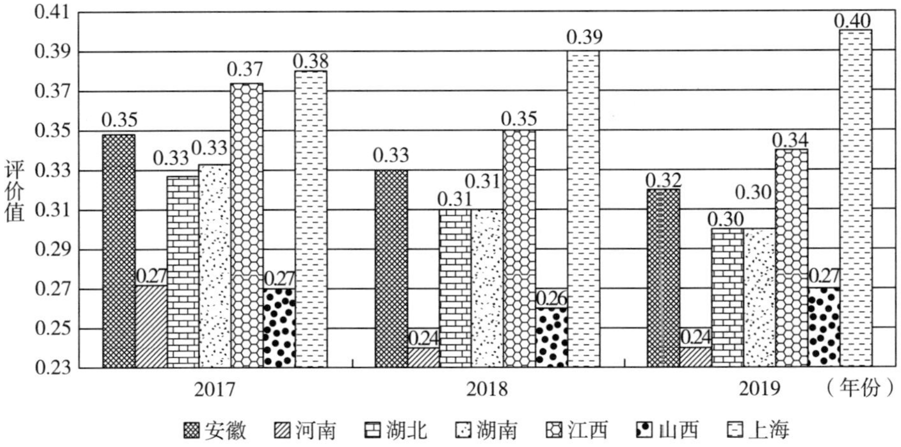

图 8-14　2017~2019 年中部六省及上海市 S12 指标评价值

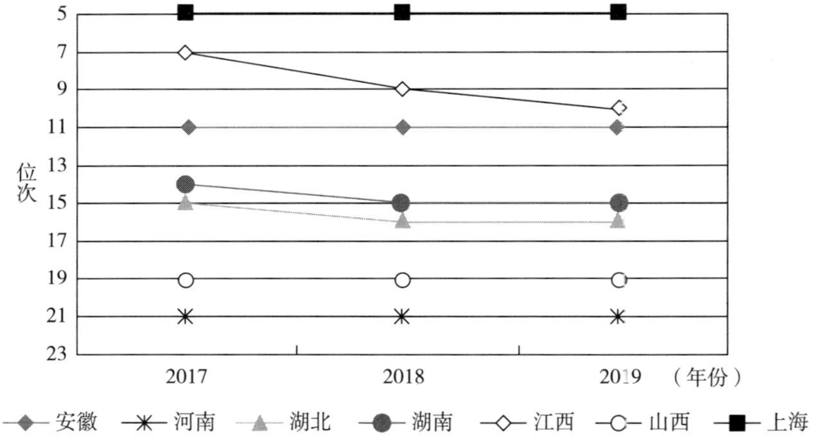

图 8-15　2017~2019 年中部六省及上海市 S12 指标位次

8.4.3　综合能耗产出率（S13）

从近十年综合能耗产出率变化趋势分析，山西省的综合能耗产出率稳步提高，2019 年山西省综合能耗产出率已经达到了 7.26 元/千克标准煤（见图 8-16），同比历史时期的最高值，说明科技创新已经显著提高了山西省综合能耗产出率。如图 8-17、表 8-9 和图 8-18 所示，从全国地区排位数据分析，2010~2019 年山西省综合能耗产出率排位无明显变化，基本处于下游阶段，说明山西省综合能耗产出率在不断增加，但是相对于其他排位高的省份来说，山西省劳动生产率的增速不高，综合能耗产出率还是处于相对落后水平，最终导致名次的下降。在和上海市综合能耗产出率对比中，2017 ~ 2019 年上海市综合能耗产出率平均值为 21. 46 元/千克标准煤，始终位列全国第二，而山西省仅为 6. 89 元/千克标准煤，说明相比于发达地区，山西省的综合能耗产出率有着明显的差距，而且差距在不断扩大。在和中部其他五省对比中，山西省在 2017 ~ 2019 年的综合能耗产出率排名位列末位，并且和其他五省存在明显的差距，综合分析认为，造成山西省综合能耗产出率在全国各省份落后的原因有两个方面：一是山西省工业部门平均能源消费产出效率低，二是山西能源消费多集中在能源消费产出效率低的工业部门。

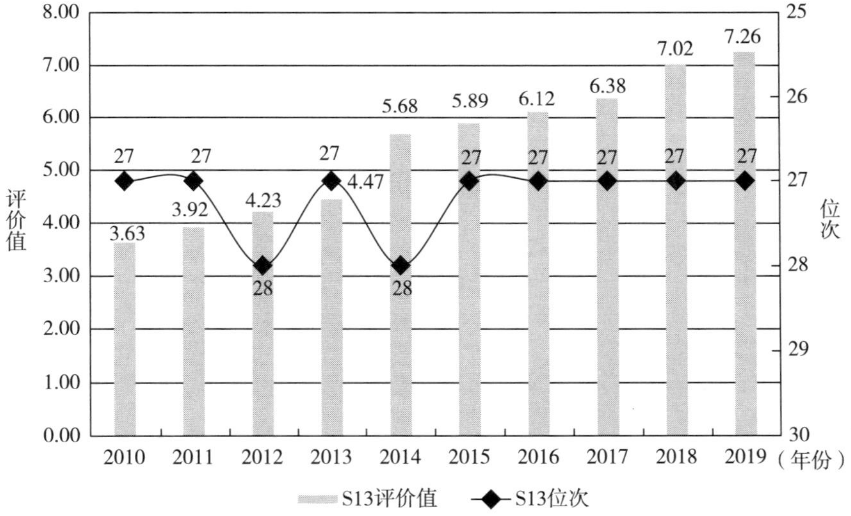

图 8 – 16　2010 ~ 2019 年山西省 S13 指标评价值及位次

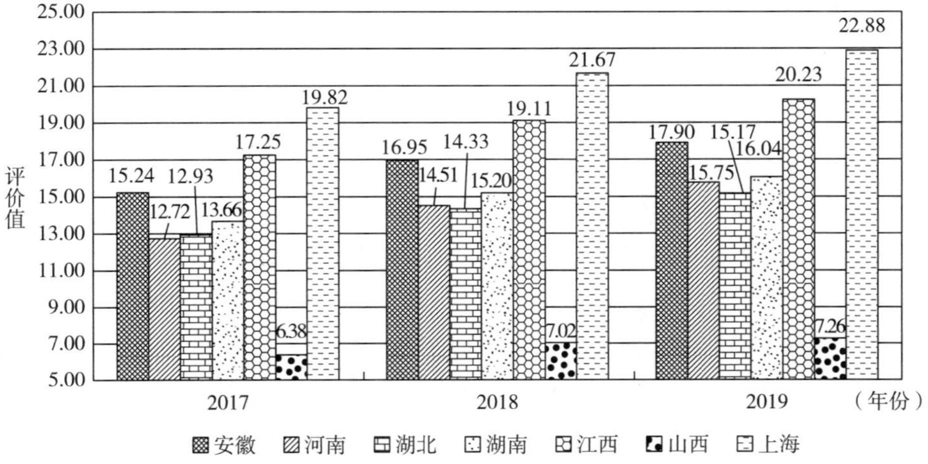

图 8 – 17　2017 ~ 2019 年中部六省及上海市 S13 指标评价值

表 8-9 2017~2019 年中部六省及上海市 S13 指标位次

年份	山西省	河南省	湖北省	江西省	安徽省	湖南省	上海市
2017	27	17	15	7	11	13	3
2018	27	15	16	7	9	13	3
2019	27	15	16	8	9	13	3

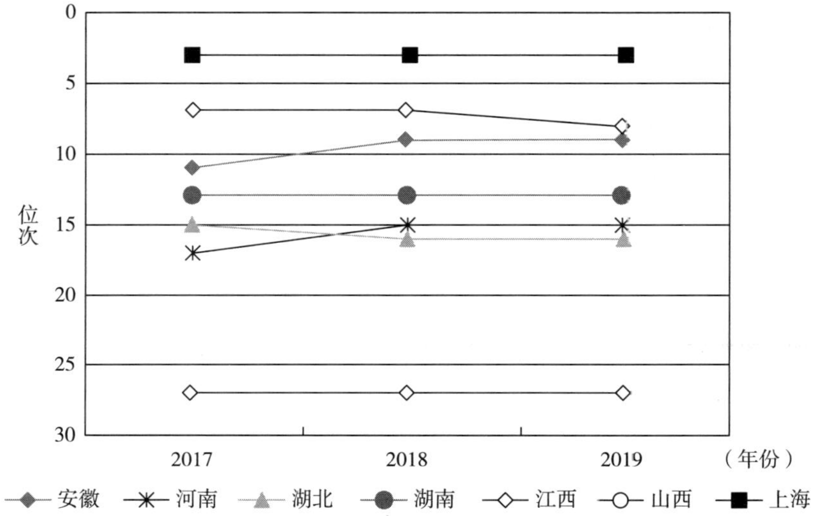

图 8-18 2017~2019 年中部六省及上海市 S13 指标位次

8.4.4 装备制造业区位熵（S14）

装备制造业区位熵指标在 2016 年纳入评价报告用于评价经济发展方式，指标反映了山西省制造业的专业化程度。由近四年装备制造业区位熵变化趋势分析，山西省的装备制造业区位熵稳步提高，2018 年山西省装备制造业区位熵已经达到了 33.24，为历史时期的最高值，2019 年山西省装备制造业区位熵低于历史最高水平，说明科技创新已经显著提高山西省装备制造业区位熵，但制造业的专业化程度水平有下降的趋势。如图 8-19、表 8-10 和图 8-20 所示，从全国地区排位数据分析，排名的变化不大，位于 20 名左右，说明山西省制造业的专业化程度还存在上升的空间，虽然山西省装备制造业区位熵稳步提高，但是山西省装备制造业区位熵的排名却依旧处在中下游的位置，说明装备制造业区位熵在不断增加，但是相对于其他排位高的省份来说，山西省装备制造业区位熵的增速不高，装备制造业区位熵还是处于相对落后水平，最终导致名次较低。在和上海市装备制造业区位熵对比中，2017～2019 年上海市装备制造业区位熵平均值为 175.42%，始终位列全国前列，而山西省仅为 31.04%，说明相比于发达地区，山西省的装备制造业区位熵处于较低水平，而且与发达地区的差距在不断扩大。在和中部六省的其他省份对比中，山西省在 2017～2019 年装备制造业区位熵排名处于末位。相对其他中部五省来说，山西省装备制造业区位熵依旧处于较低水平。

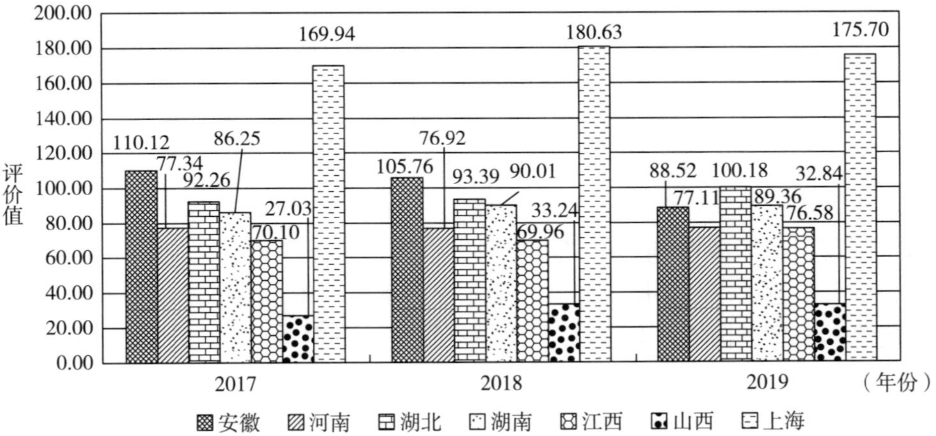

图 8－19　2017～2019 年中部六省及上海市 S14 指标评价值

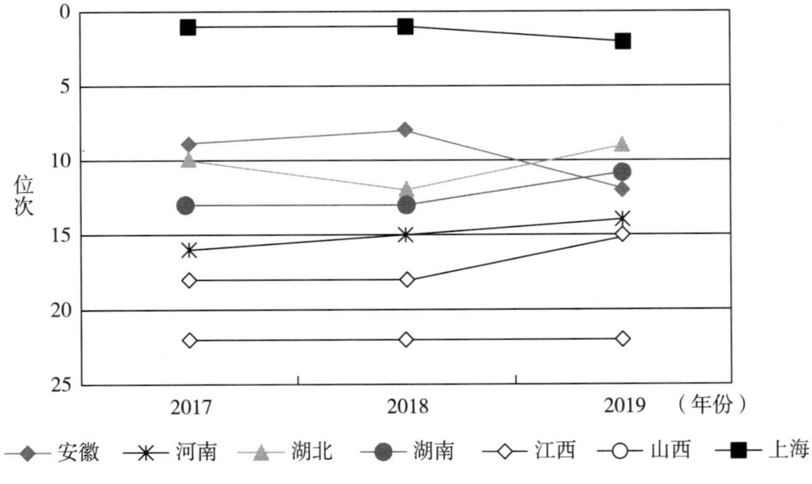

图 8－20　2017～2019 年中部六省及上海市 S14 指标位次

表 8－10　2017～2019 年中部六省及上海市 S14 指标位次

年份	山西省	河南省	湖北省	江西省	安徽省	湖南省	上海市
2017	22	16	10	18	9	13	1
2018	22	15	12	18	8	13	1
2019	22	14	9	15	12	11	2

8.4.5　环境质量指数（S21）

从近十年劳动生产率变化趋势分析，山西省的环境质量指数在 2009～2015 年不断提高，在 2015 年评价值达到历史最高水平，在 2016～2019 年山西省环境质量指数逐步下降，2019 年指标评价值达到历史最低水平（见图 8－21），说明最近山西省的环境改善情况较差。如图 8－22、表 8－11 和图 8－23 所示，从全国地区排位数据分析，2009～2015 年排名不断提高，最好达到中上游水平，说明山西省贯彻“绿水青山”与“金山银山”的平衡发展，但在 2017～2019 年山西省环境质量指数排名逐渐下降。相比于发达地区，山西省的环境质量指数有着明显优势，而且差距在不断扩大。在和中部六省的其他省份对比中，山西省在 2017～2019 年的环境质量指数排名下降，说明在“十四五”时期，山西省的科技促进环境质量指数改善情况不明显。

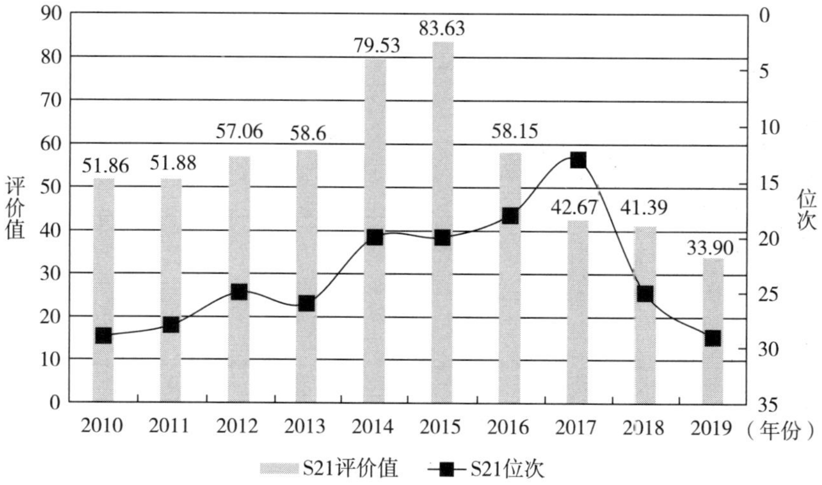

图 8－21　2010～2019 年山西省 S21 指标评价值及位次

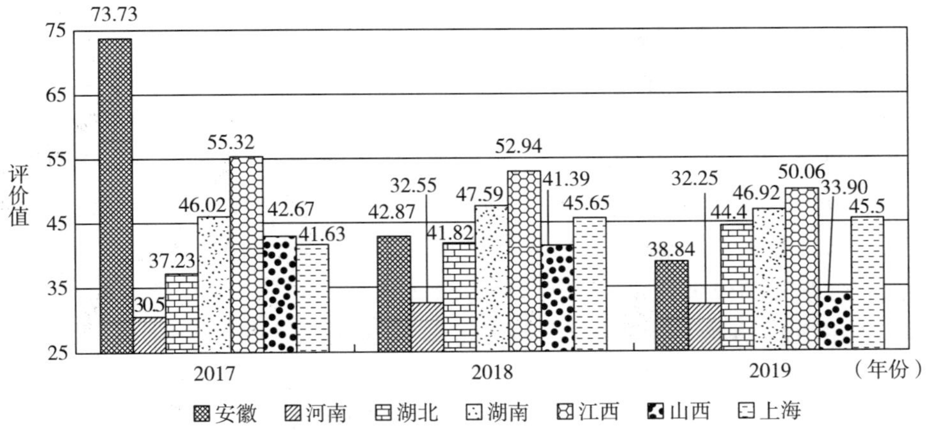

图 8 - 22　2017 ~ 2019 年中部六省及上海市 S21 指标评价值

表 8 - 11　2017 ~ 2019 年中部六省及上海市 S21 指标位次

年份	山西省	河南省	湖北省	江西省	安徽省	湖南省	上海市
2017	13	29	26	5	18	12	21
2018	25	30	24	9	23	13	16
2019	29	30	21	12	24	15	18

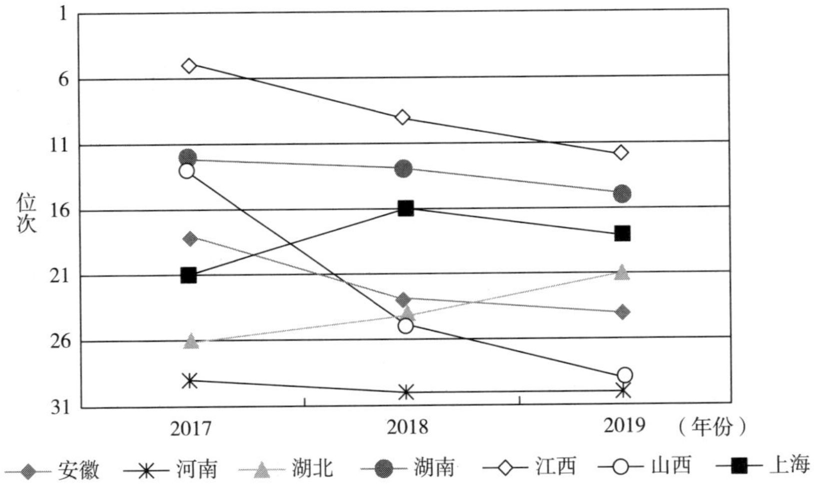

图 8 - 23　2017 ~ 2019 年中部六省及上海市 S21 指标位次

8.4.6 环境污染治理指数（S22）

从近十年环境污染治理指数变化趋势进行分析，山西省环境污染治理指数稳步提高，2019 年山西省环境污染治理指数已经达到了 92.17%，是历史最高值，说明科技创新已经显著地提高了山西省的环境污染治理指数水平（见图 8-24）。如图 8-25、表 8-12 和图 8-26 所示，从全国地区排位数据分析，从 2010 年的第 25 位下降到 2019 年的第 18 位，有关数据显示，2018 年，山西省逐步淘汰钢铁过剩达到 225 万吨，焦化产能 691 万吨；排查整治“散乱污”企业 1.8 万多家；完成清洁取暖改造 96 万户，淘汰燃煤锅炉 5000 多台；淘汰老旧车 1.95 万辆；大规模开展国土绿化，全年高标准完成营造林 510.22 万亩；全省新增城市绿化面积 2558 万平方米。在与上海市环境污染治理指数进行对比中，2017～2019 年上海市环境污染治理指数平均值为 94.39%，位列前茅，而山西省仅为 83.17%，位于全国排名的末位，说明相比于发达地区，山西省的环境污染治理指数的治理还有很大的提升空间，需要逐步把科技创新产品应用到社会环境中，但在与中部其他五省的对比中，山西省在 2017～2019 年环境污染治理指数排名稳步上升，在 2019 年环境污染治理指数排名为 18 名，位列中部六省第三，说明相比于其他五省，山西省的环境污染治理还是很有成效的。

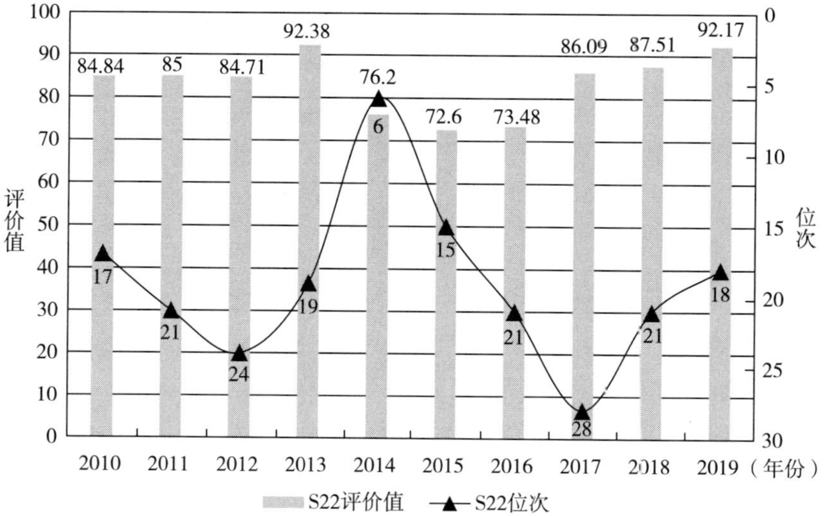

图 8-24 2010～2019 年山西省 S22 指标评价值及位次

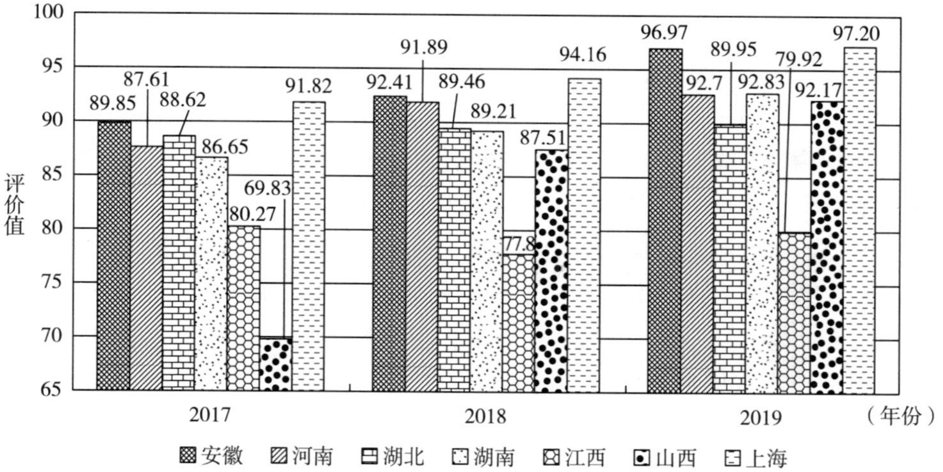

图8－25　2017～2019年中部六省及上海市S22指标评价值

表8－12　2017～2019年中部六省及上海市S22指标位次

年份	山西省	河南省	湖北省	江西省	安徽省	湖南省	上海市
2017	28	15	12	20	7	12	6
2018	21	10	15	28	9	16	3
2019	18	15	20	28	7	14	3

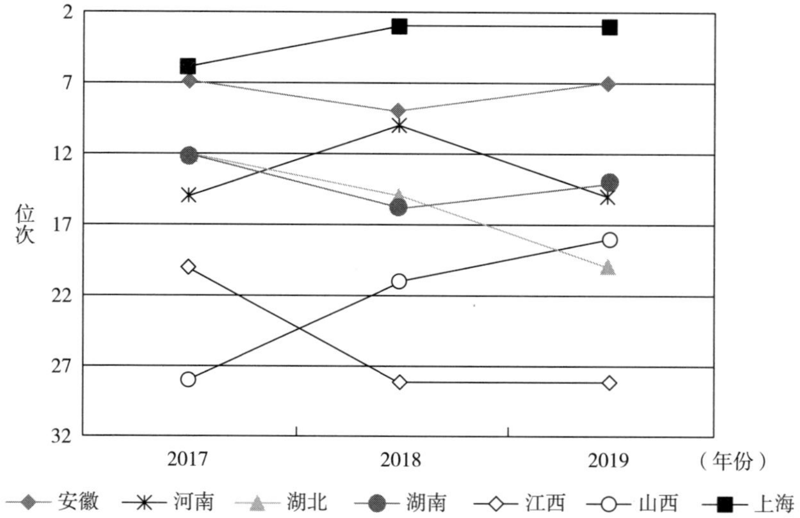

图8－26　2017～2019年中部六省及上海市S22指标位次

8.4.7　万人国际互联网上网人数（S31）

从近十年万人国际互联网上网人数变化趋势分析，山西省的万人国际互联网上网人数稳步提高，2019 年山西省万人国际互联网上网人数已经达到了 6123.55 人/万人，是历史最高值，说明科技创新已经显著提高了山西省信息化水平（见图 8－27）。如表 8－13、图 8－28 和图 8－29 所示，从全国地区排位数据分析，从 2010 年的第 12 位下降到 2019 年的第 21 位，虽然山西省万人国际互联网上网人数稳步提高，但是山西省万人国际互联网上网人数的排名却在逐年下降，说明增速变化在不断增加，但是相对于其他排位高的省份来说，山西省万人国际互联网上网人数的增速不高，山西省万人国际互联网上网人数还处于相对落后水平，最终导致名次的下降。在与上海市万人国际互联网上网人数进行对比中，2017～2019 年上海市万人国际互联网上网人数平均值为 7814.43 人/万人，始终位列全国第二，而山西省仅为 5653.27 人/万人，说明相比于发达地区，山西省万人国际互联网上网人数有着明显的差距，而且差距在不断扩大。在和中部其他五省份对比中，山西省在 2017～2019 年的万人国际互联网上网人数排名位列第二位，但位次存在下降的趋势，相对于中部六省来说，山西省万人国际互联网上网人数还是处于较高水平。

表 8－13　2017～2019 年中部六省及上海市 S31 指标位次

年份	山西省	河南省	湖北省	江西省	安徽省	湖南省	上海市
2017	10	28	20	26	25	24	2
2018	24	29	19	25	26	24	2
2019	21	28	20	26	24	24	2

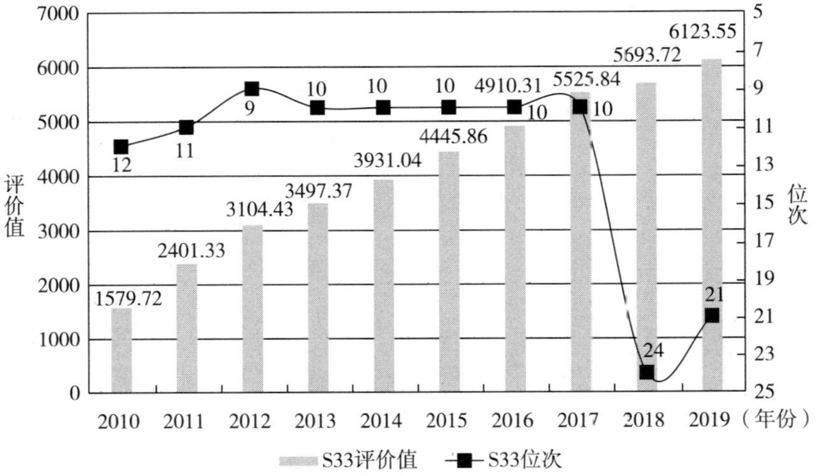

图 8－27　2010～2019 年山西省 S31 指标评价值及位次

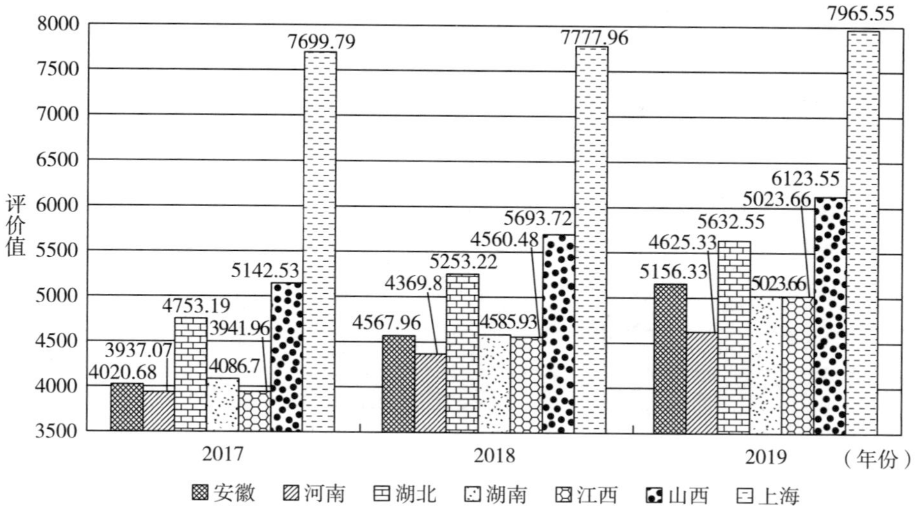

图8－28　2017～2019年中部六省及上海市S31指标评价值

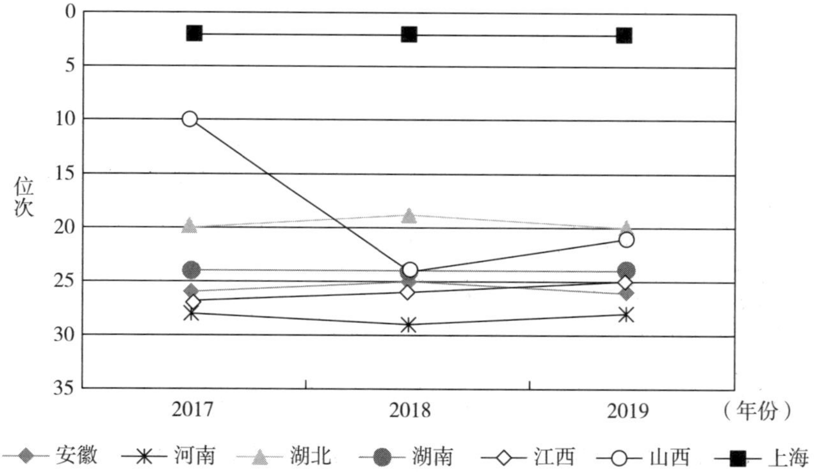

图8－29　2017～2019年中部六省及上海市S31指标位次

8.4.8　百万居民计算机拥有量（S32）

2010～2014年山西省百万居民计算机拥有量趋势明显增加，在统计年限区间中最高值已经达到45.88，平均值为25.28，在全国的排名也是逐步上升的（见图8－30）。说明科技发展改善了人们获取信息的渠道，计算机的普及说明人民的经济水平也在逐步提高。

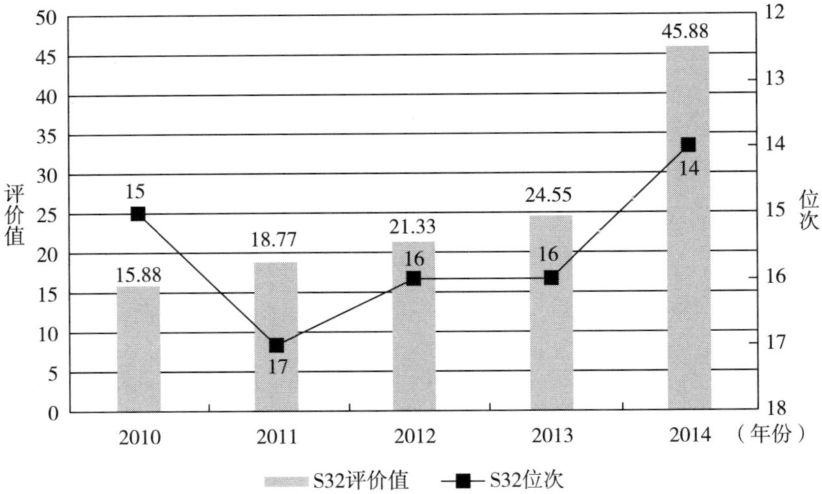

图 8－30　2010～2014 年山西省 S32 指标评价值及位次

8.4.9　信息传输、软件和信息技术服务业增加值占生产总值比重（S33）

从近十年信息传输、软件和信息技术服务业增加值占生产总值比重变化趋势分析，山西省信息传输、软件和信息技术服务业增加值占生产总值比重稳步提高，2019 年山西省信息传输、软件和信息技术服务业增加值占生产总值比重已经达到了 4.01%，是历史最高值，说明科技创新已经显著提高了山西省的信息传输、软件和信息技术服务业的发展水平（见图 8－31）。如图 8－32、表 8－14 和图 8－33 所示，从全国地区排位数据分析，山西省信息传输、软件和信息技术服务业增加值占生产总值比重的位次基本无变化。在与上海市信息传输、软件和信息技术服务业增加值占生产总值比重进行对比中，2017～2019 年上海市信息传输、软件和信息技术服务业增加值占生产总值比重平均值为 5.81%，始终位列全国第二，而山西省为 3.91%，山西省信息传输、软件和信息技术服务业增加值占生产总值比重和发达地区有一定的差距，而且差距在不断扩大。在与其他中部五省份进行对比中，山西省在2017～2019 年的信息传输、软件和信息技术服务业增加值占生产总值比重排名位列第二位，但位次存在下降的趋势，相对于中部六省来说，山西省位列第一，说明山西省的信息传输、软件和信息技术服务业增加值占生产总值比重在中部六省中还是处于较高水平。

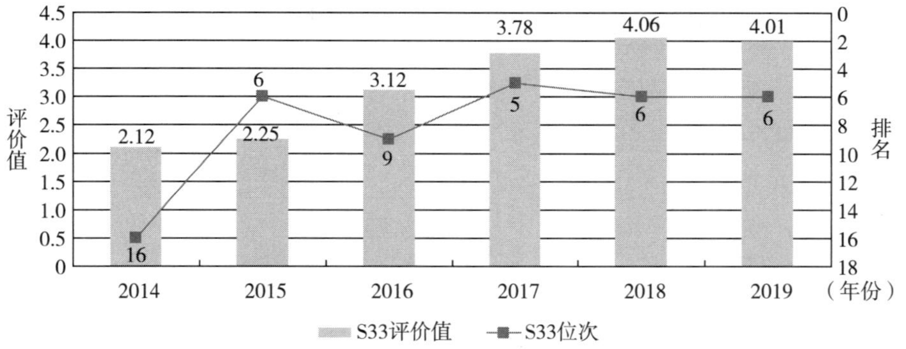

图 8－31　2014～2019 年山西省 S33 指标评价值及位次

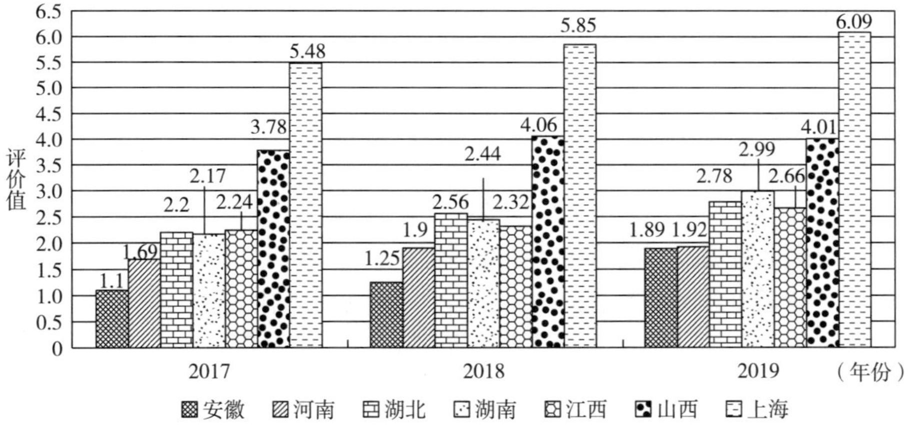

图 8－32　2017～2019 年中部六省及上海市 S33 指标评价值

表 8－14　2017～2019 年中部六省及上海市 S33 指标位次

年份	山西省	河南省	湖北省	江西省	安徽省	湖南省	上海市
2017	7	24	18	17	31	19	2
2018	6	25	12	20	31	15	2
2019	6	28	14	20	29	11	2

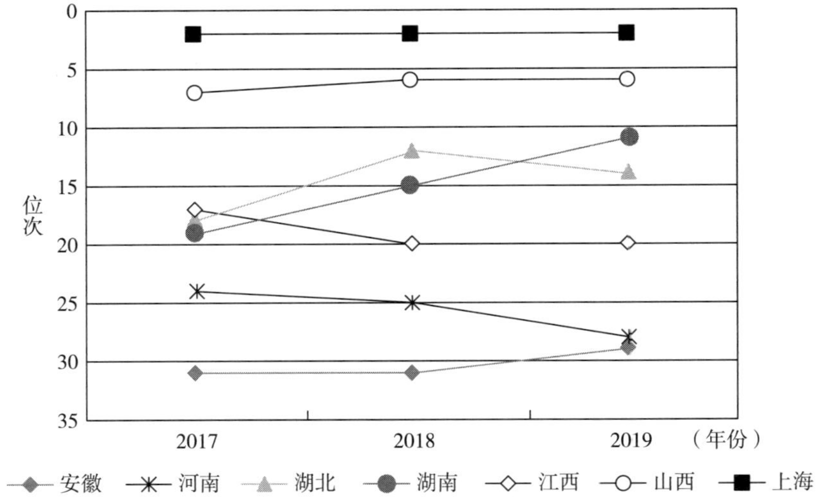

图 8－33　2017～2019 年中部六省及上海市 S33 指标位次

8.4.10　电子商务消费占最终消费比重（S34）

随着社会经济发展以及消费模式的改变，百万居民计算机拥有量和百人固定电话和移动电话数已经不能体现社会信息化水平，随着电商的发展，人们热衷于网络购物，电子商务消费占消费的比重比前两者更具有代表性。

2019 年山西省电子商务消费占最终消费比重已经达到了 9.87%，是历史最高值，说明科技创新已经显著改变了人民的购物方式，实现从实体经济到网络平台的转变。如图 8－34、表 8－15 和图 8－35 所示，从全国地区排位数据分析，山西省电子商务消费占最终消费比重排名依旧是处于末位，说明增速变化在不断增加，但是相对于其他排位高的省份来说，山西省电子商务消费占最终消费比重的增速不高，电子商务消费占最终消费比重还是处于相对落后水平，最终导致名次较低。在与上海市电子商务消费占最终消费比重进行对比中，2017～2019 年上海市电子商务消费占最终消费比重平均值为 90.75%，始终位列全国第二，上海市多为在外务工人员，上班族多以网购、外卖等网上订餐方式，而山西省为 9.49%，多数人还是选择以实体商店购买为主，说明相比于发达地区，山西省的电子商务消费占最终消费比重有着明显的差距，而且差距在不断扩大。在与其他中部五省进行对比中，山西省在 2017～2019 年的电子商务消费占最终消费比重排名位列末位，说明科技对山西省人民消费模式的改变没有其他省份显著。

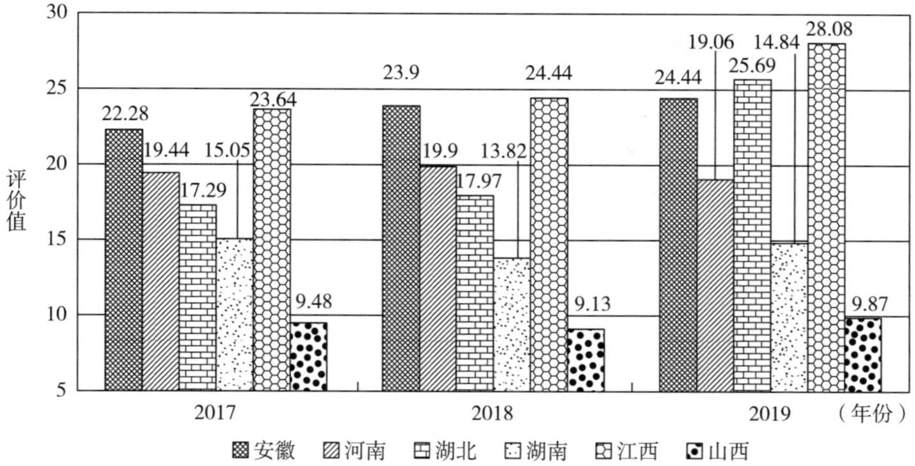

图8－34 2017～2019年中部六省S34指标评价值

表8－15 2017～2019年中部六省及上海市S34指标位次

年份	山西省	河南省	湖北省	江西省	安徽省	湖南省	上海市
2017	26	15	17	10	13	19	1
2018	25	14	16	9	10	20	1
2019	24	15	9	7	10	20	2

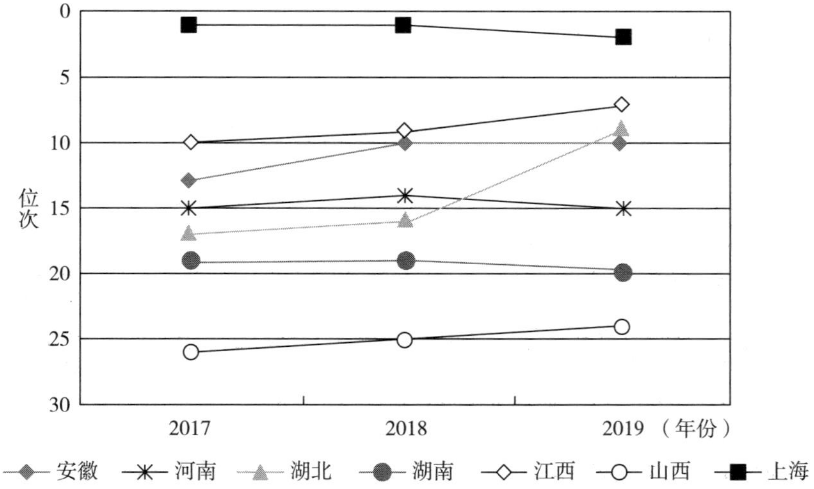

图8－35 2017～2019年中部六省及上海市S35指标位次

8.4.11 百人固定电话和移动电话数（S35）

2010～2013 年山西省百人固定电话和移动电话数趋势明显增加，在统计年限区间内最高值已经达到 81.86，平均值为 75.11，说明山西省科技发展改变了人们的沟通方式（见图 8－36）。但是山西省百人固定电话和移动电话数的全国排名呈下降的趋势，说明山西省固定电话和移动电话数的提高速度不如其他省份增速快，导致排名有所下降。

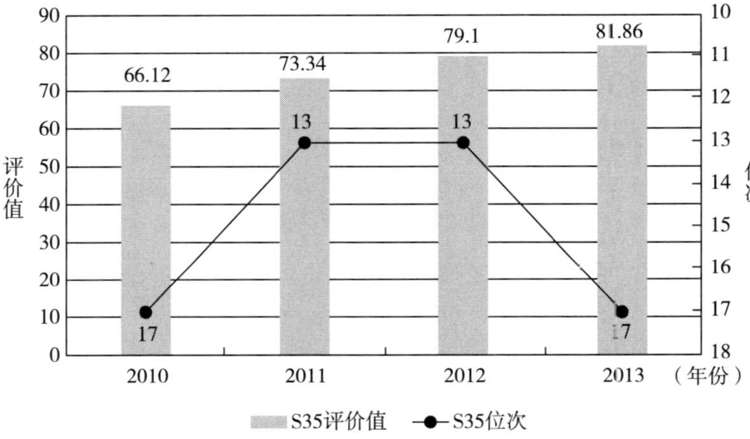

图 8－36　2010～2013 年山西省 S35 指标评价值及位次

8.5 需要重点关注的指标

8.5.1 资本生产率（S12）

资本生产率是一定时期内（一年内）单位资本存量创造的产出（GDP），是衡量科技促进经济发展水平最重要的指标之一，如图 8－13 至图 8－15 所示，山西省资本生产率近十年的波动变化较大，从 2010 年的第 8 位下降到 2019 年的第 20 位，2017～2019 年上海市资本生产率平均值为 0.4 万元/万元，始终位列全国第二，而山西省仅为 0.27 万元/万元。山西省在 2014 年资本生产率评价值和位次达到最高水平，但在 2019 年在中部六省位列第五，指标评价值下降较为严重。

8.5.2　综合能耗产出率（S13）

综合能耗产出率指的是一定范围内生产总值与能源消耗量的比值，反映单位能源内的产出情况。如图 8－16 至图 8－17 所示，山西省综合能耗产出率在中部六省和上海市比较中处于末位，在与上海市综合能耗产出率进行对比中，2017～2019 年上海市综合能耗产出率平均值为 20.86 元/千克标准煤，始终位列全国第二，而山西省仅为 6.7 元/千克标准煤，说明相比于发达地区，山西省的综合能耗产出率有着明显的差距，而且差距在不断扩大。在与中部五省进行对比中，山西省在 2017～2019 年的综合能耗产出率排名位列末位，并且和其他五省存在明显差距。

8.5.3　装备制造业区位熵（S14）

装备制造业区位熵衡量某一区域制造业的空间分布情况，反映装备制造业专业化程度，以及某一区域在高层次区域的地位和作用。如图 8－19 至图 8－21 所示，山西省装备制造业区位熵的排名处在中下游的位置，在 2018 年资本生产率评价值达到历史最高水平，在 2019 年在中部六省位列第 22 位，指标评价值平均水平较低。说明装备制造业区位熵在不断增加，但是相对于中部六省来说，山西省装备制造业区位熵处于落后水平。

8.5.4　环境质量指数（S21）

环境质量指数是表征自然环境污染危害的情况以及自然环境质量的优劣测度指标，是新时代衡量绿色经济发展的重要指标。如图 8－21 至图 8－22 所示，山西省环境质量指数相对较差，2009～2015 年排名不断提高，最好达到中上水平，说明山西省贯彻“绿水青山”与“金山银山”的平衡发展，但在 2017～2019 年山西省环境质量指数排名逐渐下降，从 2017 年最高的第 13 名下降到 2019 年最低的第 29 名，下降趋势明显。

8.5.5　信息传输、软件和信息技术服务业增加值占生产总值比重（S33）

信息传输、软件和信息技术服务业作为信息产业的重要载体，是知识密集型服务业的重要组成部分，是在大数据、人工智能时代下衡量科技创新的重要指标。山西省近十年的信息传输、软件和信息技术服务业增加值占生产总值比重稳步提高，山西省在 2016 年信息传输、软件和信息技术服务业作为信息产业评价值和位次达到最低水平，在 2017 年处于山西省历史最高水平。山西省在 2017 ~ 2019 年的信息传输、软件和信息技术服务业增加值占生产总值比重排名位列第二位，相对于中部六省来说，山西省位列第一，说明山西省信息传输、软件和信息技术服务业增加值占生产总值比重在中部六省中还是处于较高水平。

8.6 本章小结

本章通过科技促进经济发展动态指标分析山西省科技创新的效果，分析了近十年山西省科技促进经济发展动态指标的变化情况，通过与中部其他五省和上海市对比分析山西省科技促进经济发展动态指标所属水平，根据指标的内在含义确定需要重点关注指标。研究发现二级指标中经济发展转变方式、环境改善水平相对处于落后水平，社会信息化指标处于中等偏上水平；三级指标整体仅有信息传输、软件和信息技术服务业增加值占生产总值比重，环境污染治理指数评价值和位次处于中等水平，其他三级指标评价值和位次均位于较低水平，说明山西省科技创新在提高生产力水平和改善环境上与中部其他五省还有一定的差距。

第9章　山西省综合科技创新水平下降趋势的原因分析

尽管山西省一直奋力发展科技创新，重视科技创新投入、扩大科技产出，努力加快高新技术产业发展步伐，并且重视经济增长方式的转变和社会的和谐发展，但是在前面章节对山西省科技创新环境、科技活动投入、科技活动产出、高新技术产业化、科技促进经济社会发展这五个方面的动态变化过程的分析基础之上可知，山西省综合科技创新水平低于全国平均水平，同时排名变动幅度较大，增幅较小，总体处于全国中下游位置。本章旨在探寻山西省综合科技创新水平下降的原因，以期为提升山西省的科技创新水平寻找着手点。

9.1　科研物资难以保障，科技意识较为薄弱

山西省近些年加快实施创新驱动发展战略，通过加大科研投入、创新服务方式、搭建创新创业平台、加大高层次人才引进培育力度，不断优化提升科技创新环境，与相邻省份相比，差距较小，而且整体情况处于中上水平，但是与全国其他发达地区相比还有一定的赶超空间。

通过数据分析，山西省的“每名 R&D 人员仪器和设备支出（E21）”和“科学研究和技术服务业新增固定资产占比（E22）”这两项指标值均在逐年降低，直接导致山西省的科研物质条件处于劣势水平，科研仪器设备是科技活动重要的物质技术基础，固定资产投资是提高科技创新水平的重要手段，科研物资得不到保障，基础设施建设迟缓，科技创新环境因而得不到明显改善。

另外，山西省的科技意识在近几年的排位不断下降，与中部其他省份的差距

扩大，显然，虽然山西省的专利申请数逐年递增，2019 年较 2018 年递增了 3%，而且有 R&D 活动的企业占比在不断增大，2019 年比 2018 年增加了 2.4%，但是山西省科技意识水平相比中部其他省份有较大差距，其中“科学研究和技术服务业平均工资比较系数（E32）”的位次较低，处于全国下等水平，薪资待遇是科研工作人员养家糊口的物质基础，也是让劳动者过上体面生活的保障，更是社会和谐的必备条件，只有让科研工作人员没有后顾之忧，才能激发科研工作者的潜能，发挥自己的才干，做出更多的成果，显然，山西省的科研工作者的工资水平相比别的省份较低，在一定程度上会造成人才流失和成果弱化，这种情况充分体现出山西省的科技意识淡薄，而加强科技意识，才是营造良好的科技创新环境的前提。

9.2 人才投入总量偏低，资金投入体系单一

科技创新的进步是需要新的科技项目经过“技术引进—试验示范—推广普及”的过程，而每一个过程都需要大量的人力、物力、财力。而这些投入需要政府或企业来承担，以促进科技创新的发展，但是，政府或企业投入尚未达到科技创新发展的要求。

在科技创新人力投入方面，2017～2019 年的山西省科技创新人力投入明显减少，导致被一直排在山西省后面的江西省赶超，排在山西省前两位，究其原因，主要是因为山西省的 R&D 研究人员数和企业 R&D 研究人员数的投入减少，在相邻省份大量投入科研人员时，山西省保持稳定，导致科技创新人力投入水平不高。

在科技创新财力投入方面，山西省的科技活动财力投入力度较低，资金来源单一，且资金投入位于全国中下游水平，特别是山西省地方财政科技支出占地方财政支出比重较低，平均水平不足上海市的 25%。由此可见，山西省的地方财政科技支出额应该继续扩大。除此之外，在企业财力投入方面，企业技术获取和技术改造经费支出占企业主营业务收入比重在近十年不断波动，呈现不稳定的状态，在一定程度上影响了山西省科技创新投入水平的稳步提升。

9.3 科技产出增幅较小，技术市场发展迟缓

科技活动的投入，最终是为了创造更多的科技成果，让科技活动成果惠及社会民生改善，促进我国走出一条从人才强、科技强到产业强、经济强、国家强的创新发展新路径，使科技创新成为中华人民共和国站起来、富起来、强起来的重要支撑，由此可见，科技活动产出环节对区域科技创新能力的影响是重大的，对科技创新水平提升的作用也是不可或缺的。

科学地分析山西省的科技活动产出状况可知，山西省的科技活动产出稳步提高，但是提高幅度较小，在2019年的时候科技活动产出已经达到了40.17，对比中部六省第一的湖北省，占据湖北省产出的59%，而且近三年的排位，均超越河南省和江西省，但是山西省在“获国家级科技成果奖系数”指标上波动较大，而且基本上处于下降状态，说明山西省在国家级层面的科技成果量较少，很大程度上影响了山西省科技创新产出水平。另外，山西省在“万人发明专利拥有量”相比别的省份存在较大差距，虽然专利拥有量在增多，但是增加额较小，被相邻省份赶超。除此之外，由于山西省的先天性地理条件的劣势和科技化水平的不足，全省的万人输出技术成交额与全国平均水平和其他相邻省份的发展水平仍有较大差距，因此，在技术开发、技术转让、技术咨询和技术服务等方面，山西省还有很多工作要做。

9.4 高新产业效益较差，劳动生产效率不高

推进高新技术产业化，不仅可以调整经济发展结构，还能促进区域经济持续快速健康发展，山西省的高技术产业化相较于中部其他省份或者发达省份，发展进程缓慢，但一直不断提升，很大程度上得益于山西省的高新技术产业化水平比较稳定，但是，山西省的高技术产业化效益一直处于全国的靠后水平，究其原因是因为山西省高新技术产业劳动生产率较低，劳动投入和产出的资源配置水平较差，在高新技术产业化过程中，人力资本起到关键和核心作用，对人力劳动投入

的利用率较低，会影响高新技术产业化效益的提高。

9.5 科技创新引领力弱，环境经济升级缓慢

科技创新的最终目的是为了促进经济社会发展和人民生活幸福指数提高，山西省的科技促进经济社会发展的指数水平较为平稳，没有较大提升，其中对经济转型的促进力度较弱，资本生产率近十年的波动变化较大，排在中部六省靠后位置，同时存在下降风险，主要因为科技创新的资本投入与经济产出之间的配置效率较低，大量的资本投入未发挥出期望的产出效益，存在投入浪费或者管理不合理等因素；另外，科技的发展应该对生态治理、环境美化等起到推动作用，然而山西省的科技成果对环境的改善和优化效果较差，环境质量指数一直处于全国中下游水平，没有较大的提升，反而在 2019 年下降到了 29 名，说明山西省在科技创新发展过程中，未对环境改善投入较多的关注，科技与环境存在脱节现象，科技产品未在环境改善工作中利用起来，使山西省的科技对经济社会向更好更快发展进程中的作用力度较弱。

第 10 章　山西省综合科技创新水平排位提升的政策建议

基于前面章节对山西省综合科技创新水平的分析，可知山西省综合科技创新水平排位的提升空间很大，因此为促进山西省科技创新水平排位的提升，健全和优化山西省科技创新的政策环境，根据山西省综合科技创新水平排位下降的原因，结合山西省的科技创新发展的现实情况，提出了以下相应的政策建议。

10.1　加强科技创新环境政策上的顶层设计

科技创新环境政策制定的相关部门，要从山西省省情出发，全方位把握全省科技发展的需要，加快制定全省科技创新环境政策文件，使山西省的科技创新环境政策与科技创新发展程度相匹配。因此山西省的科技创新环境政策制定部门应当把握整体框架和发展思路，因地制宜地制定出具体政策，从而加速科技创新环境的建立和完善，为山西省科技创新的发展奠定基础并保驾护航。

根据前面章节对于山西省科技创新水平排位下降的原因分析可知，山西省科技创新环境存在着“科研物资难以保障，科技意识较为薄弱”的问题，因此针对以上问题，分别给出如下建议。

10.1.1　完善科技创新基础设施建设

创新基础条件是科技创新活动得以发生的基础，没有创新基础设施的完善，就没有科技创新活动的顺利开展，因此，创新基础条件的完善是区域科技创新水平提升的坚实基础。

10.1.1.1 提升创新基础设施建设

创新基础设施是区域科技创新水平提升的基础，创新基础设施主要包括基本的科研物资条件，比如研发仪器、设备、重大科技设施等。美、日两国在创新基础设施方面凭借其巨大的投入和不断的积累，为创新战略的实施奠定了重要基础。

山西省的科研物资条件在投入建设过程中，存在的主要问题是整体水平较低，且地域之间差距过大。要完善创新基础设施建设，需要对于科学仪器和设备等建立仪器设备协作共享制度，鼓励以社会资本购置的大型仪器设备所在单位对外提供共享服务，提升仪器设备的使用效率，降低仪器购置成本。

10.1.1.2 推进科技创新平台发展

科技创新平台是科研物资基础条件建设的重要内容，是科技创新体系的重要支撑，更是推进区域科技创新水平提升的加速器。科技创新平台的建设，可为企业、行业提供平台，给予市场环境的支撑，解决资源整合不足、转化差、创新服务人才紧缺等问题。

要推进科技创新平台发展，首先，需要完善现有的科研实验室、科技创新中心等来为创新主体的科研活动提供实验空间，不断提升科研基础研究条件。其次，充分利用互联网，完善数据共享平台、科技文献共享平台、服务平台系统建设，最大限度地实现资源共享。最后，要完善科技创新平台的科技成果评价和咨询服务体系，科学评价科技成果的技术价值和实用水平，推进科技成果转化，促进科技创新环境的不断优化。

10.1.2 营造科技创新文化氛围

创新文化是科技创新的原动力，只有积极营造创新的文化氛围，才能提高科技创新在区域发展过程中的核心地位，才能取得创新发展的根本动力。营造创新文化氛围，需要政府大力倡导全民创新，提升全民科学素养，倡导创新教育，重视科研人才等。

10.1.2.1 加快全民科普进程

推动科普活动的开展有利于激发全体公民“学科学、用科学”的热情，提高全民的知识产权保护意识，整体提升全民科学素养，为创新驱动发展战略创造不竭动力。政府在开展科普活动过程中，要实现多形式、广覆盖，充分发挥传统媒体与网络新媒体的作用，并通过创新科普活动的形式，鼓励更多公民接触科技信息，参与到科普活动中来。由此，不断提升全民的科学文化素养，为区域科技创新水平的提升建立良好的社会文化氛围。

10.1.2.2　搭建有利于科研活动的优质环境

政府应对科技创新政策的具体内容加以细化，使政策条款具有可操作性，使科研人员能进能出，岗位能上能下，收入有高有低，形成“爱才、惜才、用才”的创业环境，同时把员工的业绩和收入挂钩，使科技中介机构的工作岗位更具有吸引力，增强员工的归属感，做到以良好的机构形象吸引人才，以“以人为本”的管理理念培养人才，以创新的机制吸引优秀海外人才。

在科技成果转化取得的收益中，企业、科研机构或高等学校应提取一定的比例，用于奖励项目完成人员和对此有贡献的人员。要适当增加科学研究和技术服务业科研人员的工资和福利水平，要以优厚条件吸引人才回国回省定居，并可采取客座研究、技术入股、合作开发、假期讲学、外商代理、专题咨询等多种方式引才引智，采取期权股等多种形式调动人，“以事业留人，以感情留人，以待遇留人”。要抓紧落实山西省委、省政府出台的引进人才的政策规定，采取灵活多样的形式拓宽“引才引智”的途径。

除此之外，政策制定之后还要加大宣传力度，让全民了解政府对于科技创新发展的政策导向，在全社会大力倡导全民创新，营造宽松的研发政策和市场环境，建立容错的社会机制和观念，并广泛开展科学技术普及应用推广活动，激发社会生活中的科技创新潜力，增强全社会的科技创新意识，推动创新文化广泛普及。

10.2　多元化地建立科技创新投入机制

10.2.1　优化科研人才投入机制

人力资本是科技创新发展过程中的重要驱动因素，表现为人身上的知识存量和技术能力。因此，制定有效的人才战略措施，集聚创新关键人才，才能充分释放和发挥人才的知识和技能。

10.2.1.1　营造有利于科研人才工作的环境

科研人才是知识密集型人才，是国家、区域和企业竞争力的核心，也成为各地区、各企业争夺的对象，因此要加速经济体制改革，建立现代企业制度，充分发挥企业的创新主体作用，加强对科技创新人才的重视，使科技创新人才的价值得到充分发挥。因此：①建立和完善能上能下、充满活力、促进科技创新人才脱颖而出的机制，努力形成公开、平等、竞争、择优的人才环境。②加大对科研设备的投入，为科研人才营造良好的工作环境，为发展科技创新提供良好的工作基础，并且要营造有利于科技创新的文化氛围，以及宽松、和谐、生动活泼的人文环境，让科技创新人才活跃在平等发展的空间和自由的学术气氛之中。

10.2.1.2　完善科技创新人才政策

①健全和完善科技创新人才激励机制：制定适应市场经济要求的科技创新人才激励政策法规，建立多元化的分配激励机制，加强对科技创新人才的精神激励。②建立健全创新人才评价机制：在考核内容上重点考核工作实绩，兼顾市场风险防范能力和发展潜力；在考核评价方式上，要改变目前内部多部门共同参与的评价方法。③健全和完善科技创新人才培训机制：在岗位分析和绩效考核的基础上进行培训需求调查，要把培训同科技人员职业生涯发展结合起来。④建立人才流动的市场机制：建立科技创新人才市场体系，政府要制定相关政策引导科技创新人才到社会需要的地方工作。

10.2.2　统筹科技创新资金投入体系

科技创新的资金从投入到产生创新收益的时间间隔长以及其效益具有外溢性等特征，而这些特征易导致技术创新活动投资不足的局面，因此要改变这种局面，建立多元化的科技创新资金投入机制是较为可行的有效途径。

10.2.2.1　政府应提高对科技创新资金投入的力度和效率

①投入规模。建立健全科技投入稳定增长机制。根据国际经验，研发费用中政府投入的比重的合理区间应是40%~65%。②投入方向。政府科技创新资金应主要投向基础性研究以及具有共性的关键技术方面。目前，我国基础理论研究的不足已经成为制约国内自主创新以及消化吸收再创新的重要瓶颈，政府应成为基础性研究以及突破具有共性的关键技术的投资主体。③投入方式。目前国内各地对科技创新的资金投入主要采取直接投入或事前投入的形式。有研究表明现行的这种投入方式是造成创新效率低下的重要原因，间接投入或事后投入的方式比直接投入或事前投入更为有效。例如通过各种减税手段资助企业研究开发活动、对创新产品进行补贴等。

10.2.2.2　建立以企业为科技创新主体的资金投入机制

企业应在内部建立起市场、科研、生产一体化的技术创新机制，使企业成为技术创新的主体，然后建立现代企业制度，树立企业的技术创新主体地位，并鼓励科研机构进入企业，加强企业技术创新主体的建设。

企业作为科技创新主体，其创新资金投入的方向应该主要集中于应用研究。①发挥支持企业自主创新优惠政策的激励作用。通过税收、贴息、设立基金等政策，为企业技术创新和科技成果转化营造良好的政策环境。②加强知识产权保护，并建立动态的垄断制度来鼓励企业增加创新投入。③对于不同类型的企业，其中对于国有企业，建立健全有关科技创新方面的业绩考核制，激励国有企业相关负责人对科技创新方面的投入和产出效益等的重视和管理；对于科技型中小企业，以财政科技投入为引导，股权融资与债权融资、直接融资与间接融资相结合，建立覆盖科技型中小企业成长全过程的资金供应链。

10.2.2.3　建立引导社会资金投入科技创新的激励机制

增加社会创新资金投入的关键在于解决好激励问题，具体建议包括三方面内容：①建立产学研创新系统，设立产学研合作专项资金，高校、科研机构与企业应大力开展合作，实现创新资源共享，在政府引导下，以企业为主体，吸引其他创新主体共同参与到科技创新发展进程中，并充分调动创新主体的积极性和创造性，刺激其加大对协同创新的投入力度。②鼓励社会公益捐赠。积极鼓励个人、联合体以及各种组织以承包、租赁、合作等形式进入科技研发领域，鼓励社会团体或个人在高校和科研机构设立科技创新活动基金，并且按国家有关规定，属于公益性捐赠的部分，在缴纳企业所得税和个人所得税时能予以扣除。③通过组织方式的突破集聚和吸引社会各界的创新资金投入，比如支持科研机构与高校、骨干企业合作或通过并购重组，建立技术创新研究院等，比如山西省的“中北大学—晋西工业集团　先进弹簧联合研制中心”就是为了集中双方优势资源，加强关键核心技术与基础科学研究，激发创新活力而建立的。

10.3　创新科技产出成果收储转化模式

科技创新产出水平是推动科技创新驱动经济发展战略的重要手段。由于科技创新产出成果转化前期需要注入大量的资金、转化周期较长引起很高的风险性，如果没有政府出台行之有效的政策营造良好的外部环境，科技创新产出成果将无法顺利转化。所以，政府应依据相关政策进行查漏补缺，有针对性地出台可操作的政策文件和实施细则。

10.3.1 设立奖励基金

政府应以科技创新和成果转化为导向，设立奖励基金，对做出突出贡献的创新团队和个人、取得重大经济效益的转化项目以及实施成果转化的个人、组织和中介给予奖励；由财政拨款建立科技成果股权和分红奖励基金，明确科技成果股权和分红奖励考核标准和成果作价入股比例，并对其实施情况进行监督；支持和鼓励职务科技成果混合所有制改革。

10.3.2 完善科技产出成果转化机制

政府应大力促进科技成果就地转化，支持风险投资机构为山西省重大科技成果就地转化提供服务，引导和支持高校未及时转化但有转化价值的成果进入市场交易。另外，政府还应该积极引导国际知名科技企业和基金入驻山西市场，广泛开展国际合作，搭建一系列国际化、专业化的科技创新交易平台。

除此之外，要健全知识产权保护制度。①要积极建立起知识产权的归属政策和利益的激励政策，加大对发明人的保护力度。在制度上要强化雇主尊重职务发明人的意识，在专利申请权上突出发明人的作用，切实落实对职务发明人的激励机制。②政府要完善知识产权相关立法。在知识产权界定、知识产权交易、知识或科技成果参与企业分配方面，制定一系列政策法规。此外还要扩大知识产权保护和执法力度。③要加大对知识产权保护的投入力度。建立起知识产权执法资金账户，同时政府应加大对知识产权信息网络和服务的资金支持力度。此外，还可以通过在社会中开展知识产权的宣传和教育的途径，提高国民保护知识产权的意识。

最后，政府应该实施科技创新成果推广活动。政府要大力实施科技创新成果推广服务，增加科技创新成果的交易机会。同时，应继续针对企业设立科技创新成果转化重大专项，鼓励各企业推进科研成果向实际经济效益的转变。在技术市场中介服务体系建设方面，山西省应持续推进各类孵化器、加速器、创新基地、生产力促进中心、科技咨询机构和协同创新中心的建设发展，鼓励建立重点产业的创新联盟，形成创新产品的上下游需求链，为科技创新成果在技术市场中便捷交易提供服务。

10.3.3 鼓励高校的科技产出

对于高等院校，要鼓励高校利用自己的特色学科与专业、人才优势和科技创新氛围，加大科技创新产出成果，比如科技论文、专著、专利等。而且政府可以通过制定加大支持科技人员创新创业和有效流动的政策等，来加大高校创办企业的鼓励力度，这样更有利于科技创新、人才培养、吸引人才，更有利于解决学生的就业问题，也更有利于与其他相关企业的交流与资源配置、工业研发的国际合作。

10.4　健全高新技术企业人力资本管理体系

高新技术产业化的发展离不开政府的政策支持，应加强政府在高新技术产业化过程中的作用，进一步转变政府职能，为了加快山西省高新技术产业化的发展，针对高新技术产业发展过程中存在的“高新技术产业化效益差，劳动生产效率低”问题，政府可从以下几个方面采取相关的对策。

10.4.1　创建有利于高新技术产业发展的政策环境

要使高新技术产业化加快发展，必须建立健全高新技术创新体系，优化政策环境，把企业、政府、市场等要素有机地结合起来。

政府应加强政策支持和政策引导，鼓励和引导高新技术企业建立研究开发机构，打破条块分割的格局，在产学研之间建立起有机联系。同时，应以多种形式吸引国内外著名科研机构和高新技术企业在山西省安家落户。此外，政府还应净化市场环境，让市场机制在高新技术产业发展中充分发挥作用，加强知识产权的保护力度，对不利于高新技术产业发展的因素进行彻底清除，为高新技术产业的发展提供良好的外部环境。

10.4.2　加强高新技术企业科研绩效管理

高新技术产业化的发展需要包括技术研究和管理在内的各类人才，因此，应采取各种措施大力培养和引进发展高新技术产业所需的人才，同时为了提高劳动生产率，需建立一套完备的绩效管理制度，改变科研工作人员的思想观念，使科研人员从内心认可、理解企业的文化和发展战略。

10.4.2.1　推行股权分配激励结构

要提高劳动生产率，首先要改变科研人员的态度、提高科研人员的执行力，同时积极推行分配结构和分配方式改革，用股权、期权等手段留住一批一流的人才和关键人才，充分发挥每个科技人才的作用，只有这样才能使高新技术企业快速发展。

10.4.2.2 完善高新技术企业的人才管理机制

高新技术产业是知识技术密集型产业，因此决定高新技术产业化发展状况的最主要因素不是物质资本的数量和质量，而是人力资本的拥有情况以及潜力发挥的程度。高新技术企业应该完善人才管理机制，充分发挥人力资本的创造性作用，通过合理定额、更新科研设备、培养和提高科研人员的技术水平、采用人才流动机制等，充分调动科研人员的积极性。

10.5 建设适应环境经济发展趋势的科技创新体系

科学技术水平的不断提高，会带来经济效益不断增强，不断增强的经济效益又会刺激人们开发利用更加先进的科学技术；同时，科学技术对于生态环境资源的利用与破坏有着不可推卸的责任，但是随着社会的发展与人文意识的增强，科学技术又会扮演着生态环境资源的保护者这一重要角色。但是我国科技创新水平不强，科技发展水平总体不高，科技对经济社会发展的支撑能力不足，对经济增长的贡献率远低于发达国家水平，同时对环境改善的作用也较弱。因此，要促进经济方式转型升级、提升环境质量要从以下几方面着手。

10.5.1 建立科技促进经济发展的动力机制

企业科技创新在区域科技创新结构中占据越来越重要的地位，但现阶段山西省的企业科技创新主体地位仍然式微，这直接导致了山西省工业技术与发达省份的差距，并催生了粗放的经济发展模式，形成了一味依赖资源、环境和劳动力等生产要素进行生产的发展路径。因此，要转变山西省经济发展方式，亟须强化企业的科技创新主体地位，深化科技体制改革，提升企业主动创新意愿，引导社会创新资源向企业集聚，形成一批有竞争力的创新型领军企业。

企业作为经济和社会发展的重要组成部分，直接关系到区域经济发展的速度和质量。传统的国有企业科技进步发展缓慢，根本原因在于它不是一个自主经营、自负盈亏的经济实体和市场竞争主体，缺乏技术进步的动力，因此，要激发传统国有企业的科技创新动力，就首先要把企业推向市场，使企业真正成为具备行为能力的法人，是实现企业科技创新的根本所在。其次，要发挥企业家在企业科技进步中的关键作用，企业家是创新意识、创新管理思想的源泉，是企业创新行为的组织者和实现者。政府部分应该借鉴西方国家的经验，政策导向指引企业培养具有竞争意识、创新意识的企业家，同时要督促企业建立经理人员的竞争淘汰制。

10.5.2　建立绿色科技创新机制

在可持续发展战略的宏观背景下，绿色科技创新是解决企业经济发展与环境恶化这一矛盾的有效方法。绿色科技创新日益成为绿色发展的重要动力，成为打好污染防治攻坚战、推进生态文明建设、推动高质量发展的重要支撑，绿色科技创新是淘汰落后产能、调整能源结构、升级产业结构和实现绿色发展的核心驱动力。因此，要利用科技创新改善环境问题，需要做到如下几个方面：①建立绿色科技创新生态系统。引入“绿色创新”理念，既要加强对绿色创新技术的扶持，也要对现有的科技创新体系进行绿色化，使科技创新活动及科技创新成果符合绿色、低碳、可持续发展的要求，推动实现全过程和全要素节能降耗、资源节约及环境保护。②建立健全绿色科技创新的治理体系。政府应尽快完善绿色创新规范体系，鼓励和引导形成以绿色科技创新为导向，科技创新成果兼顾经济价值和生态价值的绿色科技创新法律体系。③健全绿色科技创新的税收激励制度。明确绿色科技创新税收优惠政策，加大绿色科技创新的税收优惠比重，引导和鼓励企业进行独立或协同的绿色科技创新。④加强环境规制体系。环境规制对于增强公民环境意识和绿色消费认知具有教育和引导作用，健全的环境权利义务体系，有助于促使社会形成绿色低碳发展共识，促进环境保护、污染治理、节能减排，创造良好的绿色科技创新环境。⑤加强绿色科技创新产业化平台建设。加快绿色创新产业化平台建设工作，使科技创新人才、资源、成果形成互通机制，不仅有利于资源的优化配置，也会有效提高科技创新研发效率及创新成果转化效率，充分发挥绿色科技创新在经济高质量发展中的引领作用。

参考文献

[1] Adak M. Technological Progress, Innovation and Economic Growth: The Case of Turkey [J] . Procedia – Social and Behavioral Sciences, 2015 (6): 776 – 782.

[2] Asheim B T, Isaksen A. High Technology Industry and Innovative Environments: The European Experience [M] . New York: Routledge, 1988.

[3] Aydalot P, Keeble D. Regional Innovation Systems: The Integration of Local Sticky and Global "Ubiquitous" Knowledge [J] . The Journal of Technology Transfer, 2002, 27 (1): 77 – 86.

[4] Baument P M. Analyzing Regional Innovation Systems through a Multi – perspective Econometric Approach: The Spanish Case [J] . Economic Research, 2005 (10): 7 – 9.

[5] Buesa M, Heijs J, Pellitero M M and Baumert T. Regional Systems of Innovation and the Knowledge Production Function: The Spanish Case [J] . Technovation, 2006 (26): 463 – 472.

[6] Collins P, Pontikakis D. Innovation Systems in the European Periphery: The Policy Approaches of Ireland and Greece [J] . Science and Public Policy, 2006, 33 (10): 757 – 769.

[7] Cooke P. Regional Innovation Systems, Asymmetric Knowledge and the Legacies of Learning [C] . The Learning Region: Foundations, State of the Art, Future, 2007.

[8] Cooke P. Regional Innovation Systems: Competitive Regulation in the New Europe [J] . Geoforum, 1992 (23): 365 – 382.

[9] Cooke P, Brazyk H J and Heidenreich M. Regional Innovation Systems: The

Governance in the Globalized World [M] . London: UCL Press, 1996.

[10] Cooke P, Clifton N. Social Capital, and Small and Medium Enterprise Performance in the United Kingdom [C] . Entrepreneurship in the Modern Space - economy: Evolutionary and Policy Perspectives, Tinbergen Institute, Keizersgracht 482, Amsterdam, 2002.

[11] Cooke P, Schienstock G. Structural Competitiveness and Learning Region [J] . Enterprise and Innovation Management Studies, 2000, 1 (3): 265 - 280.

[12] Cooke P, Urange M G and Etxebarria G. Regional Innovation Systems: Institutional and Organizational Dimensions [J] . Research Policy, 1997, 26 (4/5): 475 - 491.

[13] Fagerberg J. Technology, Growth and Competitiveness: Selected Essays [A] // Technology, Growth, and Competitiveness: Freeman C. Technology Policy and Economic Performance: Lessons from Japan [C] . London: Pinter, 1987.

[14] Kogan L, Papanikolaou D and Seru A. Technological Innovation, Resource Allocation, and Growth [J] . The Quarterly Journal of Economics, 2017, 132 (2): 665 - 712.

[15] Lundvall B - A. National Systems of Innovation: Towards a Theory of Innovation and Interactive Learning [M] . London: Pinter, 1992.

[16] Lundvall B - A. Innovation as an Interactive Process: From Use - producer Interaction to the National System of Innovation [A] //Dosi G, et al (ed.) . Technical Change and Economic Theory [C] . London: Pinter, 1988.

[17] Lundvall B - A. Christensen J L. Extending and Deepening the Analysis of Innovation Systems with Empirical Illustrations from the DISKO - project [R] . Paper for KRUID Conference on National Innovation Systems, Industrial Dynamics and Innovation Policy, Rebild, June 9 - 12, 1999.

[18] Maria A. The Evaluation of Regional Innovation and Cluster Policies: Looking for New Approaches [R] . Conference Paper on "Decentralization and Evaluation", Lausanne, 2000 (23): 13 - 26.

[19] Mauro S, Paulo O. An Analysis of the Supple and Demand of Specialized Technical Services [A] // The Landline Region Envisaging the Strengthening of the Technological Competencies and the Structuring of a Regional Innovation System [C] . International Conference on Technology and Innovation, 2000.

[20] Michael F. Measuring the Quality of Regional Innovation Systems: A Knowledge Production Function Approach [J]. International Regional Science Review, 2002 (25): 86-101.

[21] Nasierowski W, Axcelus F J. On the Efficiency of National Innovation System [J]. Socioeconomic Planning Sciences, 2003 (37): 215-314.

[22] Naulaers C. Innovative Regions: A Comparative Review of Rethondes of Evaluating Regional Innovation Potential [J]. Brussels: European Commission, 2001 (6): 12-17.

[23] Nelson R. Regional Invention System: Technical Innovation and Dimensions [J]. Research Policy, 1996 (13): 47-49.

[24] Nelson R. Understanding Technical Change as an Evolutionary Process [M]. Amsterdam: North-Holland, 1987.

[25] Nelson R R. National System of Innovation: A Comparative Study [M]. Oxford: Oxford University Press, 1993.

[26] Romer P. Endogenous Technological Change [J]. Journal of Political Economy, 1990 (98): 71-102.

[27] Salvatore S. The Contribution of the Sciences, Technology and Innovation to Sustainable Development: The Application of Sustainability Science from the Perspective of UNESCO's Experience [J]. Sustainability Science, 2014, 9 (4): 453-462.

[28] Schwerrk R. Regional Innovative Capacity with Endogenous Employment: Empirical Evidence from the U. S. [J]. Review of Regional Studies, 2012, 33 (1): 73-84.

[29] Sener S, Saridogan E. The Effects of Science-technology-innovation on Competitiveness and Economic Growth [J]. Procedia-Social and Behavioral Sciences, 2011 (24): 815-828.

[30] Todtling F. Technological Change at the Regional Level [J]. Environment & Planning A: Economy and Space, 1992, 24 (11): 1565-1584.

[31] Wang E C, Huang W. Relative Efficiency of R&D Activities: A Cross-country Study Accounting for Environmental Factors in the DEA Approach [J]. Research Policy, 2007, 36 (2): 260-273.

[32] 曹丽娟，彭佑元. 互联网项目创业投资决策影响因素实证研究 [J].

科技管理研究，2014，34（19）：181－185.

［33］柴盈．自主创新型高新技术产业与深圳经济增长方式转变的主导性因素研究［J］．华东经济管理，2011，25（7）：50－53.

［34］陈江涛，吕建秋，田兴国，孙雄松．基于熵值法的广东省科技创新能力评价研究［J］．科技管理研究，2018，38（12）：119－126.

［35］陈金德，伍晓玲，韦文求，林雄，王振翔．基于熵权法的广东农业专业镇科技创新环境综合评价研究［J］．广东农业科学，2014，41（13）：209－213.

［36］党文娟，张宗益，康继军．创新环境对促进我国区域创新能力的影响［J］．中国软科学，2008（3）：52－57.

［37］樊华，周德群．中国省域科技创新效率演化及其影响因素研究［J］．科研管理，2012，33（1）：10－18，26.

［38］高天辉，宋砚秋，张萌，戴大双．我国政府对高新技术产业化项目财政科技投入绩效评价——基于 Borda 法［J］．技术经济，2012，31（7）：28－33.

［39］郭淑芬，张俊．中国 31 个省市科技创新效率及投入冗余比较［J］．科研管理，2018，39（4）：55－63.

［40］郭子涵，任净．我国高新技术产业开发区发展研究［J］．合作经济与科技，2017（4）：16－17.

［41］侯亚娟，彭佑元，陶凯莉．山西省能源产业上市公司竞争力评价及预测研究——基于 DEA 模型和 GM（1，1）模型综合分析［J］．河南科学，2018，36（11）：1830－1838.

［42］胡园园，顾新．区域科技创新环境下专利权质押分布差异研究［J］．科技进步与对策，2014，31（17）：27－31.

［43］黄庆华，时培豪，胡江峰．产业集聚与经济高质量发展：长江经济带 107 个地级市例证［J］．改革，2020（1）：52－54.

［44］吉小叶，彭佑元，杨丽．我国团购网站发展潜力评价——基于 AISAS 模型的实证分析［J］．企业经济，2016，35（2）：94－98.

［45］吉小叶，彭佑元，杨丽．在线旅游服务供应链视角下消费者信任度的模糊评价［J］．企业经济，2015（12）：140－146.

［46］贾春光，程钧谟，谭晓宇．山东省区域科技创新能力动态评价及空间差异分析［J］．科技管理研究，2020，40（2）：106－114.

［47］靳明，赵敏．科技发展对经济社会影响的评价指标体系［J］．科学·

经济·社会，1994（2）：27－32.

［48］兰美娜，彭佑元，刘玉龙，孙亚蓉，展婷变．科技创新能力与绩效的耦合协调发展研究——以山西省为例［J］．湖北农业科学，2020，59（15）：169－176.

［49］黎春燕，李伟铭，刘骋．后发地区高新技术产业扶持政策建设研究——以海南省投融资、财税、人才和产学研政策为例［J］．科技进步与对策，2012，29（15）：108－113.

［50］李佳雯，郭彬．高校科技创新与区域经济发展耦合协调及时空分异研究［J］．技术经济，2020，39（4）：112－119.

［51］李金保，冷俊峰．高新技术产业化市场失灵的博弈分析［J］．求索，2012（10）：239－240，236.

［52］李沃源，乌兰．基于系统构成要素的西部地区科技创新系统环境组合评价研究［J］．科学管理研究，2019，37（1）：59－62.

［53］李毅，彭佑元．青海科技创新体系构建研究［J］．青海科技，2020，27（1）：17－25.

［54］李永周，袁波．基于投入产出分析的区域创新驱动效率测度［J］．统计与决策，2018，34（8）：95－99.

［55］梁瑞敏，彭佑元．基于网络 DEA 的山西省区域科技创新绩效评价研究［J］．科技管理研究，2014，34（18）：112－116.

［56］刘汉初，樊杰，周侃．中国科技创新发展格局与类型划分——基于投入规模和创新效率的分析［J］．地理研究，2018，37（5）：910－924.

［57］龙晓柏，陈保林．中国高新技术产业化提升的理论与实践［J］．江西社会科学，2013，33（2）：40－43.

［58］卢文泽，彭佑元．中部六省高技术产业 R&D 绩效评价研究——基于两阶段序列 DEA 模型［J］．重庆理工大学学报（社会科学版），2014，28（5）：47－51.

［59］彭佑元，程燕萍，李毅．“丝路经济”视角下青海省科技创新能力评价［J］．青海民族研究，2017，28（2）：204－208.

［60］彭佑元，程燕萍，梅文文，陈红斌．资源型产业与非资源型产业均衡发展机理——基于合作创新的演化博弈模型分析［J］．经济问题，2016（2）：80－85.

［61］彭佑元，郭依，尹艳亮．核心品牌联想对品牌延伸的溢出效应研究——

基于消费者品牌关系的调节作用［J］．企业经济，2016，35（11）：11－19.

［62］彭佑元，韩冰清．游戏行业超高溢价并购绩效研究——以凯撒文化为例［J］．财会通讯，2020（16）：90－93，130.

［63］彭佑元，兰美娜．承租人融资租赁信用风险评价——基于装备制造业上市公司数据［J］．会计之友，2020（10）：23－30.

［64］彭佑元，李豪．基于文献计量学的 PPP 模式中外研究热点分析及预测［J］．土木工程与管理学报，2019，36（1）：71－77.

［65］彭佑元，刘玉龙，兰美娜．基于产业集群类型的创新效率影响因素的对比分析［J］．河南科学，2020，38（3）：501－508.

［66］彭佑元，孙国辉，石薛桥．中部六省科技创新能力评价［J］．科技与经济，2011，24（2）：15－19.

［67］彭佑元，孙国辉．国有企业集团属性与母公司的功能定位［J］．科技与管理，2010，12（4）：89－91，99.

［68］彭佑元，孙国辉．母子品牌的营销艺术——从“特仑苏”PK“金典”说起［J］．企业管理，2008（5）：76－78.

［69］彭佑元，唐艳华．政府投资项目评价体系的选择与设计［J］．生产力研究，2007（8）：56－57，67.

［70］彭佑元，陶凯莉，张克勇．林业上市公司绩效评价研究——基于 DEA 模型和 Malmquist 指数［J］．林业经济，2017，39（4）：93－97，101.

［71］彭佑元，王婷．基于网络 DEA 的科技创新型企业投资效率评价分析［J］．工业技术经济，2016，35（1）：83－91.

［72］彭佑元，尉聪聪．软件和信息技术服务业企业财务风险评价研究——基于东部地区创业板市场的数据［J］．湖北农业科学，2020，59（11）：153－158.

［73］彭佑元，颜实．不同行业投资项目评价核心指标体系选择［J］．工业技术经济，2009，28（12）：144－147.

［74］彭佑元．北京利用外资与区域产业结构变动的灰色关联分析［J］．科技和产业，2012，12（3）：64－70.

［75］彭佑元．丰田“生死召回”，“管理神话”破灭？［J］．经济导刊，2010（6）：12－13.

［76］彭佑元．企业投资项目评价指标体系选择——以湖南邵阳罗城冶炼厂投资项目为例［J］．技术经济，2009，28（1）：31－36.

［77］苏日古嘎，马占新．“一带一路”重点省区企业科技创新效率评价——基于广义 DEA 模型的实证分析［J］．科学管理研究，2018，36（6）：90－93.

［78］孙国辉，彭佑元，齐志博．基于集团公司的战略营销决策研究［J］．市场营销导刊，2008（2）：49－54.

［79］孙丽文，马乐．区域高新技术产业化系统协调性分析——以河北省为例［J］．科技进步与对策，2011，28（12）：39－43.

［80］唐鸿儒，邓琨．科技投入对兰州经济社会发展影响研究［J］．陇东学院报，2019，30（2）：139－144.

［81］田逸飘，刘明月，张卫国．城镇化进程对区域科技创新水平的影响［J］．城市问题，2018（4）：4－11.

［82］万竹馨．重庆市区域创新能力与经济发展水平的耦合评价研究［D］．重庆：西南大学硕士学位论文，2018.

［83］王丹，赵新力，张振山．考虑科技创新投入产出时滞影响的国家创新能力非线性测评［J］．科技管理研究，2017，37（9）：59－68.

［84］王江，刘莎莎．基于 SDM 模型的金融集聚对区域科技创新水平的影响研究［J］．科技管理研究，2019，39（10）：66－73.

［85］王庆金，王强，李姗姗．高校科技创新投入产出效率评价研究——基于“政产学研金服用”视角［J］．管理现代化，2018，38（5）：50－52.

［86］隗金成，房广顺．民族复兴视域下科技创新环境培育与优化［J］．人民论坛，2016（17）：8－11.

［87］肖仁桥，沈路，钱丽．新时代科技创新对中国经济高质量发展的影响［J］．科技进步与对策，2020（4）：1－10.

［88］肖田野，罗广宁，陈丹华．区域科技创新与经济发展耦合协调度研究——以广东为例［J］．科技管理研究，2017（15）：21－28.

［89］谢泗薪，胡伟．区域科技创新水平与经济发展质量协调性评价研究——基于京津冀经济圈科技及经济发展质量数据的实证分析［J］．价格理论与实践，2020（4）：164－167，178.

［90］严红．区域创新网络理论与成渝经济区创新网络建设研究［D］．成都：西南财经大学博士学位论文，2008.

［91］杨博旭，王玉荣，李兴光，周罗．从分散到协同：高新技术产业创新要素集聚发展路径［J］．科技管理研究，2020，40（12）：142－149.

［92］杨开忠．构建特色区域创新体系的三种途径［J］．人民论坛，2006（4）：17－19.

［93］杨恺钧，闵崇智．技术创新对经济增长质量的驱动作用研究——以粤港澳大湾区为例［J］．当代经济管理，2019（12）：29－37.

［94］杨艳萍．区域科技资源配置能力的综合评价［J］．统计与决策，2007（6）：68－70.

［95］杨志江．区域创新绩效评价研究方法及其应用研究［D］．桂林：广西师范大学硕士学位论文，2007.

［96］余帮正．技术创新、金融集聚与区域经济发展的研究［D］．上海：上海师范大学硕士学位论文，2019.

［97］袁健红，龚天宇，郭进芳．中小企业创新政策效应评价［J］．东南大学学报（哲学社会科学版），2012，14（4）：41－45.

［98］张海军，岳华．科技创新投入、金融发展与经济增长——基于门槛模型的实证分析［J］．贵州社会科学，2019（3）：133－139.

［99］张洁音，潘晓霞．科技创新资源投入对区域创新产出影响研究——以浙江省 11 地市 2003－2012 年面板数据为例［J］．华东经济管理，2014，28（9）：29－32.

［100］张莉．我国创新环境存在问题及对策建议［J］．人民论坛，2015（29）：165－167.

［101］周迪，程慧平．区域科技投入对经济社会发展水平的影响研究［J］．新疆财经大学学报，2012（2）：47－53.

［102］朱辉．我国省域科技创新水平的空间分布评价［J］．东南大学学报（哲学社会科学版），2015，17（S2）：63－64，80.